Dominio

Marco d'Eramo

Dominio

La guerra invisible de los poderosos
contra los súbditos

Traducción de Carlos Gumpert

EDITORIAL ANAGRAMA
BARCELONA

Título de la edición original:
Dominio. La guerra invisibile dei potenti contro i sudditi
© Giangiacomo Feltrinelli Editore
  Milán, 2020

Ilustración: © lookatcia

Primera edición: octubre 2022

Diseño de la colección: lookatcia.com

© De la traducción, Carlos Gumpert, 2022

© EDITORIAL ANAGRAMA, S. A., 2022
  Pau Claris, 172
  08037 Barcelona

ISBN: 978-84-339-6498-4
Depósito Legal: B. 15163-2022

Printed in Spain

Liberdúplex, S. L. U., ctra. BV 2249, km 7,4 - Polígono Torrentfondo
08791 Sant Llorenç d'Hortons

PRÓLOGO

Revolución. Cuando pronunciamos esta palabra pensamos siempre en oprimidos que se levantan contra los opresores, en súbditos que derrocan a los poderosos, en dominados que se rebelan contra sus dominadores. Se nos vienen a la cabeza los niveladores que decapitaron en Londres al rey Carlos I en 1649; los *sans-culottes* que entraron en la Bastilla de París en 1789 y guillotinaron al rey Luis XVI en 1793; los esclavos negros haitianos que en 1791 prendieron fuego a las plantaciones de sus amos y en 1801 declararon la independencia de Haití; los bolcheviques que tomaron el Palacio de Invierno de San Petersburgo en 1917 y fusilaron al zar Nicolás II en Ekaterinburgo en 1918; los *barbudos* cubanos que asaltaron el cuartel Moncada en 1953 y expulsaron al dictador Fulgencio Batista en 1959.

Con todo, no hay una sola clase de revolución. En realidad, hay dos tipos –opuestos– de revolución, como ya observó hace 2.400 años Aristóteles en un pasaje espléndido (e inexplicablemente ignorado) de la *Política*:[1] «Los que

---

1. La redacción de este libro se ha visto condicionada por el confinamiento impuesto a consecuencia de la epidemia de COVID-19, que

aspiran a la igualdad se sublevan si creen que, siendo iguales, tienen menos que los que tienen más, y los que aspiran a la desigualdad y a la supremacía, si suponen que, siendo desiguales, no tienen más sino igual o menos [...]. *De hecho, si son inferiores, se sublevan para ser iguales, y si son iguales, para ser superiores.*»[1]

En otras palabras: los dominados se rebelan porque no son lo suficientemente iguales, los dominadores se rebelan porque son demasiado iguales. «Porque siempre buscan la igualdad y la justicia los más débiles, pero los poderosos no se preocupan nada de ello.»[2]

Es una tesis esclarecedora, y desconcertante. Porque abre un horizonte que antes parecía oculto: el de una revolución no de las capas bajas contra las altas, sino de las altas contra las bajas. Aristóteles proporciona una indicación adicional: «En las oligarquías se subleva la mayoría al pensar que son objeto de injusticia porque no participan de los mismos derechos, como se ha dicho antes, siendo iguales, y en las democracias se sublevan los distinguidos porque tienen los

---

me impidió salir para realizar consultas bibliográficas. Por eso los textos extranjeros citados proceden de mi biblioteca o de internet. Cuando no disponía de la versión italiana publicada, los traduje yo mismo: en esos casos, en las notas solo aparece la edición extranjera, y se deja para la bibliografía la indicación de alguna de las traducciones italianas disponibles. Si, en cambio, la edición italiana aparece en la nota a pie de página, es de ahí de donde he extraído la cita. [Cuando en la versión española se sigue una traducción publicada, se indica en esa misma nota entre corchetes.]

1. Aristóteles, *Politica*, Laterza, Roma-Bari, 1966, libro V, 1302a (he modificado levemente la traducción y las cursivas son mías). [Se cita por la traducción española de Manuela García Valdés, Gredos, Madrid, 1988, pág. 285.]

2. *Ibid.*, VI, 1318b. [Trad. esp.: *op. cit.*, pág. 374.]

mismos derechos no siendo iguales» (V, 1303b). Nos sugiere, así, que, si se avanza demasiado hacia la democracia, los dominadores reaccionan rebelándose contra los dominados.

La tesis que pretendo demostrar es precisamente que en los últimos cincuenta años se ha completado una gigantesca revolución de los ricos contra los pobres, de los amos contra los súbditos, de los dominadores contra los dominados. Una revolución que se ha producido sin que nos diéramos cuenta, una revolución invisible, una *«stealth revolution»*, la revolución sigilosa, como la ha llamado la filósofa estadounidense Wendy Brown,[1] donde el adjetivo *stealth*, «sigiloso», procede del lenguaje de la guerra, de la aviación militar: los bombarderos son *stealth* si no permiten que los rastreen los radares.

Y la metáfora militar es apropiada, porque se trata de una auténtica guerra, por más que se haya librado sin que nos percatáramos. Por lo demás, así lo reconocía ya hace catorce años uno de los hombres más ricos del mundo, Warren Buffett, cuando le dijo cándidamente a un reportero del *New York Times:* «Es evidente que hay una guerra de clases, pero es mi clase, la clase rica, quien la encabeza, y estamos venciendo» (26 de noviembre de 2006). Cinco años después, en 2011, Buffett reiteró el concepto afirmando no ya que los ricos «estaban venciendo» esa guerra de clases, sino que *«ya la habían vencido»:* «De hecho en los últimos veinte años se ha librado una guerra de clases, y mi clase ha vencido. [...] Si existe una guerra de clases, sus vencedores son los ricos.» Y el columnista del *Washington Post* observaba: «Si ha habido una guerra de clases en este país, se ha librado desde arriba hacia abajo [*from the top down*], duran-

---

1. Wendy Brown, *Undoing the Demos: Neoliberalism's Stealth Revolution,* Zone Books, Nueva York, 2015.

te décadas. Y los ricos han ganado.»[1] No es un exaltado cualquiera quien habla de la guerra de clases de arriba hacia abajo, sino uno de sus protagonistas. Y su victoria es de tal magnitud que los vencedores se permiten hablar sin reticencias, mientras que nosotros sentimos vergüenza ya solo de mencionarla, y si lo hacemos se nos tacha inmediatamente de extremistas.

Ha sido una batalla ideológica total, y es esa batalla la que pretendo contar. Con su planificación, sus estrategias, su elección del campo de batalla, su utilización de las crisis. Como dijo el brazo derecho de Barack Obama, Rahm Emanuel, más tarde alcalde de Chicago: «No dejemos que ninguna crisis grave se desperdicie.»[2] Que no se desperdicie ni una sola escasez, ni una sola insolvencia, ni un atentado, ni una crisis financiera, ni una pandemia.

Esta guerra debe contarse partiendo de los Estados Unidos, porque son el imperio de nuestro tiempo y otros países son súbditos suyos, más o menos dóciles, más o menos renuentes. Entre otras cosas, uno de los efectos de la victoria que han logrado los dominadores es el de volvernos inconscientes de nuestro sometimiento y el de ofuscar la percepción de las relaciones de poder: menos mal que ha llegado Donald Trump para recordarnos el atropello, la arrogancia, la crudeza implícitos en cualquier domi-

---

1. Greg Sargent, «There's been class warfare for the last 20 years, and my class has won», en *The Washington Post*, 30 de septiembre de 2011, https://www.washingtonpost.com/blogs/plum-line/post/theres-been-class-warfare-for-the-last-20-years-and-my-class-has-won/2011/03/03/ gIQApaFbAL_blog.html.
2. La frase se pronunció en otoño de 2008, en la fase más aguda de la crisis financiera, e inspiró el libro de Philip Mirowski, *Never Let a Serious Crisis Go to Waste: How Neoliberalism Survived the Financial Meltdown*, Verso, Londres, 2013.

nación imperial. Con todo, ni siquiera la impresionante tosquedad de ese presidente ha logrado sacarnos de la somnolencia intelectual en la que nos mecemos. Para darnos cuenta de ello es suficiente con observar a la izquierda occidental. Lo que queda de ella es ahora totalmente thatcheriano, en el sentido de que ha hecho suyo el famoso eslogan «T.I.N.A.» –*There Is No Alternative*– de la Dama de Hierro, dado que ha interiorizado el capitalismo financiero global como único futuro concebible para el planeta: «Es más fácil imaginarse el fin del mundo que el fin del capitalismo»: así se titula el primer capítulo de *Realismo capitalista* del añorado Mark Fisher.[1]

Un abismo nos separa de los años sesenta, cuando el economista John Kenneth Galbraith escribía que «casi todo el mundo se define como *liberal*» (1964).[2] Hoy, cincuenta años después, la palabra *liberal* se ha convertido en un insulto.

Ahora bien ¿cómo se ha producido este vuelco tan radical? Tendemos a atribuirlo a *megatrends,* a la globalización, a la nueva revolución industrial de los ordenadores, a fenómenos objetivos y estadísticos, a largos ciclos, entre otras cosas porque esta interpretación consuela a lo que de marxista queda todavía en nosotros. En cambio, el hecho es que se ha librado una guerra. Si no nos hemos dado cuenta, es porque en la opinión supuestamente progresista prevalece

---

1. Mark Fisher, *Capitalist Realism: Is There No Alternative?*, Zero Books, Winchester (Reino Unido)-Washington (Estados Unidos), 2009, pág. 1. [Trad. esp.: *Realismo capitalista,* traducción de Claudio Iglesias, Caja Negra, Buenos Aires, 2016, pág. 21.]

2. Citado por Lewis H. Lapham en su excelente ensayo «Tentacles of Rage: The Republican propaganda mill, a brief history», en *Harper's Magazine,* septiembre de 2004, págs. 31-41, pág. 31.

la tendencia a subestimar a los adversarios, a catalogar sus victorias bajo las voces «dolor de tripa», «exasperación», «resentimiento», «ignorancia», sin percatarse así de las tendencias a largo plazo, como si los logros singulares de la derecha fueran árboles que no nos dejan ver el bosque.

Resumamos en cuatro palabras el pacto social entre los dos estados. *Vosotros me necesitáis, porque yo soy rico y vosotros sois pobres; establezcamos, pues, un acuerdo entre nosotros: yo os permitiré que tengáis el honor de servirme, a condición de que me deis lo poco que conserváis a cambio del pesar que me causa el ser vuestro amo.*

JEAN-JACQUES ROUSSEAU, *Discurso sobre la economía política* (1755)[1]

---

1. Jean-Jacques Rousseau, *Économie politique*, entrada de la *Encyclopédie* (1755), publicado como *Discours sur l'économie politique* (1758) en *Collection complète des œuvres*, Ginebra, 1780-1789, vol. 1, págs. 361-414, pág. 406, disponible en la página web rousseauonline, https://www.rousseauonline.ch/Text/discours-sur-l-economie-politique.php (las cursivas son mías).

1. CONTRAINTELIGENCIA

La derrota ideológica es de tal alcance que la izquierda ha llegado incluso a avergonzarse de su propia ideología. Nos han convencido hasta tal extremo de que «ideología» es una palabrota que ya no nos atrevemos siquiera a utilizarla, cuando el valor neurálgico de la ideología, en cambio, lo reconoce hasta el Pentágono.

Los marines estudian ideología

He aquí lo que leemos en el manual oficial estadounidense de contraguerrilla, *The U.S. Army/Marine Corps Counterinsurgency Field Manual,* que lleva la firma de los generales David H. Petraeus y James Ames (2007): «Las ideas son un factor motivador [...]. Las guerrillas [*insurgencies*] reclutan gente y recaban el apoyo popular mediante un llamamiento ideológico [...]. La ideología del movimiento explica a los seguidores sus tribulaciones y ofrece una propuesta de acción para remediar tales sufrimientos. Las ideologías más poderosas se alimentan de la ansiedad emocional latente en la población, como el deseo de justicia, las creencias religiosas, la liberación de la ocupación extranjera. La ideología proporciona un prisma, que incluye un vocabulario y categorías analíticas a través de las cuales se evalúa la situación. De esta manera, la ideología puede moldear la organización y los métodos operativos del movimiento» (1-65). «El mecanismo central a través del cual se expresan y se absorben las ideologías es el relato. Un relato es un esquema organizativo expresado en forma de historia. Los relatos son centrales en la representación de las identidades [...]» (1-66). El manual vuelve en distintas ocasiones a este, en particular en el capítulo sobre la Inteligencia: «La forma cultural más importante para comprender las fuerzas Coin [contrainsurgencia] es el relato [...]. Son los medios mediante los cuales las ideologías se expresan y son absorbidas por los individuos en una sociedad [...]. Al escuchar el relato, las fuerzas Coin pueden identificar el núcleo de los valores clave de la sociedad» (3-51).[1]

Lo más interesante (y desconcertante) es que los generales de los marines que escribieron el *Manual* retoman, con el lenguaje y la jerga de las ciencias humanas estadounidenses, las dos tesis fundamentales expresadas por el filósofo marxista francés Louis Althusser hace cincuenta años: a) «La ideología es una "representación" de la relación imaginaria de los individuos con sus propias condiciones reales de existencia»; b) «toda ideología tiene como función "constituir" a los individuos en sujetos»[2] (en el caso del *Manual*, en

---

1. D. H. Petraeus, James Ames, *FM-324 Counterinsurgency*, descargable de https://fas.org/irp/doddir/army/fm3-24fd.pdf, o en versión impresa, *The U.S. Army/Marine Corps Counterinsurgency Field Manual*, University of Chicago Press, Chicago, 2007.
2. Louis Althusser, «Idéologie et appareils idéologiques d'État»

«sujetos de la insurrección»). El corolario es que, en cualquier caso, llevamos una ideología en nuestro interior, lo queramos o no. Por tal razón nadie puede decir la frase «no soy ideológico». Cuando no te adhieres voluntariamente a una ideología (o a una religión), te adhieres involuntariamente a ella, «respiras» ideología. Y por lo general, la ideología se niega a sí misma como tal, es más, vive de su propia negación y de atribuir ideologismo a todas las demás «representaciones».

De esta forma, mientras incluso los marines tienen que aprender hasta qué punto es importante la ideología, ¡la izquierda occidental se rasga las vestiduras acusando de ideologismo a su propio legado cultural y político!

En cierto sentido, la guerra ideológica desencadenada contra la izquierda, combatida y abrumadoramente ganada en los últimos cincuenta años, puede considerarse precisamente como una forma de *counterinsurgency,* de reacción a los movimientos de los sesenta. Esta guerra se libró y se ganó en primer lugar en los Estados Unidos.

Lo que sigue no es, por lo tanto, una historia más del aplastante avance de la derecha reaccionaria en los Estados Unidos, una historia ya contada en infinitas ocasiones, y más a menudo centrada en las formaciones en liza que en el campo de batalla, más en los ejércitos que en lo que se pone en juego en la guerra. Nosotros nos concentraremos en cambio en la vertiente ideológica del enfrentamiento y en todo lo que ocurrió en los Estados Unidos, en efecto, pero con una trascendencia global.

El primer atisbo del enfrentamiento corrió a cargo del señor John Merril Olin (1892-1982), propietario de la cor-

---

(1969), en *Positions (1964-1975),* Éditions Sociales, París, 1976, págs. 67-126. Las citas, en las págs. 101 y 110.

poración homónima especializada en industrias químicas y bélicas (sosa cáustica, defoliantes para el ejército y, sobre todo, la marca de armas y municiones Winchester), fundada en Illinois y más tarde asentada en Misuri.

Creada en 1953, la fundación del señor Olin permaneció prácticamente inactiva hasta 1969, año en el que el magnate se indignó ante la foto de militantes negros que irrumpieron –fusiles en mano y cartuchos en bandolera– en el rectorado de la universidad en la que él había estudiado de joven, la Cornell University, en el norte del estado de Nueva York. Recordemos lo que el país norteamericano debía de parecerle a un capitalista en esos años: revueltas en las universidades, rebelión en los guetos negros, la guerra en Vietnam encaminada a una deshonrosa derrota, Bob Kennedy y Martin Luther King asesinados el año anterior. Es comprensible que la foto de la Cornell turbara tanto a John Olin y lo indujera a dotar a su fundación con nuevos medios y a consagrarla a un único objetivo, el de devolver el orden a las universidades.

A diferencia de las demás fundaciones que se conciben para perdurar, John Olin quiso que sus recursos se gastaran en el curso de una generación a partir de su muerte, y de esta manera la fundación se disolvió oficialmente en 2005, aunque no antes de distribuir fondos por más de 370 millones de dólares entre las causas del liberalismo extremo. Este posicionamiento político de extrema derecha supuso una novedad en el mundo de las fundaciones, que hasta entonces se habían dedicado a la beneficencia, a comprar cuadros, a abrir museos, a construir hospitales, a financiar becas o a apoyar la acción del gobierno estadounidense (y de sus servicios secretos) en el propio país y en el extranjero, pero siempre manteniendo una apariencia de neutralidad política, como en el caso de las fundaciones Rockefeller y Ford.

Ese fatal memorando de 1971

Con todo, la labor de la Fundación Olin fue un fenómeno aislado, por lo menos hasta 1971, o mejor dicho hasta el 23 de agosto de 1971, fecha en la que la historiografía oficial sitúa el inicio de la gran contraofensiva conservadora. Ese día Lewis F. Powell Jr. escribió un memorando confidencial a la Cámara de Comercio de los Estados Unidos, titulado *Ataque al sistema estadounidense de libre empresa*.[1]

Powell (1907-1998) era un abogado de Virginia especializado en la defensa de las industrias tabacaleras (fue miembro del consejo de administración de Philip Morris de 1962 a 1971), y, en cuanto tal, convirtió el movimiento en defensa del consumidor de Ralph Nader en su bestia negra. Dos meses después de haber escrito su memorando, Powell fue designado por Richard Nixon como juez del Tribunal Supremo, donde permaneció hasta 1987.

La novedad del memorando es que la tomaba no con los extremistas, sino con los moderados: «No estamos hablando de ataques esporádicos o aislados a cargo de unos relativamente escasos extremistas o incluso de una minoría de cuadros socialistas.» «Las voces más inquietantes que se unen al coro de las críticas provienen de elementos respetables de la sociedad: de los campus, de las universidades, de los púlpitos, los medios de comunicación, las revistas intelectuales y literarias, las artes, las ciencias, los políticos.» «Por mucho que los portavoces de la Nueva Izquierda consigan radicalizar a miles de jóvenes, el principal motivo de preo-

---

1. El PDF del memorando puede descargarse de muchas páginas web, por ejemplo, http://www.rachel.org/?q=es/node/3347. Todas las citas que aparecen en los párrafos que siguen han sido extraídas del memorando cuando no se especifica lo contrario.

cupación es la hostilidad de los *liberales* respetables y la influencia de los reformistas. Es la suma total de sus opiniones e influencias lo que podría debilitar y destruir fatalmente el sistema.» (A continuación, sigue «una escalofriante descripción de lo que se enseña en nuestros campus».)

Como ocurre a todos los abusones, a los miembros de la Liga Norte italiana que se sienten víctimas de los inmigrantes o a los israelíes que se sienten víctimas de los palestinos, también Powell siente que los empresarios estadounidenses son unas víctimas, rodeadas y en peligro de extinción: «No es exagerado afirmar que, en términos de influencia política respecto a la actividad legislativa y gubernamental, el ejecutivo empresarial estadounidense [*American business executive*] es verdaderamente el "hombre olvidado".»

Por lo tanto, los empresarios deben prepararse para algo por lo que según Powell no sienten inclinación: «librar una guerra de guerrillas [*guerrilla warfare*] contra quienes hacen propaganda contra el sistema, pero tratando insidiosa y constantemente de sabotearlo». Por eso «es fundamental que los portavoces del sistema empresarial sean mucho más agresivos que en el pasado». Y el terreno principal del enfrentamiento son las universidades y las ideas que allí se generan: porque «es el campus la fuente individual más dinámica» del ataque al sistema empresarial. Y porque las ideas que aprenden en la universidad «esos jóvenes brillantes» acabarán poniéndose en práctica «para cambiar el sistema del que se les enseñó a desconfiar», «buscando trabajo en los centros del verdadero poder e influencia de nuestro país: 1) en los nuevos medios de masas, especialmente la televisión; 2) en el gobierno, como miembros del personal o como consultores en distintos niveles; 3) en la política electoral; 4) como profesores y escritores, y 5) en los centros a distintos niveles de instrucción». Y «en muchos casos estos "intelectuales" terminan en agencias de control o en departamentos estatales que ejercen una gran autoridad sobre el sistema empresarial en el que no creen».

Para esta «guerra de guerrillas», William E. Simon (1927-2000), antiguo secretario del Tesoro con Richard Nixon antes de convertirse en presidente de la Fundación Olin, acuñó unos años más tarde el término *counter-intellighentsia* (tomado de la noción militar de *counter-insurgency)*, porque «las ideas son armas, las únicas armas con las que se puede luchar contra otras ideas».[1]

Para librar esta guerra de guerrillas, afirma Powell, «el empresariado debe aprender la lección que hizo suya hace mucho tiempo el movimiento obrero [...]. Esta lección consiste en que el poder político es necesario; que ese poder debe cultivarse con asiduidad, y que, cuando sea necesario, debe usarse con agresividad y determinación, sin titubeos ni reticencias [...]».

Una vez que se ha establecido que «la fuerza reside en la organización, en una planificación cuidadosa e implementada a largo plazo, en la coherencia de la acción durante un número indefinido de años, en la escala de la financiación disponible solo con un esfuerzo conjunto, y en el poder político que únicamente puede obtenerse mediante la acción unitaria y las organizaciones nacionales», Powell prosigue articulando el objetivo de cómo «reequilibrar» las facultades, a través de la financiación de cursos, departamentos, cátedras, libros de texto, ensayos y revistas; y luego amplía su radio de acción a la educación secundaria, a los medios de comunicación, a la televisión, a la publicidad y a la política, a la justicia para conseguir hacerla más amigable en todos

---

1. John J. Miller, *A Gift of Freedom: How the John Olin Foundation Changed America,* Norton & Co., Nueva York, 2009, pág. 57.

sus niveles hacia los empresarios. En definitiva, delinea una «guerrilla total», una estrategia similar a la de Von Clausewitz aplicada a la reconquista de la hegemonía ideológica.

El Medio Oeste entra en liza

La apelación de Powell no cayó en saco roto.[1] No obtuvo exactamente lo que proponía, una coordinación central y nacional de la *counter-intellighentsia* por parte de la Cámara de Comercio estadounidense, una especie de partido leninista del empresariado, porque no habría pasado de ser una imitación servil, y anticuada, de las estructuras bolcheviques de principios del siglo XX. En cambio, recibió la atención de un puñado de multimillonarios de la Norteamérica profunda.

Debe quedar claro que aquí no estamos hablando de ningún complot, de tramas ocultas, de *conspiracy theory*: todo sucedió a la luz del sol, los movimientos de dinero son accesibles para cualquiera en los balances oficiales descargables en internet. Objetivos alcanzados y métodos para conseguirlos –es decir, estrategias y victorias– han sido ensalzados en innumerables escritos de autobombo de las instituciones que han protagonizado esta *counter-intellighentsia*.

Entre los financiadores de la revolución conservadora, ya hemos conocido al señor John Olin, activo entre Illinois y Misuri: las otras cinco familias de mayor impacto en la

---

1. Como es lógico, el ataque del empresariado contra las ideas izquierdistas no dio comienzo en 1971: basta con hojear los periódicos del siglo XIX para ver que «la guerra entre el capital y el trabajo», como la llaman en los Estados Unidos, era ya un conflicto secular. Este «relato» de 1971 es más bien una autobiografía de la derecha reaccionaria.

contraofensiva reaccionaria fueron los Mellon Scaife (Pittsburgh, Pensilvania), los Bradley (Wisconsin), los Coors (Colorado), los Smith Richardson (Carolina del Norte) y los Koch (Kansas).

Como es natural, se trata únicamente de las más agresivas y llamativas de las «fundaciones de asalto». Podríamos nombrar por la misma razón fundaciones como Earhart (Míchigan), McKenna (Pensilvania), JM Foundation (Virginia) y otras muchas. Al frente conservador se unirían además los Walton (Arkansas), los DeVos (Míchigan) y numerosos otros magnates.

Entre estas cinco familias, el patrimonio más consistente se localiza en Pittsburgh en las cuatro fundaciones de la familia Mellon Scaife, que ascendía a 1.764 millones de dólares en 2017 (repartidos respectivamente entre Scaife Family Foundation: 79 millones –dato de 2012–; Sarah Scaife Foundation: 746 millones;[1] Colcom Foundation: 509 millones;[2] y Allegheny Foundation: 430 millones):[3] los Mellon son banqueros, petroleros (propietarios de Gulf), accionistas mayoritarios de Alcoa (aluminio), poderosos en la obtención de uranio. La fundación adquirió sus agresivas connotaciones derechistas cuando pasó a gestionar las fortunas de la familia Richard Mellon Scaife, que, según un artículo del *Wall Street Journal,* era nada menos que «el arcángel financiero del movimiento intelectual conservador». A lo largo de los años, Richard Scaife financió a figuras como Barry Goldwater, Richard Nixon y Newt Gingrich (quien

---

1. https://www.documentcloud.org/documents/4490939-Sarah-Scaife-Foundation-Annual-Report-2016.html.
2. http://colcomfdn.org/files/2018/04/Financial-Statements-2017.pdf.
3. http://www.scaife.com/Alleg_2016.pdf.

lideró el giro republicano a la derecha en la década de los noventa): el propio Gingrich definió a Scaife como uno de quienes «habían creado realmente el conservadurismo moderno». Puede ser útil recordar que, ya en los años sesenta, para Richard Scaife y sus amigos conservadores resultaba inadecuado comparar el declive de los Estados Unidos con la caída de Roma mientras resultaba mucho más apropiada la comparación con la caída de Cartago, que se condenó cuando sus acaudaladas élites se negaron a apoyar de manera adecuada a Aníbal ya a las puertas de Roma: así, Scaife y su gente fundaron una League to Save Carthage que en 1964 se convirtió en la Carthage Foundation, y acabó confluyendo con la Sarah Scaife Foundation en 2014.

Tras las de los Mellon Scaife, la más adinerada de las fundaciones (en 2017 disponía de 893 millones de dólares)[1] es la Lynde and Harry Bradley Foundation (los dos hermanos fundadores de la homónima empresa de componentes eléctricos industriales con sede en Wisconsin), establecida en 1943, pero que no adquirió relevancia hasta 1985, cuando los Bradley transfirieron a ella la mayor parte de las ganancias de la venta del negocio familiar a la Rockwell. En 1958, Harry Bradley fue uno de los fundadores de la John Birch Society, una asociación de extrema derecha según la cual las Naciones Unidas eran «un instrumento de la conquista global comunista», el movimiento por los derechos civiles un intento de crear una «república negro-soviética independiente», y el presidente republicano (y comandante en jefe durante la Segunda Guerra Mundial) Dwight Eisenhower «un fervoroso y eficiente agente de la trama comunista». Otros agentes comunistas infiltrados eran, según la

1. cdn2.hubspot.net/hubfs/4152914/Annual%20Report/2017%20Annual%20Report.pdf.

John Birch, el secretario de Estado John Foster Dulles y el director de la CIA Allen Dulles.[1]

Sigue a continuación en orden de riqueza la fundación de la familia Smith Richardson (707 millones de dólares),[2] la propietaria de Vicks VapoRub. La fundación fue creada en 1935, pero su decidido giro a la derecha y la intensificación de su activismo no se produjo hasta 1973, una vez que Randolph Richardson asumió la presidencia.

Desde 1873 la familia Coors produce en Colorado la que según el actor Paul Newman era «la mejor cerveza americana» (permítasenos manifestar nuestro desacuerdo), pero de sus arcas fluyen también ríos de dinero que llevan cincuenta años irrigando a la extrema derecha: la Fundación Adolph Coors *(assets* por 177 millones de dólares en 2014)[3] fue creada en 1975 por Joe Coors (que anteriormente también había apoyado la John Birch Society) y generó una fundación asociada –activa de 1993 a 2011–, la Castle Rock. He aquí lo que se dijo en el obituario de Joe Coors en 2003: «Fue su fe en los principios conservadores de un Estado limitado y de la libertad económica lo que lo llevó a apoyar, a partir de los años sesenta, a un político californiano llamado Ronald Reagan. A lo largo de la década de 1970, Reagan visitó a menudo la casa de Joe, y acababan discutiendo casi

---

1. John Savage, «The John Birch Society is Back», en *Politico*, 16 de julio de 2017, https://www.politico.com/magazine/story/2017/07/16/the-john-birch-society-is-alive-and-well-in-the-lone-star-state-215377.

2. *Smith Richardson Foundation Annual Report 2016*, https://www.srf.org/p-content/uploads/2017/12/Final-2016-SRF-Annual-Report.pdf.

3. Declaración de impuestos de 2014, https://www.guidestar.org/inDocuments/2015/510/172/2015-510172279-0c7adc36-F.pdf.

siempre en la cocina *(kitchen)* [...]. Cuando Reagan fue elegido, Joe se convirtió en miembro de su *Kitchen Cabinet*...»[1]

Un caso aparte era el de los dos hermanos Charles y David Koch, principalmente por su patrimonio personal, que ascendía a ciento veinte mil millones de dólares, lo que la convertía en la familia más rica del mundo,[2] después de los Walton (fundadores de la cadena minorista líder Walmart), cuya fortuna total es de ciento setenta y nueve mil millones de dólares, si bien repartidos entre seis herederos, mientras que todo el patrimonio Koch lo gestiona Charles Koch (quien se quedó solo en 2019 tras la muerte de su hermano David, a quien en todo caso había desautorizado el año anterior a causa de su débil salud),[3] lo que hace de él el estadounidense más poderoso, si no el más rico. La familia cuenta con una larga tradición de apoyo a las causas conservadoras más extremistas: su padre Fred fue (¡él también!) uno de los fundadores de la John Birch Society, a pesar de haber ganado sus primeros millones en la URSS de los años treinta extrayendo petróleo para los bolcheviques.

1. «Joe Coors, RIP. He fermented barley, hops and conservative ideas», en *The Wall Street Journal,* 20 de marzo de 2003.
2. Según la lista de los 2.208 multimillonarios del planeta Tierra en 2018 de *Forbes,* https://www.forbes.com/billionaires/list/#version:static_country:United%20States (consultada el 20 de noviembre de 2019). Por curiosidad, su patrimonio total asciende a 9,1 billones de dólares (+ 19 % con respecto a 2017): para hacernos una idea de cuánto son 9,1 billones de dólares, basta con pensar que el producto interior bruto anual (PIB) de Alemania, Francia e Italia asciende en conjunto a 9,3 billones de dólares (http://statisticstimes.com/economy/projected-world-gdp-ranking.php).
3. Jane Mayer, «One Koch Brother Forces the Other Out of the Family Business», en *The New Yorker,* 8 de junio de 2018, https://www.newyorker.com/news/newsdesk/the-meaning-of-a-koch-brothers-retirement.

No fue hasta las dos primeras décadas del siglo XXI, sin embargo, cuando la influencia de estos petroleros de Kansas se dejó sentir de manera tan desmesurada, señaladamente cuando financiaron, modelaron y prácticamente crearon de la nada el movimiento del Tea Party. Hasta entonces, se hablaba muy poco de los Koch; tanto es así que un libro tan preciso como *Invisible Hands* de Kim Phillips-Fein (2009) sobre *La génesis del movimiento conservador desde el New Deal hasta Reagan*[1] solo nombra al padre de los hermanos Koch, Fred, mientras que en la última década su presencia se ha vuelto tan constante que se ha acuñado para ellos el término «Kochtopus», en un juego asonante con *octopus,* pulpo.

Las tres etapas de la reconquista

La estrategia que adoptaron fundaciones como Bradley, Olin, Mellon Scaife, Richardson y Koch después del memorando de Powell la glosó en 1976 Richard Fink, quien entonces tenía veinticinco años y se convertiría más tarde en presidente y director de las distintas fundaciones Koch.[2]

---

1. Kim Phillips-Fein, *Invisible Hands: The Making of the Conservative Movement from the New Deal to Reagan,* Norton, Nueva York-Londres, 2009.
2. Solo para dar un ejemplo de la acumulación de puestos, títulos y cargos en la vida de estos «empresarios de ideas», recogemos aquí la lista relativa al señor Fink: fue vicepresidente ejecutivo y miembro del Consejo de Administración (CA) de Koch Industries Inc.; presidente del CA y consejero delegado de Koch Companies Public Sector, Llc, que presta servicios de relaciones jurídicas, de gobierno, filantrópicas y comunitarias a las empresas de los Koch. También es director de Georgia-Pacific y Flint Hills Resources, Llc, una empresa petroquímica y de refinado; presidente de las fundaciones benéficas Charles G. Koch y

Fink entregó a Charles Koch *The Structure of the Social Change*,[1] una concisa directiva para determinar cómo «la inversión en la estructura de la producción de las ideas puede proporcionar un mayor progreso económico y social cuando dicha estructura está bien desarrollada y bien integrada».

En este breve texto, Fink adoptaba una perspectiva «de ejecutivo»: consideraba las ideas como productos de una inversión para que una mercancía se imponga en el merca-

---

Claude R. Lambe y director de la Fundación Fred C. y Mary R. Koch. Antes de trabajar para Koch Industries, Fink era vicepresidente ejecutivo y profesor asociado de la George Mason University. En 1979, Charles Koch y él fundaron una organización de investigación universitaria en la George Mason, el Mercatus Center. Es miembro del Patronato de Mercatus, que presidió hasta 1990. Fink sirvió en el CA de la George Mason desde 1997 hasta junio de 2005. En 1984, Fink cofundó Citizens for a Sound Economy Foundation y su sociedad afiliada, Citizens for a Sound Economy. En 2003, la fundación cambió de nombre por el de Americans for Prosperity Foundation; Fink es miembro del CA. Junto con David Koch y Art Pope, fundaron Americans for Prosperity. Ocupa un asiento en el consejo de vigilancia de la International Foundation for Research and Experimental Economics y actualmente es miembro del CA del Institute for Humane Studies, del Jack Miller Center y del Laffer Center for Global Economic Growth. Anteriormente formó parte del CA del American Prosecutors Research Institute, del Bill of Rights Institute, de la George Mason University Foundation, del Public Choice Center y de la Reason Foundation. También fue miembro del Consumer Advisory Council de la Junta de la Reserva Federal y de la Comisión para la Privatización del presidente Reagan.

1. El texto fue publicado posteriormente por la revista *Philanthropy*, vol. 10, n.º 1, invierno de 1996, con el título «From Ideas to Action: The Role of Universities, Think Tanks and Activist Groups». Yo lo he descargado de https://kochdocs.org/2019/08/19/1996-structure-of-social-change-by-koch-industries-executive-vp-richard-fink/.

do: primero ha de producirse y luego ha de venderse. Fink quiso responder a la pregunta: ¿cómo podemos elegir las fundaciones a quienes dar dinero cuando «universidades, *think tanks* y grupos de ciudadanos activistas compiten para presentarse como los mejores postulantes en los que invertir recursos?». «Las universidades afirman ser la verdadera fuente de cambio. Generan las grandes ideas y proporcionan el marco conceptual para la transformación social. [...] Los *think tanks* creen ser los más dignos de apoyo porque trabajan con problemas del mundo real, no con temas abstractos. [...] Los movimientos de base afirman merecer apoyo porque son los más efectivos para lograr sus objetivos. Luchan en las trincheras, y ahí es donde la guerra se gana o se pierde» (es de observar cómo, una vez más, las metáforas bélicas se insinúan en la jerga comercial de estos ejecutivos).

Fink se remite explícitamente al modelo de producción del economista austriaco Friedrich August von Hayek y expone una estrategia de tres fases: «La primera fase consiste en invertir en la producción más eficiente de insumos fundamentales, que llamamos "materias primas" [*raw materials*]». «La fase intermedia convierte estas materias primas en productos de mayor valor añadido para su venta a los consumidores.» «La última fase consiste en la confección, transformación y distribución del producto de las fases precedentes para los consumidores finales.»

Aplicado a la producción y venta de ideas, este modelo se traduce en una primera fase que invierte «en materias primas intelectuales, es decir, explora y produce conceptos abstractos y teorías que, en el ámbito público, provienen aún principalmente de investigaciones realizadas por estudiosos en las universidades». Estas teorías, sin embargo, resultan incomprensibles para el público y –segunda fase– «para ser eficaces deben transformarse en una forma más práctica y manejable». «Esa es la tarea de los *think tanks*. Sin estas organizaciones, la teoría y el pensamiento abstracto tendrían menos valor y menos impacto en nuestra sociedad. Pero mientras los *think tanks* sobresalen en el desarrollo de nuevas políticas y en la articulación de sus beneficios, son menos capaces de producir cambios. Se hacen necesarios movimientos de base en la última etapa para adoptar las ideas de los *think tanks* y traducirlas en propuestas que los ciudadanos puedan entender y con las que pueden actuar.»

Como sintetizó Charles Koch: «Realizar un cambio social requiere una estrategia integrada vertical y horizontalmente» que debe pasar de «la producción de ideas al desarrollo de una política de educación, a los movimientos de base, a los grupos de presión, a la acción política».[1]

Fábricas de ideas de asalto

En realidad, las tres fases delineadas por Fink se sucedían solo en sentido lógico, mientras que en la práctica esas familias del Medio Oeste las emprendieron simultáneamente, superponiéndolas entre sí.

En 1973, gracias al patrocinio de Joe Coors, abrió sus puertas lo que se convertiría en uno de los más renombrados *think tanks* (o fábricas de ideas) conservadores, la Heritage Foundation, a la que, sin embargo, el grueso de las donaciones afluyó gracias a la familia Mellon Scaife, a la cual como es natural se sumaron los Bradley, los Koch, los Smith Richardson y poco a poco todos los demás magnates, hasta

---

1. Citado por Jane Mayer, *Dark Money: The Hidden History of the Billionaires Behind the Rise of the Radical Right* (2016), Penguin Random House, Nueva York, 2017, pág. 173.

que, a comienzos de los años ochenta, entre los financiadores de Heritage figuraban las divisiones de acorazados del capitalismo estadounidense: Amoco, Amway, Boeing, Chase Manhattan Bank, Chevron, Dow Chemical, Exxon, General Motors, Mesa Petroleum, Mobil Oil, Pfizer, Philip Morris, Procter & Gamble, R. J. Reynolds, Searle, Sears, Roebuck, SmithKline Beecham, Union Carbide y Union Pacific.[1] A esas alturas, sin embargo, en la Casa Blanca ya se había instalado Ronald Reagan.

Resulta muy interesante cómo Reagan y Donald Trump se asemejan en sus trayectorias: no se trata solo de dos *outsiders,* el uno un actor de Hollywood no exactamente de primera fila, el otro un magnate inmobiliario de diversa fortuna (y varias bancarrotas) que se hizo famoso como estrella televisiva gracias a un programa de telerrealidad; ambos considerados de una ignorancia radical e inadecuados para la presidencia y a quienes se les daba por sometidos a *impeachment* a los pocos meses; ambos candidatos por los que la extrema derecha no apostaba, pues los consideraba poco de fiar, pero a quienes apoyaron y pilotaron después de su elección.

Es impresionante la semejanza entre la forma como los *think tanks* teledirigieron a Trump y la forma como maniobraron a distancia a Reagan. El término «teledirigir» debe entenderse en sentido literal: por ejemplo, el 3 de julio de 2020, el titular del artículo de apertura en el sitio web de la Fundación Heritage rezaba así: *La Nación sometida a ataque - ¿Qué debemos hacer para detener el programa socialista de la izquierda?* Al día siguiente, en un mitin frente al monte Rushmore, Dakota del Sur, Donald Trump afirma que «el

---

1. *Ibid.,* pág. 108.

país está sometido a asedio por el "fascismo de extrema izquierda"».[1] Sin embargo, es sobre todo en el programa de gobierno donde se ejerce la influencia de la Heritage: «Doscientas ocho recomendaciones políticas nuestras han sido adoptadas por la administración Trump», declaraba orgullosa la Fundación Heritage en su *Informe Anual 2017*, lanzado en mayo de 2018. Con falso pesar, algunas páginas más adelante, en el apartado «El precio del éxito», la Heritage añadía: «Tuvimos que despedirnos de varias personas notables en 2017. La administración Trump nos ha birlado [*snapped up*] más de setenta antiguos o actuales empleados nuestros.»[2] Las muestras de complacencia se repitieron al año siguiente (2019): «El 64% de las prescripciones políticas contenidas en la serie *Mandate for Leadership* se han incluido en el presupuesto de Trump.»[3]

Estas autocelebraciones dejan entrever que –más allá de una apariencia caprichosa, voluble, y de un posible final desastroso–, si la victoria de Donald Trump en las elecciones presidenciales de 2016 constituyó una sorpresa incluso para los conservadores estadounidenses más acérrimos, estos ya

---

1. «Us under siege from 'far-left fascism', says Trump in Mount Rushmore speech», en *The Guardian,* 4 de julio de 2020, https://www.theguardian.com/us-news/2020/

2. The Heritage Foundation, *2017 Annual Report,* descargable de https://www.heritage.org/budget-and-spending/report/2017-annual-report. La pesca no cesa: en marzo de 2019, Donald Trump incorporó a la junta directiva de la Reserva Federal (el Banco Central de los Estados Unidos) a Stephen Moore, *fellow* de la Fundación Heritage, y en junio de 2019 el antiguo *chief of staff* de Heritage se convirtió en secretario interino de Defensa.

3. https://www.heritage.org/about-heritage/impact.

estaban preparados para aprovechar la inesperada oportunidad, y que la acción política posterior, especialmente la fiscal, ambiental y religiosa, ha de considerarse cualquier cosa menos improvisada; muy al contrario, fue dando cada vez más la impresión de estar sabiamente pilotada.

Baste un ejemplo. Apenas dos semanas después de que Trump asumiera el cargo en la Casa Blanca, el 4 de febrero de 2017, el *New York Times* publicó el documento *A Roadmap to Repeal: Removing Regulatory Barriers to Opportunity*, publicado por Freedom Partners (un grupo financiado por los multimillonarios hermanos Charles y David Koch) en el que se sugería a Trump que derogara las regulaciones y emitiera decretos presidenciales sobre varios temas (por ejemplo, levantar la moratoria sobre nuevas minas de carbón o retirarse del Acuerdo de París para la reducción de las emisiones de gases de efecto invernadero). *The New York Times* observaba al margen: «El Congreso aprobó estas derogaciones la semana pasada y el presidente Trump emitió una orden presidencial el viernes pasado.»[1] Dicho y hecho, cocinado y devorado.

El caso es que la historia se repite. Ya en 1980 la Heritage había entregado al Congreso y a la Casa Blanca *Mandate for Leadership,* un voluminoso expediente de 1.077 páginas que recogía más de dos mil recomendaciones políticas para la presidencia de Reagan, desde recortes de impuestos hasta recortes en los programas en favor de las minorías, un aumento desproporcionado del gasto militar, a fin de liberarla en última instancia «de la tiranía de la izquierda» y salvarla de los grilletes del «liberal-fascismo». En 1984, antes de la reelección de Reagan, la Heritage reincidió

---

1. https://www.nytimes.com/interactive/2017/02/04/us/doc-lobby.html?searchResultPosition=5.

y publicó *Mandate for Leadership II* que recomendaba, entre otras cosas, la privatización de la Seguridad Social y la abolición de los fondos especiales para la educación de discapacitados. En 1985 la Heritage se jactó de que el 60-65 % de sus recomendaciones (curiosamente, el mismo porcentaje exacto del que la Heritage presume en el caso de Trump) habían sido asumidas como propias por la administración Reagan, que, en el curso de sus dos mandatos, contó entre su personal con 36 funcionarios procedentes de la Heritage (55 provenían de la Hoover Institution y 34 del American Enterprise Institute, que conoceremos en breve).[1] Uno no puede evitar que le tiemble el pulso cuando hoy en día Reagan es recordado como un gran estadista, al que incluso Barack Obama consideró un «punto de referencia» vital.[2] (En este libro dejamos de lado el bien documentado y tupido entramado de financiación, sugerencias y apoyo logístico entre estos *think tanks* y la política exterior estadounidense, incluidas distintas acciones de los servicios secretos, asunto que excede nuestro objetivo.)

Como era de prever, la nación occidental que ha producido los *think tanks* conservadores políticamente más efectivos y estructuralmente más parecidos a sus homólogos estadounidenses ha sido y es el Reino Unido. Los más significativos son el Bow Group, fundado en 1951 con finalidad anticomunista; el Institute of Economic Affairs (IEA), fundado en 1955 por el empresario Anthony Fisher (1915-1988); el Center for Policy Studies, entre cuyos fundadores

---

1. Richard Bonney, *False Prophets: The 'Clash of Civilization' and the War on Terror,* Peter Lang, Oxford, 2008, pág. 36.
2. Michael Duffy, Michael Scherer, «The Role Model: What Obama Sees in Reagan», en *Time,* 27 de enero de 2011, http://content.time.com/time/magazine/article/0,9171,2044712,00.html.

en 1974 figuraba Margaret Thatcher; y para terminar el Adam Smith Institute. Estos tres últimos resultaron fundamentales para plasmar las políticas de la Dama de Hierro. Además, en 1981, Anthony Fisher fundó la Atlas Economic Research Foundation en los Estados Unidos, que más tarde se convirtió en Atlas Network, la cual ha producido más de otros ciento cincuenta *think tanks* conservadores alrededor del mundo y hoy sirve de conexión en los cinco continentes a más de quinientas instituciones similares.

El *think tank* es una entidad muy peculiar, cuyo uso extensivo solo se constata a partir del final de la Segunda Guerra Mundial: el *2019 Global Go To Think Tank Index Report* enumera 8.248 instituciones de este tipo en todo el mundo: el 52 % se encuentra en Europa (2.219) y América del Norte. De los 2.058 *think tanks* norteamericanos, el 91 % (1.871) son estadounidenses. Pero lo más interesante es que el 86 % de los *think tanks* se fundaron después de 1950, que su número en los Estados Unidos se ha duplicado ampliamente desde 1980 a 2019 y que la década dorada para la creación de estos laboratorios de ideas fueron los años ochenta, cuando el 29 % de ellos vio la luz. En la última década, en cambio, se ha producido una desaceleración de su crecimiento en los Estados Unidos y en Norteamérica.[1]

Por emplear la terminología de Louis Althusser, el *think tank* es un «aparato ideológico» de nuevo cuño, que se sitúa por encima de los aparatos ideológicos tradicionales (escue-

---

1. James G. McGann, *2017 Global Go To Think Tank Index Report,* Think Tanks and Civil Societies Program (TTCSP), University of Pennsylvania, 2018, págs. 20 y 10 (algunos datos históricos se han extraído de la edición de 2017), https://repository.upenn.edu/cgi/viewcontent.cgi?article=1012&context=think_tanks.

la, iglesia, adoctrinamiento militar) o incluso más recientes (medios de comunicación, especialmente radio, televisión y hoy las redes sociales).[1] El propósito de estas instituciones es precisamente el de facilitar, alimentar, proporcionar tesis y argumentos tanto a los aparatos ideológicos tradicionales (escuelas) como a los modernos (medios de comunicación y redes sociales).

En realidad, los *think tanks* existían ya desde hace tiempo; basta con pensar en la Brookings Institution (fundada en 1916) o en el Hudson Institute (1961). Frente a estas augustas «fábricas de ideas», lo novedoso de la Heritage Foundation y de los demás *think tanks* que aparecieron en escena en los años setenta y ochenta fue su no disimulada parcialidad, el que defendieran y tomaran abiertamente partido por causas extremas, en una confrontación frontal con el precedente fariseísmo de fachada equidistante (aunque básicamente conservador). Estos nuevos *think tanks* «de combate» tenían, y siguen teniendo, un papel de primer plano en la provisión de un arsenal intelectual para la revolución restauradora. Es inútil y tedioso enumerarlos todos, pero conviene recordar cuatro por lo menos: el Manhattan Institute for Policy Research (MI), el Cato Institute, la Hoover Institution y el American Enterprise Institute (AEI).

---

1. Como demostración del abismo que nos separa de hace cincuenta años, qué irremediablemente viejuna nos parece hoy la lista que en 1969 Althusser enumeraba de aparatos ideológicos: aparato religioso (las diferentes Iglesias); escolar (escuelas públicas y privadas); familiar; jurídico; político (los diferentes partidos); sindical; informativo (prensa, televisión, etc.); cultural (literatura, bellas artes, deportes, etc.). En «Idéologie et appareils idéologiques d'État», *op. cit.*, pág. 83.

El Manhattan Institute fue lanzado en 1977 por el inglés Anthony Fisher, a quien ya hemos conocido, y por William Casey (1913-1987), quien luego dirigiría la CIA entre 1981 y 1987. Entre sus patrocinadores se cuentan las fundaciones Bradley, Smith Richardson, Scaife, Koch, CastleRock, Olin, Earhart, Walton, Bill y Melinda Gates (fuente: www.sourcewatch.org). Como tendremos ocasión de ver, su mano será rastreable en todas las campañas ideológicas de derechas de los últimos cuarenta años.

El Cato Institute fue fundado en 1977 por los hermanos Koch: su nombre aludía a los ideales libertarios del Catón romano (antes Cartago, ahora Catón, ¡el problema del imperio en la Antigüedad constituía una auténtica obsesión!). Liberación de todas las limitaciones de la ley, de todas las regulaciones, incluidas las que establecen un salario mínimo, limitan las horas extraordinarias, prohíben el trabajo infantil, obstaculizan los monopolios, luchan contra la contaminación, delimitan la explotación de los recursos naturales, todas ellas «trabas» contra las que lucha el Cato Institute. Cato abrazó la utopía de un *Estado mínimo* defendida en aquellos años por Robert Nozick, y su concepción extrema de los derechos individuales (para Nozick «un sistema libre debería permitir al individuo venderse como esclavo»): Cato, por lo tanto, hace campaña contra el Estado del bienestar, contra la sanidad pública, para limitar al máximo el papel del Estado, es decir, para reducir los impuestos tanto como sea posible (para Nozick, los impuestos sobre el trabajo no son más que «trabajos forzados»),[1] en favor de la

---

1. Robert Nozick, *Anarchy, State, and Utopia*, Blackwell, Oxford (Reino Unido)-Cambridge (Estados Unidos), 1974: sobre la esclavitud, pág. 331; sobre los impuestos como trabajos forzados, pág. 169.

privatización de la Social Security, de la red eléctrica federal, de todo el sistema escolar, de Correos, de la NASA. Cato está también en contra del intervencionismo estadounidense en política exterior y se proclama contrario al *«corporate welfare»* (subvenciones a las grandes corporaciones financiadas por los contribuyentes).

La Hoover Institution es uno de los dos casos en los que los multimillonarios del Medio Oeste dieron un vigoroso giro a la derecha a venerables instituciones. La Hoover Institution on War, Revolution, and Peace fue fundada en 1919 por el futuro presidente Herbert Hoover y desde entonces ha sido siempre un club para ministros republicanos: sus *fellows* son los antiguos secretarios de Estado Condoleezza Rice y George Shultz, el antiguo Fiscal General Edwin Meese, el antiguo secretario de Defensa James Mattis. A partir de los años setenta, cuando empezó a recibir consistentes fondos de las fundaciones reaccionarias, la Hoover Institution fue volviéndose más claramente conservadora: según sourcewatch.org, entre 1985 y 2012, la Hoover recibió 11,7 millones de dólares de Scaife; 5,8 millones (hasta 2005) de Olin; 5,2 millones de Walton; 4,8 millones de Bradley; 3,8 de Smith Richardson; 900.000 de Cartaghe y así sucesivamente.

El caso del American Enterprise Institute es interesante: nacido en 1938 como American Enterprise Association, pasó a denominarse AEI en 1962. En 1964 los altos ejecutivos del AEI pidieron excedencias para organizar la campaña presidencial del senador de Arizona Barry Goldwater, ferozmente anticomunista, contrario a la Civil Rights Act de 1964 que prohibía cualquier discriminación basada en raza, color de piel, sexo, religión u origen nacional. Goldwater recibió los votos de todos los racistas del Sur (una ironía del destino para el nieto del judío polaco Michael Goldwasser, que emigró por haber participado en los levantamientos revolucionarios de 1848). Sin embargo, fue sonoramente derrotado a nivel nacional por el demócrata Lyndon Johnson (38 % a 62 %).

Esta derrota apaciguó los incandescentes ardores del AEI hasta el punto de inflexión de la década de los setenta, cuando sus finanzas se vieron engordadas por los magnates conservadores, y más aún en la década de los ochenta, cuando los propios magnates se lamentaban de que el AEI era demasiado centrista: y pensar que hasta 1982 quien dirigió la revista del AEI, *Regulation, Journal on Government and Society*, fue Antonin Scalia, el juez de extrema derecha que se convertiría en magistrado del Tribunal Supremo y, como tal, organizaría el golpe constitucional contra Al Gore en las elecciones presidenciales de 2000. Después de estas quejas, el AEI volvió por sus fueros y los fondos llegaron otra vez: entre fundaciones que apoyaron y/o financiaron el AEI no nos sorprenderá encontrar a Bradley, Scaife, Smith Richardson, Olin y Koch.

P. D.: En los últimos veinte años se ha vuelto más difícil seguir el rastro del dinero que fluye de las familias multimillonarias a los *think tanks* porque a menudo las donaciones ya no pasan directamente desde las fundaciones a los *think tanks*, sino que transitan por entes intermedios, con un estatuto similar al de las fundaciones en cuanto al régimen fiscal se refiere, pero que tienen la ventaja de garantizar el anonimato de sus contribuyentes. Por ejemplo, las contribuciones estadounidenses a las fundaciones británicas han pasado últimamente por el Donors Trust (fundado en 1999), entidad afiliada al Donors Capital Fund. Podemos hacernos una idea de sus donantes más importantes teniendo en cuenta que el presidente y consejero delegado es, desde 2015, Lawson Bader, quien anteriormente fue vicepresidente del Mercatus Center fundado por Charles Koch y Richard Fink.

Las contribuciones a las campañas electorales también se han vuelto imposibles de rastrear después de la sentencia del Tribunal Supremo en el caso *Citizens United v. Federal Election Commission* de 2010, que otorgó legitimidad a donaciones anónimas ilimitadas: volveremos a hablar de ello más detalladamente en el capítulo 7.

2. LAS IDEAS SON ARMAS

En 1974, un año después del nacimiento de la Heritage Foundation, el Premio Nobel de Economía fue otorgado al socialdemócrata sueco Gunnar Myrdal y al conservador austriaco Friedrich August von Hayek (1899-1992). Esta doble consagración marcó el último momento de precario equilibrio entre la decadente suerte del keynesianismo y el surgimiento de la nueva ortodoxia monetarista desarrollada en particular por la Universidad de Chicago, en la que Hayek dio clases durante doce años antes de que la Hoover Institution lo colocara a sueldo en Stanford. Dos años más tarde, en 1976, el Nobel se otorgó únicamente a Milton Friedman, un seguidor de Hayek. Desde entonces, los Premios Nobel han caído en cascada sobre los Chicago Boys (fueron premiados Gary Becker, Ronald Coase, Eugene Fama, Robert Fogel, Lars Peter Hansen, Robert Lucas, Theodore Schultz o George Stigler, entre otros).

Desde la ortodoxia keynesiana de la segunda posguerra, el viento, el *Zeitgeist,* había cambiado decididamente, tanto que, en su primer discurso sobre el estado de la Unión, en 1977, el presidente demócrata Jimmy Carter se dejó llevar e hizo declaraciones contra el Estado social que el propio

Hayek habría firmado: «El Estado no puede resolver nuestros problemas [...]. El Estado no puede eliminar la pobreza o proporcionar una economía próspera o reducir la inflación o salvar ciudades o proporcionar energía [...].»[1]

Uno de los factores que contribuyó a hacer que el viento cambiara fue precisamente la institución del Premio Nobel de Economía, que no es un... premio Nobel. Como sabemos, estos premios fueron un deseo del inventor de la dinamita Alfred Nobel, quien, a su muerte en 1896, dejó establecido en su testamento que su fortuna se utilizara para conceder cada año cinco (y solo cinco) premios de literatura, química, medicina, física y paz. Los premios de química y física los otorga la Real Academia Sueca de Ciencias; el premio de literatura, la Academia Sueca; el de medicina lo decide el Karolinska Institutet noruego; y el Comité Nobel noruego asigna el de la paz.

Así pues, la economía no aparece por ningún lado. El premio lo inventó por su cuenta y riesgo el Banco Central sueco en 1968 con el nombre de *Sveriges Riksbank Prize in Economic Sciences in Memory of Alfred Nobel* para conmemorar el tricentésimo aniversario del banco. O, mejor dicho, visto en retrospectiva, para deslegitimar las políticas socialdemócratas suecas y desestabilizar sus gobiernos, especialmente los inspirados por Olof Palme. Se trata pues de un premio que encubre con el prestigio del Nobel la política económica seguida por un banco central. El hecho de que en los sucesivos treinta años la gran mayoría de los premios hayan recaído en los Chicago Boys y en sus segui-

---

1. Jibran Khan, «Government Cannot Solve Our Problems», en *National Review*, 10 de mayo de 2018, https://www.nationalreview.com/2018/05/jimmy-carter-more-conservative-administration-than-history-remembers/.

dores, por lo tanto, no es un azar debido a la calidad superior de las teorías y estudios de esos economistas, sino el resultado de una acción política dirigida. En cierto modo, es otra modalidad que adopta la política de las fundaciones reaccionarias, encarnada en este caso por un banco central. Por cierto, el propio Gunnar Myrdal pidió que se aboliera ese premio para la economía.

Los Premios Nobel de Economía sirvieron pues para legitimar el neoliberalismo extremo. Algo así como el equivalente de la etiqueta DOC para los vinos o el marchamo de «Patrimonio de la Humanidad» concedido por la Unesco para lugares, monumentos y ciudades.

Un segundo factor, menos emperifollado, que sirvió para difundir las enseñanzas de Chicago fue el golpe de Estado chileno, llevado a cabo el 11 de septiembre de 1973 por el ejército dirigido por el general Augusto Pinochet contra el gobierno democráticamente elegido del presidente Salvador Allende, quien murió durante el asalto al palacio presidencial (los cadáveres de once de sus asesores y ayudantes fueron exhumados en 2010). Este golpe de ferocidad sin precedentes fue el prototipo y ejemplo de todos los posteriores golpes de Estado y de los programas *Cóndor* de aniquilación de la izquierda latinoamericana: resultó ejemplar que a los opositores se les encerrara en estadios deportivos, donde al menos 2.130 personas fueron declaradas muertas y 1.248 *desaparecidas;* 28.459 personas fueron torturadas, incluidas 3.621 mujeres (3.400 fueron violadas por sus carceleros), 1.244 menores y 176 niños menores de trece años (las cifras que ofrecemos son las comprobadas por las comisiones oficiales[1] y no tienen en cuenta los asesinatos de los

---

1. Son: 1) la Comisión Nacional de Verdad y Reconciliación (presidida por Raúl Rettig Guissen), 1990-1991; 2) la Comisión Na-

que hay testimonios pero que no pudieron contabilizarse, como en el caso de los miles de mineros asesinados por los militares). En Chile se inauguró la técnica de arrojar al mar a los opositores desde aviones, una técnica que se adoptó como propia en Argentina y Brasil, y no solo allí. 150.000 opositores por lo menos se vieron obligados al exilio.

Tan pronto como tomaron el poder, los militares aplicaron con la máxima urgencia el programa económico formulado en un informe conocido como «El Ladrillo», del cual un cantor del neoliberalismo, Arnold Harberger, dijo: «El Ladrillo desempeñó en Chile, en cuanto a la posterior revolución de la política económica, un papel no muy diferente al que tuvieron los *Federalist Papers* cuando dieron forma al marco constitucional de los Estados Unidos.»[1]

El Ladrillo se basaba en las indicaciones de un grupo de economistas de la Pontificia Universidad Católica de Chile que habían estudiado con profesores de la Universidad de Chicago y/o en el mismo Chicago desde finales de la década de 1950 mediante un sistema de becas: estos economistas chilenos fueron los primeros en llamarse «Chicago Boys», nombre que luego se extendió a toda la escuela neoliberal estadounidense. Son el «puñado de héroes», como los define Harberger, que implementaron reformas económicas gracias a la acción de los militares. Como dijo uno de estos «héroes», que fue ministro de Economía con Pinochet, Pablo

---

cional sobre Prisión Política y Tortura (Comisión Valech), 2003-2011. Ambas comisiones se beneficiaron de labores de investigación propias. Hubo además otras comisiones.

1. Arnold C. Harberger, «Secrets of Success: A Handful of Heroes», en *The American Economic Review*, vol. 83, n.º 2, mayo de 1993, págs. 343-350, pág. 345.

Barahona: «No tengo ninguna duda de que en Chile [...] era necesario un gobierno autoritario –absolutamente autoritario– para implementar las reformas a pesar de los intereses de grupos individuales, por importantes que fueran.»[1]

Pero si la genealogía del neoliberalismo militar chileno nos lleva a Chicago, el árbol genealógico *chicagoan* del neoliberalismo estadounidense puede rastrearse a su vez a partir de dos (aristócratas) economistas austriacos que emigraron a los Estados Unidos e influyeron profundamente en el pensamiento conservador, Ludwig von Mises (1881-1973) y sobre todo Friedrich von Hayek, cuyo *The Road to Serfdom* (1944), sobre el peligro de la intervención estatal en la economía, se hizo popular gracias a la versión abreviada y simplificada que publicó el *Reader's Digest* en un millón de ejemplares en 1945. La posición política de Hayek queda clara con esta declaración suya: «La justicia social es una expresión completamente vacía, sin contenido alguno»,[2] juicio que prefigura la famosa, apodíctica frase de Margaret Thatcher: «Eso que llamamos sociedad no existe.»[3] Aún más clara fue la justificación que Hayek dio para su visita al dictador chileno Augusto Pinochet en 1981: «Personalmente, prefiero un dictador liberal [aquí entendido como «neolibe-

---

1. Véase Genaro Arriagada Herrera, Carol Graham, «Chile: Sustaining Adjustment during Democratic Transition», en Stephan Haggard, Steven B. Webb (eds.), *Voting for Reform: Democracy, Political Liberalization, and Economic Adjustment,* Oxford University Press for the World Bank, Nueva York, 1994, págs. 242-289, pág. 245.

2. Friedrich August von Hayek, *The Mirage of Social Justice: Law, Legislation and Liberty,* vol. 2, University of Chicago Press, Chicago, 1976, págs. XI-XII.

3. «There is no such thing as society», entrevista en *Woman's Own,* 23 de septiembre de 1987, https://www.margaretthatcher.org/document/106689.

ral»] a un gobierno democrático que carece de liberalismo» (entrevista en *El Mercurio,* 12 de abril de 1981).

Con todo, sus seguidores de DuPont de Nemours consideraron a Hayek demasiado moderado cuando lanzó en 1947 la Mont Pelerin Society para promover la libertad de mercado, hasta el extremo de obligarle a involucrar para la segunda conferencia de la empresa al más anciano Ludwig von Mises, considerado más de fiar (en términos de neoliberalismo).[1] Entre los fundadores de Mont Pelerin figuraban Walter Lippmann, el filósofo de la ciencia Karl Popper y dos de los futuros, por decirlo así, *Chicago Fathers,* Milton Friedman y George Stigler. Schweizerische Kreditanstalt (hoy Crédit Suisse) pagó el 93 % de los costes totales de la conferencia (18.062,08 francos suizos).[2]

En los años sesenta Friedman (1912-2006) fue el único economista de renombre que apoyó abiertamente el plan económico de Barry Goldwater (en un artículo en el *New York Times* del 11 de octubre de 1964). Desde ese momento y a partir de 1968, su columna en el semanario *Newsweek* lo daría a conocer a un público más amplio. Cabe destacar que recibió el Premio Nobel concedido por el Banco de Suecia en 1976, *después* de que en 1975 se hubiera ofrecido voluntario como asesor económico del general Augusto Pi-

---

1. El nombre de la empresa deriva del lugar de la primera reunión, un castillo precisamente en Mont Pelerin, cerca de Vevey, en Suiza. Sobre el nacimiento de la asociación, Kim Phillips-Fein, *Invisible Hands, op. cit.,* págs. 43-52. El directivo de DuPont de Nemours que consideraba a Hayek demasiado centrista era Jasper Crane.
2. Dieter Plehwe, «Introduction», en Philip Mirowski, Dieter Plehwe (eds.), *The Road from Mont Pelerin: The Making of the Neoliberal Thought Collective,* Harvard University Press, Cambridge (MA), 2009, pág. 15.

nochet, cuya política Friedman describió como «el milagro chileno».

A partir del Premio Nobel y de su colaboración con Pinochet, Friedman se convirtió en el gurú más reconocido de la extrema derecha estadounidense. Cuando el presidente de la Olin Foundation, William Simon (ese que acostumbraba a decir «las ideas son armas»), publicó en 1978 su *A Time for Truth,* quiso que el prólogo se lo escribiera Milton Friedman y la introducción Friedrich von Hayek. Como compensación, en 1980, la Scaife Foundation contribuyó con 650.000 dólares para producir la versión televisiva del libro de Milton y Rose Friedman *Free to Choose,* que había sido financiado por la Olin. Friedman no solo fue el consejero económico más escuchado del reaganismo (y del thatcherismo), sino que, como veremos, sus ideas inspiraron la revolución conservadora también en otros campos.

En sus dos versiones –ordoliberalismo alemán y neoliberalismo estadounidense– el neoliberalismo es objeto de numerosas condenas y escasa comprensión. No voy a entrar en las diferencias que separan a las dos escuelas[1] y en cuanto sigue, salvo alguna referencia suelta, me centraré en el neoliberalismo estadounidense, que generalmente se considera solo como una versión extrema del liberalismo clásico, un rechazo total de toda injerencia estatal, si bien más intransigente y sectario que en el pasado. Una forma más sistemática y radical de odio al Estado, de «fobia al Estado».

---

1. Sobre las diferencias entre las distintas escuelas neoliberales y, en particular, entre los ordoliberales alemanes y los neoliberales estadounidenses, véase Alessandro Roncaglia, *L'età della disgregazione. Storia del pensiero economico contemporaneo,* Laterza, Roma-Bari, 2019, todo el capítulo «Il mito della mano invisibile: i neoliberismi», págs. 201-251.

En realidad, el neoliberalismo es mucho más: constituye una auténtica revolución epistemológica en el paradigma de la economía clásica (la del mercado, la oferta y la demanda), y ha dado forma a una nueva ideología, algo parecido a cómo las sectas evangélicas estadounidenses son religiones nuevas respecto al cristianismo tradicional (tanto católico como protestante).

Michel Foucault fue el primero en darse cuenta, con extraordinaria clarividencia, en su curso en el Collège de France entre enero y abril de 1979,[1] cuando Reagan todavía estaba por llegar al poder y Europa parecía estar viviendo los sobresaltos que siguieron a 1968. El propio Perry Anderson, cuando decía en 2000 que «el aspecto principal de la década precedente» había sido «la consolidación virtualmente indiscutida y la difusión universal del neoliberalismo», observaba: «No era tan fácil de predecir. Si bien los años 1989-1991 habían visto la destrucción del comunismo soviético, no era obvio en absoluto, ni siquiera para sus paladines, que un capitalismo de libre mercado sin frenos acabaría extendiéndose por el este y por el oeste.»[2] Anderson expresaba la visión predominante en la izquierda occidental que veía en la revolución neoliberal (en adelante abreviada como «neolib») una forma más extrema del liberalismo clásico, un funda-

---

1. Michel Foucault, *Naissance de la biopolitique. Cours au Collège de France, 1978-1979*, Gallimard-Seuil, París, 2004. A diferencia de lo que se señala en el título, 1) el curso alude solo de pasada a la biopolítica y se centra en el ordoliberalismo y el neoliberalismo estadounidense; 2) las lecciones no se llevaron a cabo en 1978-1979, sino solo en 1979. La expresión recién mencionada *«phobie d'État»* fue acuñada por Foucault en este curso.

2. Perry Anderson, «Renewals», en *New Left Review*, n.º 1, enero-febrero de 2000, págs. 5-24, https://newleftreview.org/issues/II1/articles/perry-anderson-renewals.

mentalismo de mercado, pero que tal vez no percibía aún la entidad de la ruptura.

La primera ruptura entre liberalismo y neoliberalismo es de carácter político: las políticas defendidas por el neoliberalismo estadounidense son totalmente contrarias al espíritu (si no a la práctica) del liberalismo político: lo manifiesta a las claras el entusiasmo de Von Hayek y Friedman por un dictador como el general Pinochet. Por lo tanto, al menos en inglés, el neoliberalismo es lo opuesto al liberalismo (en italiano usamos *«liberismo»* para referirnos a la vertiente económica y *«liberalismo»* para la política).[1]

La segunda ruptura es de carácter filosófico, epistemológico: el concepto clave de la teoría económica clásica era el mercado, como lugar y mecanismo de intercambio, a partir del famoso mito del trueque originario, de la «propensión de la naturaleza humana [...] a trocar, permutar y cambiar una cosa por otra», dice Adam Smith al comienzo de *La riqueza de las naciones*.[2] Detrás de esta primacía del mercado y del intercambio subyacía la noción de equivalencia, cuando no de igualdad, de los agentes del mercado: en un mercado perfecto, los agentes se intercambian bienes y dinero en un régimen de reciprocidad que presupone una condición de igualdad. En el neoliberalismo, en cambio, el concepto clave es la competencia, no como un dato de la naturaleza, como situación primordial de la humanidad (como lo era el mercado para el mítico trueque), sino como ideal por alcanzar y como condición precaria y difícil de mantener. Lo inherente a la competencia no es ya la igual-

---

1. En la traducción se emplea *liberalismo* para la acepción política y *neoliberalismo* para la económica. *(N. del T.)*
2. La cita procede de la traducción española de Carlos Rodríguez Braun, Alianza Editorial, Madrid, 1994, pág. 44. *(N. del T.)*

dad, sino la desigualdad, puesto que en la competencia –en la competición– hay un ganador y un perdedor (pues de lo contrario, ¿qué clase de competición sería?): la competencia no solo se basa en la desigualdad, sino que la crea.

Al individuo, en consecuencia, se le considera, en efecto, como un operador del mercado, pero en su condición de competidor en la competencia. Ahora bien, ¿quién compite en la competencia capitalista? Las que compiten entre sí son las empresas. De modo que el fundamento de la teoría ya no es el sistema de mercado, sino las distintas empresas. Entre los dos conceptos hay una discontinuidad: el mercado es un sistema autorregulado, la empresa no. Como dice Ronald Coase, «el mercado es un organismo, no una organización», mientras que la empresa introduce un elemento de planificación y de gestión consciente que es ajeno a la lógica del ajuste de precios a través del mecanismo de la oferta y la demanda: según una colorida metáfora de Dennis H. Robertson, en las empresas encontramos «islas de poder consciente en un océano de cooperación inconsciente, como grumos de mantequilla que se coagulan en un cubo de leche».[1] Por lo tanto, los que se miden son estos grumos de mantequilla que compiten entre sí.

En cuanto competidor, cada individuo está considerado como un empresario, mejor dicho, como una empresa en sí misma: su propio gerente. En la antropología neolib, la unidad-individuo es una unidad-empresa y *el individuo es el propietario de sí mismo*. No se trata, desde luego, de una idea que surja de forma espontánea en los seres humanos, eso de entrar en relación con uno mismo en términos de

---

1. Ronald H. Coase, «The Nature of the Firm», en *Economica*, Nueva Serie, vol. 4, n.º 16, noviembre de 1937, págs. 386-405, la cita de Robertson está en la pág. 388.

propiedad. Yo personalmente nunca me he visto como propietario de mí mismo, nunca me he mirado al espejo evaluando mi propiedad, o la propiedad de mí mismo. Al contrario, el término «propiedad» parece extraordinariamente poco pertinente cuando se aplica a la relación del yo consigo mismo.

La primera consecuencia de este enfoque es que somos todos propietarios, desde el jornalero mexicano hasta el minero negro sudafricano o el banquero de Wall Street. Ahora bien, ¿de qué somos propietarios exactamente, cuando, por ejemplo, no poseemos dinero ni objetos materiales? Somos propietarios de nosotros mismos: es decir, nosotros mismos constituimos nuestro propio capital. Cada uno es propietario de sí mismo, es decir, de su propio capital humano: propietario de su propia empresa, es decir, de sí mismo, que invierte su capital: de ahí la noción de capital humano: «La especificidad del capital humano es que forma parte del hombre. Es humano porque está encarnado en el hombre, y es *capital* porque es fuente de futuras satisfacciones, o de futuras ganancias, o de ambas.»[1]

El capital humano es para la economía como el alma para la religión: al igual que, según las diversas creencias, cada persona tiene un alma –que no se ve, pero existe–, de la misma forma hay en cada uno de nosotros un «capital», invisible, inmaterial, que impregna al individuo del empresario de sí mismo. Todos somos capitalistas, por lo tanto, desde el lavaplatos inmigrante al oligarca ruso.

Ahora bien, si incluso los proletarios son capitalistas, aunque solo de capital humano, no existe entonces el capitalista, por un lado, que compra la mercancía de la fuerza

---

1. Theodore W. Schultz, *Investment in Human Capital: The Role of Education and of Research,* The Free Press, Nueva York, 1971, pág. 48.

de trabajo al proletario, y el proletario, por otro, que vende su fuerza de trabajo al capitalista. Solo hay dos capitalistas que de diferentes maneras obtienen rentas de su propio capital (uno del capital económico, el otro del capital humano). Ya no se produce explotación del trabajador por parte del capitalista, sino una autoexplotación del trabajador-capitalista. Todas las categorías conceptuales tradicionales, como explotación y alienación, desaparecen y su cancelación socava, teóricamente, las bases del movimiento obrero, cuya derrota va mucho más allá de la contingencia histórica debida a la desaparición de los partidos y sindicatos que lo representan políticamente. Se trata de una derrota teórica y conceptual, porque en esta nueva visión de la economía, el trabajo se convierte en renta de capital. En España se decía en otros tiempos *todos caballeros,* ¡ahora en el mejor de los mercados posibles se dice *todos capitalistas!* La lucha de clases ya no existe, simplemente porque no hay dos clases diferentes, sino solo capitalistas.

Las consecuencias de esta concepción del capital humano, y del trabajo como renta de capital, por lo tanto, llegan en cascada. Si vemos a una migrante africana a la deriva en una barcaza en el Mediterráneo o a un latinoamericano que intenta cruzar desesperadamente la frontera de los Estados Unidos a través de los túneles excavados por los *coyotes,* no nos debemos dejar engañar: en realidad estamos observando a inversores que están realizando «una inversión que aumenta la productividad en recursos humanos, una inversión que tiene costes y genera ingresos».[1] La migración cuesta por-

---

1. Larry A. Sjaastad, «The Costs and Returns of Human Migration», en *Investment in Human Beings,* en *Journal of Political Economy,* vol. LXX, n.º 5, parte 2, University of Chicago Press, Chicago, 1962, págs. 80-93. Cita en la pág. 83.

que desplazarse cuesta; además, mientras se desplaza, el migrante no obtiene ganancias, y hay que añadir que la inserción en un nuevo ambiente conlleva un coste psicológico. Pero todos estos (y otros) costes se afrontan con la perspectiva de una mejora, de un aumento de estatus, de un incremento de ingresos. Esos costes son una inversión. El migrante es un empresario autónomo que afronta gastos para obtener una mejora.

Si nos fijamos en un transeúnte que compra un helado, o en una señora que entra en una sastrería, no estamos viendo a un comprador, a uno de los dos términos de un intercambio y de la relación oferta-demanda, sino que tenemos ante nosotros a un productor que está produciendo una ganancia no de mercado (en este caso una «satisfacción») a través de bienes de mercado: «En esta perspectiva, todos los bienes de mercado son insumos utilizados en el proceso de producción del sector no de mercado. La demanda por parte del consumidor de este mercado [...] es análoga a la [...] demanda por parte de una empresa de cada factor de producción.»[1]

Al igual que una empresa constructora compra cemento para producir un edificio, la empresa consumidora compra helado para producir satisfacción. En esta perspectiva, observa Foucault, la teoría clásica cien veces reiterada del individuo que «en la medida en que es productor por un lado y consumidor por otro está de algún modo dividido con respecto a sí mismo, todos los análisis sociológicos [...] del consumo masivo, de la sociedad de consumo, etc., no se

---

1. Robert T. Michael, Gary S. Becker, «On the New Theory of Consumer Behavior», en *The Swedish Journal of Economics,* vol. 75, n.º 4 de diciembre de 1973, págs. 378-396. La cita se halla en la pág. 381.

sostienen y no valen nada en comparación con lo que sería un análisis del consumo en los términos neoliberales de la actividad de producción».[1]

Obviamente, la forma más inmediata, más literalmente innata de capital humano es el código genético, el ADN: «[...] dada mi constitución genética, si deseo tener un descendiente cuya constitución sea por lo menos tan buena como la mía o mejor, en la medida de lo posible, deberé además procurar casarme con alguien cuya constitución genética también sea buena. [...] El mecanismo de producción de los individuos, la producción de niños, puede encontrar toda una problemática económica y social a partir de la cuestión de la escasez de buenas constituciones genéticas. Y si uno quiere tener un hijo cuyo capital humano sea elevado, entendido simplemente en términos de elementos innatos y elementos adquiridos, necesitará hacer una completa inversión, vale decir, haber trabajado lo suficiente, tener ingresos suficientes, tener un estatus social tal que le permita tener por cónyuge o coproductor de ese futuro capital humano a alguien cuyo capital propio sea importante».[2] La genética se concibe en términos de acumulación y mejora del capital humano.

Todos los aspectos de la vida humana, empezando por la familia, han de leerse a través de la lente del capital humano. En esta óptica, la gente se casa simplemente porque el matrimonio, como «contrato a largo plazo entre cónyuges, permite evitar renegociar a cada instante y sin cesar los innumerables contratos que deberían suscribirse para hacer

---

1. Michel Foucault, *Naissance de la biopolitique, op. cit.*, pág. 232. [Se cita por la traducción española de Horacio Pons, F.C.E., Buenos Aires, 2007, pág. 266.]

2. *Ibid.*, pág. 234. [*Ibid.*, pág. 268.]

funcionar la vida doméstica. Pásame la sal y yo te daré la pimienta». Foucault recuerda que en el siglo XIX ese tal Pierre Rivière que había degollado a su madre, su hermana y su hermano describía de esta manera la relación entre sus padres: «Voy a arar tu campo, dice el hombre a la mujer, pero con la condición de que pueda hacer el amor contigo. Y la mujer dice: no harás el amor conmigo hasta que no hayas alimentado a mis gallinas.»[1]

El propio divorcio y los conflictos familiares se atribuyen «a la información imperfecta»: «Es muy difícil que los participantes en el mercado matrimonial conozcan sus intereses y habilidades, y mucho menos la fiabilidad, compatibilidad sexual y demás características de sus potenciales cónyuges. Por mucho que se traten e intenten mejorar su información por otras vías, a menudo se casan sobre la base de certezas altamente erróneas que luego revisan cuando la información mejora después del matrimonio.» Por lo tanto, se hace necesario estudiar tanto «las diversas consecuencias de una información imperfecta y de la incertidumbre» como los «métodos para mejorar la información antes del matrimonio», así como «los divorcios que a veces se producen cuando la información se vuelve disponible después del matrimonio. La información adquirida durante los primeros escasos años de convivencia es responsable a menudo de la rápida ruptura de los matrimonios».[2]

El amor materno también cambia de valor: «La relación madre-hijo, caracterizada concretamente por el tiempo que

---

1. *Ibid.*, pág. 251. [*Ibid.*, pág. 283.] Michel Foucault había editado el libro *Moi, Pierre Rivière, ayant égorgé ma mère, ma sœur et mon frère...*, Gallimard-Julliard, París, 1973.

2. Gary Becker, *A Treatise on the Family* (1981), The Harvard University Press, Cambridge (MA), 1991, págs. 324-325.

la primera pasa con el segundo, la calidad de los cuidados que le brinda, el afecto que le prodiga, la vigilancia con la que sigue su desarrollo, su educación, no solo sus progresos escolares sino también físicos, no solo su manera de alimentarlo sino también de refinar la alimentación y la relación alimentaria que tiene con él, todo eso representa para los neoliberales una inversión [...] que va a constituir [...] un capital humano, el capital humano del niño, que producirá una renta. ¿Y qué será esa renta? [...] Una renta psíquica, que consiste en la satisfacción que experimenta al cuidar al niño y ver que esos cuidados han dado frutos.»[1]

Los ejemplos podrían multiplicarse. Los tratamientos médicos y todas las actividades que atañen a la salud de las personas aparecen como herramientas para mejorar, preservar y utilizar el capital humano durante el mayor tiempo posible.

«¿Qué función tiene esa generalización de la forma "empresa"? [...] Se trata, desde luego, de multiplicar el modelo económico, el modelo de la oferta y la demanda, el modelo de la inversión, el costo y el beneficio, para hacer de él un modelo de las relaciones sociales, un modelo de la existencia misma, una forma de relación del individuo consigo mismo, con el tiempo, con su entorno, el futuro, el grupo, la familia.»[2]

Fundar una nueva secta es lanzar una *start-up* en el mercado de la religión. Por lo tanto, un creyente que reza no es (solo) un creyente que manifiesta su fe, es un inversor que invierte en el sector de la economía religiosa. Y, en efecto, los verdaderos creyentes invierten un montón de tiempo, de

---

1. Michel Foucault, *Naissance de la biopolitique, op. cit.*, pág. 249. [Trad. esp.: *op. cit.*, págs. 280-281.]
2. *Ibid.*, pág. 247. [*Ibid.*, pág. 278.]

energías, a menudo de dinero, a veces incluso la propia vida (los mártires). Pero si «el comportamiento religioso se basa a menudo en cálculos de costo/beneficio», y si «por lo tanto es racional precisamente en el mismo sentido en el que todos los demás comportamientos humanos son racionales»,[1] entonces la pregunta que se plantea el neoliberalismo aplicado a la religión es: ¿qué gana el creyente con su inversión? La respuesta que dan Stark y los demás estudiosos de esta escuela es: «Gana su propia inversión.»

La respuesta parece tautológica, y lo es, exactamente igual como el consumo que produce un bien llamado «satisfacción», o como la madre que se sacrifica porque obtiene de ello una «renta psíquica». Ahora bien, debemos ser cautos a la hora de devaluar las tautologías, porque esta respuesta tautológica –«la ganancia que el creyente extrae de su inversión religiosa es su propia inversión»– ayuda a comprender por qué las religiones más exigentes, las que requieren más sacrificios, más tiempo, más compromiso a sus creyentes son las que conocen la tasa más alta de proselitismo, mientras que decaen las religiones que exigen menos de sus miembros. A través de esta menor exigencia es como explica Stark el dramático declive de las vocaciones católicas que se aceleró después del Concilio Vaticano II, cuando por ejemplo en los Estados Unidos las monjas pasaron de 181.421 en 1965 (el año en que terminó el Concilio) a 153.645 en 1970, y a 92.107 en 1995; en el mismo periodo de 1965 a 1995 los frailes pasaron de 12.255 a 6.578 y los seminaristas de 48.046 a 5.083.[2] La razón estriba, según Stark, en el hecho de que el Concilio Vaticano II había abier-

---

1. Rodney Stark, Roger Finke, *Acts of Faith: Explaining the Human Side of Religion,* University of California Press, Berkeley, 2000, pág. 56.
2. *Ibid.,* pág. 169.

to las puertas del paraíso no solo a los cristianos, a los bautizados, a los creyentes, sino «a todos los hombres de buena voluntad»,[1] con lo que, sin embargo, a efectos prácticos hacía inútil el verdadero sacerdocio: si bastaba con ser simplemente bueno para ir al paraíso, ¿qué necesidad había de convertirse y observar los preceptos de la Iglesia? Y, con mayor razón, ¿qué necesidad hay de hacerse sacerdote, monja o misionero si la conversión no es decisiva para la salvación del alma? Por el contrario, cuanto más exigen las diversas sectas pentecostales de sus afiliados, tanto en términos económicos como de compromiso personal, más prosélitos convierten y más se expanden, particularmente en Latinoamérica y en África.

En definitiva, no hay aspecto de la vida humana que escape a la economía, tal como la concibe la Escuela de Chicago, es decir, como la disciplina que estudia todo comportamiento encaminado a algo, lo que implica una elección estratégica de medios, métodos y herramientas, es decir, cualquier comportamiento racional. En un artículo de 1984 con el significativo título de «Economics –The Imperial Science?», George Stigler llegaba incluso a escribir que el alcance de esta teoría se había comparado «a la teoría de

---

1. *Gaudium et spes,* Constitución pastoral promulgada por el papa Pablo VI (Giovanni Battista Montini) en el penúltimo día del Concilio, el 7 de diciembre de 1965: «El cristiano [...] llegará, corroborado por la esperanza, a la resurrección. Esto vale no solamente para los cristianos, sino también para todos los hombres de buena voluntad, en cuyo corazón obra la gracia de modo invisible» (cap. I, párr. 22). El Concilio llegó a afirmar que: «Más aún, la Iglesia confiesa que le han sido de mucho provecho y le pueden ser todavía de provecho la oposición y aun la persecución de sus contrarios» (cap. IV, párr. 44). Descargable [en español] del sitio web del Vaticano: https://www.vatican.va/archive/hist_councils/ii_vatican_council/documents/vat-ii_const_19651207_ gaudium_et-spes_sp.html.

Copérnico sobre los movimientos de los cuerpos celestes. Los cuerpos celestes se comportan mejor que los cuerpos humanos, pero es concebible que podamos acercarnos a este ideal con la extensión de la teoría económica del comportamiento [*economists' theory of behaviour*] a todo el campo de las ciencias sociales».[1]

Una visión más sarcástica de este imperio nos la proporciona Deirdre McCloskey: «Comparar los asuntos no económicos con los económicos es otra clase de novedad, visible en el imperialismo de la nueva economía de la historia, de la política, del crimen y de lo demás, y aún más evidente en la obra del Kipling del imperio económico, Gary Becker. Entre las menos extravagantes de sus muchas metáforas, por ejemplo, se cuenta aquella según la cual los niños son bienes duraderos, como los frigoríficos.»[2]

A costa de congelar a tus propios hijos y de amar locamente a tu frigorífico (uno siempre puede confundirse), el propósito de la doctrina de los Chicago Boys es increíblemente serio y ambicioso: se trata, sencillamente, de proporcionar una interpretación integral de la sociedad y de la historia humana en todos sus aspectos, incluidos los culturales y criminales: puede definirse como una auténtica *ideología*, dado que configura las relaciones «del individuo consigo mismo, con el tiempo, con su entorno, el futuro, el grupo, la familia».[3]

---

1. George J. Stigler, «Economics – The Imperial Science?», en *Scandinavian Journal of Economics,* vol. 86, n.º 3, 1984, págs. 301-313, pág. 313.
2. Deirdre McCloskey, *The Rhetoric of Economics* (1985), University of Wisconsin Press, Madison (WI), 1998, pág. 42.
3. Michel Foucault, *Naissance de la biopolitique, op. cit.,* pág. 247. [Trad. esp.: *op. cit.,* pág. 278.]

La fobia al Estado

Desconocemos si los muníficos multimillonarios del Medio Oeste fueron conscientes del carácter totalizador, de la visión global del mundo de las ideas que sustentaban. Su objetivo era mucho más inmediato: querían tener las manos más libres, y por lo tanto menos controles estatales. En su web, la Heritage Foundation afirma que su misión es luchar por la libre empresa y por «limitar el Estado» *(limited government)*.[1] Su finalidad declarada era desmantelar el Estado («nuestro objetivo es hacer retroceder el Estado», dijo Charles Koch en 1978),[2] hasta la condición de «Estado mínimo» previsto por Nozick, un Estado, en otras palabras, que en el ámbito social se limite a la tarea de «vigilante nocturno» *(nightwatchman state)* y en economía a la de regulador del flujo monetario. Naturalmente, el interés primordial y más urgente de los magnates que financiaban la revolución conservadora fue reducir los impuestos a los propios magnates.

Con la reducción de impuestos, sin embargo, los filantrópicos multimillonarios no solo pretendían quedarse con un poco más de dinero en sus bolsillos (algo a lo que nunca se hace ascos), también perseguían un objetivo político, ese que Foucault llamó irónicamente un «Estado frugal»[3] y que

---

1. «La misión de la Fundación Heritage es formular y proponer políticas públicas conservadoras basadas en los principios de libre empresa, limitación del Estado [*limited government*], libertad individual, valores estadounidenses tradicionales y una fuerte defensa nacional.»
2. Jane Mayer, *Dark Money, op. cit.*, pág. 355.
3. Michel Foucault, *Naissance de la biopolitique, op. cit.*: «*on peut dire qu'on est dans l'âge du gouvernement frugal*», pág. 30. «*La question de la frugalité du gouvernement c'est bien la question du libéralisme*», pág. 31. Cuarenta años después, el adjetivo «frugal» ha obtenido un

los conservadores estadounidenses han rebautizado con más notable ferocidad, pero también con más adherencia a la realidad, *starve the beast,* «matar de hambre a la fiera»: reduciendo los impuestos, obligando al Estado a reducir los servicios, so pena de endeudarse y de caer bajo el chantaje del préstamo. Lo defendió explícitamente ante la Comisión de Finanzas del Senado en 1978 Alan Greenspan, quien desde 1987 hasta 2006 sería presidente de la Reserva Federal: «Recordemos que el objetivo principal de cualquier programa de reducción de impuestos es reducir el impulso de crecimiento del gasto mediante la reducción de la cantidad de recursos disponibles.»[1]

Gracias a la acción de los *think tanks* conservadores, la idea de un Estado «frugal» se vendió con éxito al público y al electorado estadounidenses. Por ejemplo, fue la Smith Richardson Foundation la que financió (por sugerencia de Irving Kristol) el bestseller *The Way the World Works* (1978) de Jude Wanniski, que popularizó el término *supply-side economics* [políticas económicas de oferta] y puso en boca de todos la curva de Laffer según la cual, más allá de cierto nivel de impuestos, los ingresos fiscales disminuyen.

El sueño de los multimillonarios de un mundo libre de impuestos está cada vez más cerca, gracias a los sucesivos recortes desde la década de los ochenta hasta hoy. En los Estados Unidos, la tasa marginal máxima era del 94% des-

---

gran éxito; tanto es así que algunos países de la Unión Europeos (Austria, Dinamarca, Holanda, Suecia) lo exhiben como título de mérito y lo han adoptado como definición propia en las negociaciones para la concesión de préstamos a países en dificultades.

1. Bruce Bartlett, «Tax Cuts and "Starving the Beast"», en *Forbes,* 7 de mayo de 2010, https://www.forbes.com/2010/05/06/tax-cuts-republicans-starve-the-beast-columnists-bruce-bartlett.html.

pués de la Segunda Guerra Mundial (una de las razones por las que se crearon tantas fundaciones «benéficas», que permiten deducir donaciones). Desde 1981 a 1986 (bajo la presidencia de Reagan) disminuyó hasta el 28 %. Pero los tijeretazos fiscales continuaron con Bush Jr. cuando con el voto bipartidista se redujeron las tasas de los dividendos del 39,6 al 15 % y las de los *capital gains* [plusvalías] del 20 al 15 %. El último recorte de Trump redujo los *corporate taxes* [impuesto de sociedades] del 35 al 21 % (creando un agujero en las finanzas federales: el déficit público de los Estados Unidos rompió la marca de los mil millones de dólares en el ejercicio fiscal de 2019).

Como es lógico, ese Estado cada vez más frugal (esa fiera cada vez más hambrienta) fue dejando cada vez más en los huesos los servicios que proporcionaba (ese era precisamente el propósito que se habían propuesto los neolib). Pero para privar a los ciudadanos de los servicios públicos garantizados por el New Deal de Roosevelt y por las reformas de Lyndon Johnson, era necesario crear previamente un consenso en torno a esos recortes. Era necesario, por lo tanto, alimentar lo que Foucault llamaba «fobia al Estado». Ya en 1979 el filósofo francés pudo decir: «Todos los que participan en la gran fobia al Estado, sepan bien que están siguiendo la corriente y que, en efecto, por doquier se anuncia desde hace años y años una disminución efectiva del Estado, de la estatización y de la "gubernamentalidad" estatizante y estatizada.»[1] Foucault intuía bien los vientos que un mes después de la última lección de ese curso suyo impulsarían a Margaret Thatcher al poder en Gran Bretaña; y menos de

---

1. Michel Foucault, *Naissance de la biopolitique, op. cit.,* pág. 197. El texto francés utiliza la palabra *«gouvernementalité»*. [Trad. esp.: *op. cit.,* pág. 225.]

dos años después instalarían a Ronald Reagan como presidente de los Estados Unidos.

La tradicional línea de ataque al Estado, ya practicada contra el New Deal de Roosevelt, consistía en denunciar la inevitable deriva totalitaria de todo intervencionismo estatal, con la idea de que el Estado está dotado de una fuerza de expansión infinita, con una dinámica propia que, una vez desencadenada, se vuelve imparable: «En definitiva, un análisis, por ejemplo, de la seguridad social y del aparato administrativo sobre el que esta se apoya nos va a remitir, a partir de algunos deslizamientos y gracias al juego con algunas palabras, al análisis de los campos de concentración.»[1] Básicamente, este fue el núcleo del argumento utilizado por Von Hayek en su *Road to Serfdom*. Se empieza con los programas de ayuda a la pobreza y se termina con los *lagers* y los gulags.

Esta estrategia, sin embargo, ya no bastaba, era necesario convencer a los usuarios de los servicios de que el dinero de los impuestos que se pagaban al Estado no se empleaba bien, se malgastaba, y que se utilizaría mejor si era gestionado por particulares (por ejemplo, por fundaciones); convencerlos, en otras palabras, según la fórmula de Reagan, de que «el Estado no es la solución, es el problema»: de ahí 1) un ataque a trescientos sesenta grados contra el Estado del bienestar; 2) una exaltación sin precedentes de la heroica virtud de cualquier ONG: y aquí se nos consienta un paréntesis lingüístico. En los Estados Unidos, *government* no significa «gobierno», sino «estado federal». Por lo tanto, el acrónimo ONG no significa organización «no gubernamental» (independiente de las cam-

---

1. *Ibid.*, pág. 193. [Trad. esp.: *op. cit.*, págs. 219-220.]

biantes mayorías de gobierno), sino organización «no estatal», es decir, privada.

El ataque al Estado se desplegó a través de miles de transmisiones televisivas, programas radiofónicos, artículos, todos abundantemente subvencionados por las fundaciones conservadoras y alimentados por sus *think tanks,* que se especializaron en la financiación de libros a medio camino entre el tratado académico y el panfleto ideológico. No hay texto que haya influido en el debate político estadounidense detrás del cual no pueda descubrirse el generoso sostén de las fundaciones. El título más emblemático es *Losing Ground: American Social Policy 1950-1980* (1984), que Charles Murray escribió mientras estaba asalariado por el Manhattan Institute y recibía el apoyo financiero de las fundaciones Olin, Bradley y Smith Richardson. Su tesis es que todos los programas sociales lanzados por el Estado en los Estados Unidos han hecho aumentar la pobreza, en lugar de aliviarla, porque generan incentivos para comportamientos miopes que a largo plazo encarcelan en la pobreza: según el apologético John Miller, la fuerza del libro reside en su tono «perfecto: en lugar de mostrar un perverso placer ante el fracaso del Estado en aliviar el sufrimiento de los pobres, aborda el tema con un sincero pesar».[1]

Losing Ground pone en práctica el más poderoso de los tres recursos retóricos que, según el demasiado olvidado Albert Hirschman, caracterizan el discurso reaccionario. Estos tres *topoi* retóricos son la *perversidad,* la *futilidad* y el *riesgo (jeopardy). Perversidad:* todo intento de resolver un problema lo exacerba, cualquier reforma con afán de mejora acaba

---

1. John J. Miller, *Strategic Investment in Ideas: How Two Foundations Reshaped America,* Philanthropy Roundtable (editorial financiada por estas fundaciones), Washington D.C., 2003.

revelándose contraproducente. *Futilidad:* cualquier reforma no consigue hacer mella porque la estructura de dominio permanece inalterada y, por lo tanto, todo sigue igual que antes. *Riesgo:* el coste de la reforma propuesta es demasiado alto porque pone en peligro algún precioso logro previo.[1]

Losing Ground es un caso prototípico del *topos* de la perversidad. Escribe Murray: «Hemos intentado satisfacer mejor las necesidades de los pobres, y en cambio hemos aumentado el número de pobres. Hemos intentado eliminar las barreras que impedían la emancipación de la pobreza y, sin saberlo, hemos construido una trampa.»[2] (Diez años más tarde, en 1994, Murray publicó, junto con el psicólogo Richard Herrnstein, *The Bell Curve. Intelligence and Class Structure in American Life,* que correlacionaba raza y bajos resultados en las pruebas de coeficiente intelectual (CI), para defender que los negros tienen menos probabilidades que los blancos de formar parte de la «élite cognitiva»: el libro suscitó tanta indignación que el Manhattan Institute lo despidió, si bien, gracias a la Fundación Bradley, fue contratado por el American Enterprise Institute.)

De una forma u otra, el recurso a la perversidad es una constante en todo el material producido por los *think tanks* reaccionarios: la sanidad pública acaba acortando el promedio de vida, la educación pública hace que la población sea más ignorante, etcétera. Linda Chávez era *senior fellow* del Manhattan Institute cuando publicó *Out of the Barrio.*

---

1. Albert Otto Hirschman, *The Rhetoric of Reaction: Perversity, Futility, Jeopardy,* The Belknap Press of Harvard University, Cambridge (MA), 1991; trad. it. *Retoriche dell'intransigenza. Perversità, futilità, messa a repentaglio,* il Mulino, Bolonia, 1991, pág. 14.

2. Charles Murray, *Losing Ground: American Social Policy 1950-1980,* Basic Books, Nueva York, 1984, pág. 9.

Toward a New Politics of Hispanic Assimilation (1991), en donde responsabilizaba a la asistencia pública del 31 % del desempleo masculino y del 50 % de nacimientos ilegítimos en el barrio puertorriqueño de Nueva York.

El *topos* de la perversidad se emplea también en casos más extravagantes, como da a entender el título *More Guns, Less Crime* (1998) de John Lott, entonces investigador de la Universidad de Chicago con una beca de la Olin Foundation: si más armas significa menos crimen, eso quiere decir que, con efecto perverso, cualquier limitación de las armas implica más delincuencia. Y es una total coincidencia el que Olin Corporation fuera la propietaria de la fábrica de armas Winchester.

En cambio, al *topos* del riesgo recurre Marvin Olasky en *The Tragedy of American Compassion* (1994), publicado con la ayuda de la Fundación Bradley y distribuido por Newt Gingrich a todos los congresistas republicanos recién elegidos en 1995. Olasky sostiene que la filantropía funcionaba mejor cuando era religiosa, familiar y privada, y que, por lo tanto, el Estado del bienestar pone en peligro la verdadera solidaridad social privada y religiosa: fue Olasky quien acuñó la expresión *compassionate conservatism* [conservadurismo compasivo] que en 2000 se convirtió en el lema electoral de George Bush Jr.

Ha de señalarse que en Europa el *topos* de la perversidad nunca ha funcionado en exceso y, en cambio, ha sido reemplazado en gran medida por el del peligro, especialmente por la Unión Europea, y especialmente después de la crisis de 2008: los gastos excesivos del Estado social *ponen en peligro* la economía y corren el riesgo de destruir el bienestar alcanzado con tanto esfuerzo.

El campus de batalla

Con todo, el campo de batalla decisivo de la guerra de las ideas ha sido, por supuesto, la universidad, donde en los años sesenta había estallado la contestación. No era la primera vez que las fundaciones patrocinaban universidades: la Cornell University (en el estado de Nueva York) se fundó en 1865 con el dinero de Ezra Cornell, industrial de telégrafo y fundador de la Western Union; en 1890 se instituyó la Universidad de Chicago gracias a los dólares de Rockefeller. Muchas escuelas de medicina se construyeron con dinero de las fundaciones. Y algunas fundaciones ya habían financiado a destacados exponentes conservadores: el sueldo de Von Mises en la Universidad de Nueva York y el de Von Hayek en Chicago fueron pagados ambos por la Fundación Volcker.

Pero en los años setenta se implementó una nueva estrategia, la que el director de la Olin Foundation entre 1985 y 2005, James Piereson, llamó la estrategia de las «cabezas de puente» *(beachheads)*. Había que establecer «cabezas de puente conservadoras» en las universidades más influyentes para obtener la máxima influencia *(leverage)*: «establecer cabezas de puente en los college y universidades tenía un valor exponencialmente mayor que apoyar escuelas menos conocidas».[1] Sin embargo, resultaba decisivo financiar a los intelectuales conservadores sin «hacer que se suscitaran dudas sobre su integridad académica». En lugar de imponer asignaturas o nombres de profesores, debía apoyarse a los miembros de la facultad ya presentes y en sintonía con la fundación y ayudarlos a expandir su influencia, pero «era

---

1. John J. Miller, *Strategic Investment in Ideas, op. cit.*, pág. 17.

esencial para la integridad y reputación de los programas que estos se definieran por vías no ideológicas».[1]

Esta estrategia se implementó con enorme éxito. Citemos solo dos ejemplos. En la Universidad de Chicago, la Olin empezó a financiar a Allan Bloom (1930-1992), entonces conocido como estudioso de Platón, Jonathan Swift y Jean-Jacques Rousseau.

Con el apoyo de la Olin, Bloom publicó en 1982 en *National Review* el artículo «Nuestras distraídas universidades», cuyas palabras iniciales eran: «Empiezo por mi conclusión: los estudiantes de nuestras mejores universidades no creen en nada, y estas universidades no están haciendo nada al respecto, ni pueden hacerlo. Una forma facilona de nihilismo estadounidense ha caído sobre nosotros, un nihilismo sin terror del abismo. Los grandes problemas –Dios, libertad e inmortalidad, según Kant– apenas afectan a los jóvenes. Y las universidades, que deberían fomentar la investigación para esclarecer tales cuestiones, son la propia fuente de la doctrina que los hace parecer fútiles.»[2]

En aquella época, a la cabeza de la Olin se hallaba Michael Joyce, quien cedería el mando en 1985 a Piereson para irse a dirigir la Fundación Bradley (donde apoyaría hasta el final al Charles Murray de *Losing Ground* y *The Bell Curve*). Según *Forbes,* Joyce «se inspiraba en Gramsci, quería lograr una transformación radical».[3]

Después de una financiación inicial a Bloom de 25.000

---

1. James Piereson, «Planting Seeds of Liberty», en *Philanthropy,* mayo-junio de 2005.
2. Allan Bloom, «Our Listless Universities», en *The National Review,* 10 de diciembre de 1982, https://www.nationalreview.com/2006/09/our-listless-universitieswilliumrex/.
3. Jane Mayer, *Dark Money, op. cit.,* pág. 125.

dólares en 1981, al año siguiente Joyce y Piereson apoyaron una donación de 100.000 dólares. Bloom estableció así la primera y fructífera «cabeza de puente» para Olin: en 1983 Olin firmó un cheque de 1.100.000 dólares para crear el Olin Center for Inquiry into the Theory and Practice of Democracy codirigido por Bloom: el nombre dado al centro respondía perfectamente a la exigencia de neutralidad, para no parecer partidista, como deseaba Piereson. En 1985, la Olin donó otros 1.850.000, 1.800.000 más en 1988 y así sucesivamente. Los dólares no dejaron de fluir ni siquiera tras la muerte de Bloom en 1992: 750.000 en 1994; 810.000 en 1996, 1.400.000 en 1998. En 2001, la Olin había dado al Centro más de nueve millones.[1]

Pensémoslo un momento: unos «rudos y toscos» multimillonarios del Medio Oeste, fabricantes de sosa cáustica y de rifles Winchester, que financian a golpe de decenas de millones de dólares un centro universitario donde se celebran seminarios sobre Rousseau y los viajes de Gulliver, dirigidos por un estetizante clasicista. Pero Bloom resultó ser una buena inversión en 1987 cuando apareció en las librerías su *The Closing of the American Mind: How Higher Education Has Failed Democracy and Impoverished the Souls of Today's Students,* que desarrollaba las tesis del artículo de 1982, y que se encaramó a lo más alto de las listas de bestsellers: en los Estados Unidos vendió más de un millón de ejemplares y asestó un golpe casi mortal al consenso progresista en los campus o, en cualquier caso, socavó gravemente su hegemonía.

Se puede mencionar aquí que en febrero de 1989 Francis Fukuyama impartió la famosa conferencia sobre el «fin

---

1. John J. Miller, *A Gift of Freedom, op. cit.,* págs. 152, 156.

de la historia» precisamente en el centro Olin de Bloom y con su apoyo[1] (y que ese verano publicó el artículo de la revista *The National Interest* de Irving Kristol): el artículo sobre el «fin de la historia» *precedió en ocho meses* a la caída del Muro de Berlín.

Ahondando en el problema universitario, Dinesh D'Souza publicó en 1991 *Illiberal Education. The Politics of Race and Sex on Campus,* texto que aplicaba la tesis de la perversidad a las *affirmative actions:* todas las acciones concebidas para mejorar la situación de las minorías en los campus acababan por empeorarlas.

Pero probablemente la mejor «cabeza de puente» académica la encontró la Olin en la figura de Samuel Huntington (1927-2008). Antiguo *enfant prodige* de la Universidad de Harvard, donde empezó a dar clases a la edad de veintitrés años y donde permaneció hasta su muerte, Huntington se ganó en 1957 la estima de los círculos conservadores (y del ambiente militar) con *The Soldier and the State: The Theory and Politics of Civil-Military Relations* —que se sigue estudiando aún hoy en las academias militares—, en donde defendía que la mejor forma de control de los civiles sobre los militares no se alcanza poniendo límites a la autonomía de estos últimos, sino profesionalizándolos: todavía estaba fresco el recuerdo de 1951 cuando, ante el riesgo de una deriva bonapartista, el presidente Harry Truman destituyó al general Douglas MacArthur como comandante en jefe de la guerra de Corea: en las elecciones del año siguiente Truman fue derrotado por otro general, Dwight Eisenhower.

La notoriedad planetaria, sin embargo, le llegó a Huntington en 1975, cuando (junto con Michel Crozier y Joji

---

1. El texto de la conferencia puede consultarse en internet en https://apps.dtic.mil/dtic/tr/fulltext/u2/a228233.pdf.

Watanuki) presentó a la Comisión Trilateral[1] el informe *The Crisis of Democracy: Report on the Governability of Democracies* (publicado de inmediato por la New York University Press), en el que se atribuía la ingobernabilidad de los países occidentales a un «exceso de democracia», inaugurando la larga y victoriosa temporada de las oposiciones incompatibles, según las cuales la equidad social es incompatible con la eficiencia económica, y la democracia, anunciadora de ingobernabilidad (viene a la cabeza Singapur como utopía y estadio final de la historia mundial). En la administración Carter, Huntington fue el coordinador para la Casa Blanca del Security Planning para el National Security Council. A principios de los ochenta recibió las primeras contribuciones de las fundaciones Smith Richardson y Bradley para abrir lo que se convertiría en el Olin Institute for Strategic Studies de Harvard, al que Olin otorgaría 8.400.000 dólares a lo largo de los años. «La Olin llevó un registro de las trayectorias de quienes habían pasado por el Olin Institute de Huntington: entre 1990 y 2001, 56 de los 88 becarios del programa de Harvard acabaron como profesores en las universidades de Chicago, Cornell, Dartmouth, Georgetown,

---

1. Grupo de debate fundado en 1973 por el banquero David Rockefeller, la Trilateral Commission fue una respuesta, alternativa y globalizadora, del capitalismo al «manifiesto» de Lewis Powell de 1971. Su primer director fue Zbigniew Brzezinski (1928-2017), futuro consejero de seguridad de Jimmy Carter: de la Trilateral también formaron parte Paul Volcker y Alan Greenspan, futuros presidentes de la Reserva Federal, y Jean-Claude Trichet, futuro presidente del Banco Central Europeo. La Trilateral ha sido tema recurrente en múltiples teorías de la conspiración, incluso por parte de Barry Goldwater y de la John Birch Society, antes de ser reemplazado en la mitología conspirativa por el Grupo Bilderberg en el papel de hipotético centro oculto del poder mundial.

MIT, Penn, Yale y en la propia Harvard. Muchos otros se convirtieron en destacados exponentes en el Estado, en los *think tanks* y en los medios de comunicación.»[1] La diseminación de las ideas reaccionarias había quedado garantizada.

En el verano de 1993 Huntington publicó en *Foreign Affairs* su ensayo «Clash of Civilizations?», que tres años después se convertiría en un libro con el mismo título pero sin el signo de interrogación, título que pareció quedar confirmado por los atentados del 11 de septiembre de 2001 contra las Torres Gemelas de Nueva York.

Allan Bloom y Samuel Huntington son solo las dos «cabezas de puente» más famosas establecidas por la Olin. También en Harvard, la Olin contribuyó con 3.300.000 dólares al Mansfield Program on Constitutional Government de Harvey Mansfield, otro seguidor de Leo Strauss (1899-1973), el filósofo alemán *maître à penser* de todos los «neoconservadores» estadounidenses (el equivalente en política de lo que Mises y Hayek han sido en economía).

De nada sirve aquí repasar los cientos de millones, si no son miles de millones, donados por las fundaciones a las distintas universidades. Por ejemplo, la George Mason University de Washington está financiada en gran parte por los Koch, hasta el extremo de que su departamento de Derecho ha sido rebautizado con el nombre del juez Antonin Scalia (véase *supra,* pág. 39). La propia George Mason University alberga también el Mercatus Center, otro laboratorio de ideas de los Koch, definido como «el motor de la desregulación» en Washington, mientras que los investigadores y

---

1. Jane Mayer, «How Right-Wing Billionaires Infiltrated Higher Education», en *The Chronicle Review,* 12 de febrero de 2016, https://www.chronicle.com/article/how-right-wing-billionaires-infiltrated-higher-education/.

profesores de esta universidad se cuentan entre los más decididos opositores a las políticas para combatir el calentamiento global.

Con todo, se trata de batallas sectoriales, en defensa de intereses específicos que son solo productos colaterales de la «guerra de las ideas». En cambio, merece la pena detenerse en lo que se considera la obra maestra de la Olin Foundation y de Piereson, es decir, la redefinición del concepto de justicia y la imposición en el mundo de una nueva idea del Derecho.

3. EL MERCADO DE LA JUSTICIA

En cinco mil años de historia a nadie se le había ocurrido. Acerca de la justicia y de la ley se había discutido mucho. ¿Es la justicia la defensa del más débil contra el más fuerte? ¿O es el arma del más fuerte contra el más débil, como afirmaba en el siglo V a. C. el sofista Trasímaco? «Lo justo no es otra cosa que lo que conviene al más fuerte [...] cada gobierno implanta las leyes en vista de lo que es conveniente para él: la democracia, leyes democráticas; la tiranía, leyes tiránicas, y así las demás. Una vez implantadas, manifiestan que lo que conviene a los gobernantes es justo para los gobernados, y al que se aparta de esto lo castigan por infringir las leyes y obrar injustamente. Esto [...] es lo que quiero decir; que en todos los Estados es justo lo mismo: lo que conviene al gobierno establecido, que es sin duda el que tiene la fuerza, de modo tal que [...] es justo lo mismo en todos lados, lo que conviene al más fuerte.»[1]

Por fin, sin embargo, en los años sesenta del siglo pasa-

---

1. Estas palabras están puestas en boca de Trasímaco por Platón en la *República*, en *Opere,* Laterza, Roma-Bari, 1966, vol. II, 338c, e. [Trad. esp. de Conrado Eggers, Gredos, Madrid, 1986.]

do, en Chicago, la milenaria cuestión queda zanjada: *lo justo es lo que beneficia al mercado,* la fórmula –en términos económicos– más cercana a la tesis de Trasímaco. Es esta la proposición central de la doctrina llamada *Law and Economics.* Según los diccionarios filosóficos, esta doctrina sostiene que la ley debe ser considerada como un instrumento que promueve la eficiencia económica, y afirma que el análisis económico y el ideal de eficiencia pueden orientar la práctica legal. *Law and Economics* estudia cómo la legislación puede utilizarse para mejorar las condiciones del mercado: estudia, en otras palabras, cómo la racionalidad del mercado *debe* moldear la ley y cómo la ley *debe* facilitar el mercado.

Detrás de estas definiciones hay toda una antropología, es decir, una doctrina del hombre, la del individuo-empresario, que presupone la premisa de que los seres humanos son «maximizadores *(maximizers)* racionales» de sus satisfacciones individuales y que responden por ello a los incentivos. Un «maximizador racional» de la satisfacción personal ajusta de la manera más eficiente los medios a los fines. No estamos hablando aquí únicamente de cuestiones monetarias: hay satisfacciones tanto monetarias como no monetarias. Cualquier satisfacción potencial se ve implicada en el cálculo de las satisfacciones económicas y puede ser sopesada, por lo tanto, según la racionalidad de los medios con respecto a los fines o el equilibrio entre costes y beneficios.

Ya hemos visto que, con este enfoque, el cálculo económico se convierte en el principal instrumento, o, mejor dicho –en última instancia–, en el único instrumento para estudiar, comprender, *narrar* y juzgar todas las esferas de la acción humana. Se trata, así pues, de una ideología que, al igual que todas las ideologías, se presenta como no ideológica, a-ideológica, *científica,* a base de ecuaciones y fórmulas matemáticas.

Como tal, *Law and Economics* cumple con todos los requisitos que Piereson y la Olin buscaban para una cabeza de puente conceptual. Como cándidamente confesó Piereson al *New York Times:* «Vi [*Law and Economics*] como un pasaje de entrada para penetrar en las facultades de Derecho. Probablemente no debería confesarlo, pero el análisis económico tiende a empujar hacia el conservadurismo [*tends to have conservatizing effects*].»[1] En una entrevista posterior, Piereson especificó: «Si le hubieras dicho a un decano que querías financiar una jurisprudencia conservadora [*conservative law*], lo rechazaría de inmediato. Pero si le decías que querías financiar *Law and Economics*, se mostraba mucho más disponible. *Law and Economics* es neutral, pero tiene un substrato filosófico que tiende hacia más mercado y menos Estado. Es decir, como muchas disciplinas, parece neutral, pero en realidad no lo es.»[2]

La escuela había tomado forma en la Universidad de Chicago en los años cincuenta, cuando Von Hayek daba clases allí: en este contexto, su frase citada anteriormente —«la justicia social es una expresión vacía»— resulta premonitoria, con el énfasis puesto ahora más en el término «justicia» que sobre el adjetivo «social». Los animadores de esta nueva disciplina fueron Aaron Director (financiado él también, como Von Hayek, por la Volcker Foundation) y ese

---

1. Jason Deparle, «Goals Reached, Donor on Right Closes Up Shop», en *The New York Times,* 29 de mayo de 2005, https://www.nytimes.com/2005/05/29/politics/goals-reached-donor-on-right-closes-up-shop.html.

2. Jane Mayer, *Dark Money, op. cit.,* págs. 131-132. Sobre la financiación de la Olin a *Law and Economics,* además de este texto (págs. 130-134), véase también John J. Miller, *Strategic Investment in Ideas, op. cit.,* págs. 22-28. Toda la información que sigue se extrae de estas dos fuentes, a menos que se especifique lo contrario.

Ronald Coase a quien ya hemos conocido a propósito de las relaciones entre empresa y mercado (véase *supra*, pág. 50): en 1958 ambos fundaron y dirigieron juntos el *Journal of Law and Economics,* organismo oficial de esta escuela. El conservador Coase se hallaba en «exilio académico» de una Inglaterra que después de la Segunda Guerra Mundial había quedado hegemonizada por el pensamiento keynesiano, y que bajo el gobierno laborista de Clement Attlee (1945-1951) puso en práctica uno de los Estados del bienestar más progresistas de Europa, diseñado por William Beveridge. Con humor anglosajón Coase relataría más tarde: «Cuando llegué a la Universidad de Chicago, veía mi papel como el de san Pablo con respecto al Cristo Aaron Director. Él desarrollaba la doctrina y lo que tenía que hacer yo era difundirla entre los gentiles.»[1]

El nivel óptimo de contaminación

La «Carta a los gentiles» con la que el apóstol Ronald Coase llevó al mundo el verbo de *Law and Economics* fue un artículo de 1961 que le acabó valiendo el Nobel y resultaría decisivo para el futuro de la disciplina, «The Problem of the Social Cost». Coase abordaba específicamente la cuestión de los costes ambientales, por ejemplo, «la contaminación de un río: si asumimos que los efectos nocivos de la contami-

---

1. Intervención en una mesa redonda sobre «Intellectual History of Law and Economics» celebrada en Los Ángeles del 21 al 23 de marzo de 1981, recogida por Edmund W. Kitch, «The Fire of Truth: A Remembrance of Law and Economics at Chicago, 1932-1970», en *Journal of Law and Economics,* vol. 26, abril de 1983, págs. 163-234, pág. 192.

nación son acabar con los peces, la cuestión que hemos de decidir es: "¿es el valor del pescado perdido mayor o menor que el producto que la contaminación del río posibilita?"». (No se le ocurre a Coase preguntarse si esa contaminación provoca la extinción de las especies de peces: nunca considera en profundidad la irreversibilidad de las transacciones.) Por lo tanto, Coase considera que «es un error la idea de que las fábricas que producen humos han de ser retiradas –en virtud de las leyes ambientales– de las áreas donde el humo provoca efectos nocivos. Cuando el traslado de la fábrica deriva en una reducción de la producción, ha de tenerse en cuenta como es lógico, y valorarlo frente a los daños que se derivarían de dejar la fábrica en el mismo lugar. El propósito de estas regulaciones no debe ser eliminar la contaminación por humo, sino más bien asegurar *el nivel óptimo de contaminación* por humo, es decir, la cantidad que maximiza el valor de la producción».[1] (Nuevamente: ¿cuál es el nivel óptimo de contaminación si los humos de las chimeneas provocan enfermedades mortales en los niños y defectos genéticos en las generaciones futuras?)

Como podemos suponer, estas palabras de Coase son música para los oídos de las grandes empresas que contaminan y que contribuyen generosamente a la filantropía multimillonaria.

En 1968, en un artículo cuyo título –«Crime and Punishment»– era una autoirónica cita de Fiódor Dostoievski, Gary Becker extendió el concepto de «nivel óptimo de con-

---

1. Ronald H. Coase, «The Problem of the Social Cost», en *The Journal of Law and Economics,* n.º 3, octubre de 1960, págs. 1-44, reimpreso en Ronald H. Coase, *The Firm, the Market and the Law,* University of Chicago Press, 1988, págs. 95-156. Las citas son de las págs. 96 y 153 de este volumen. Las cursivas son mías.

taminación» de Coase a todo el problema de las violaciones de la ley. Becker se veía a sí mismo en cierto modo como el Aristóteles del neoliberalismo, porque aplicaba su método a todos los ámbitos de las ciencias sociales (consumo, criminalidad, vida familiar...), así como el Estagirita había abordado la metafísica, la zoología, la lógica y la política; con todo, ya hemos visto que Deirdre McCloskey lo ha definido en cambio, más maliciosamente, como el «Kipling» del imperio epistemológico neolib: Kipling se atormentaba por la carga que debía soportar el hombre blanco, a quien correspondía la ingrata tarea de civilizar a sus ingratos súbditos.[1]

Para Becker, el delito es cualquier acción que haga que un individuo corra el riesgo de ser condenado a una pena: «una persona comete un delito si con ello el rendimiento que espera excede la ganancia que obtendría usando su tiempo y sus demás recursos en otras actividades. Por lo tanto, algunos se convierten en "criminales" no porque sus motivaciones básicas difieran de las de otras personas, sino

---

1. «The White Man's Burden» es el título y estribillo de un poema publicado por Rudyard Kipling en 1899 con el subtítulo «The United States and the Philippine Islands», mientras los filipinos resistían frente a la invasión estadounidense con una tenaz guerra de guerrillas. El poema puede encontrarse en innumerables páginas web. He aquí una significativa estrofa: *"Take up the White Man's burden / And reap his old reward: / The blame of those ye better, / The hate of those ye guard – / The cry of hosts ye humour / (Ah, slowly!) toward the light: – / "Why brought he us from bondage, / Our loved Egyptian night?"»* (Llevad la carga del Hombre Blanco, / Y cosechad su vieja recompensa / La reprobación de vuestros superiores / El odio de aquellos que protegéis, / El llanto de las huestes que conducís / (¡Tan laboriosamente!) hacia la luz: / «Oh amada noche egipcia, / ¿Por qué nos librasteis de la esclavitud?».)

porque sus costes y beneficios son distintos».[1] El criminal es también un inversionista que razona en términos de costes y beneficios y que debe evaluar la ganancia que obtendrá de su delito en función del coste que conlleva, es decir, el riesgo (probabilidad) de ser castigado. El problema de la justicia no estriba en definir en abstracto lo que es lícito y lo que es ilícito, sino en promulgar leyes que sea posible hacer cumplir, y por lo tanto hacer que se cumplan con el coste máximo para el criminal y al mismo tiempo con el coste mínimo para la colectividad. Una vez más se trata de un problema de *min/max,* máximo/mínimo, es decir, de optimización, como dice explícitamente el título de un artículo de Stigler, «The Optimum Enforcement of Laws»: «Asumimos que el propósito de hacer cumplir la ley [*enforcement*] es lograr ese grado de respeto por las normas de comportamiento prescrito (o prohibido) que la sociedad cree que puede permitirse. Existe una razón decisiva por la que la sociedad debe renunciar a la aplicación "completa" de la ley: *aplicar la ley* [*enforcement*] *resulta caro.*»[2] El ejemplo clásico es el de los grandes almacenes: reducir los robos a la mitad es fácil, con más cámaras de circuito cerrado, algunos vigilantes más y un mejor marcado magnético de las mercancías. Pero reducir el robo en un 90 % es mucho más caro, y reducir el robo en un 95 % es casi prohibitivo: a ese nivel el valor de los bienes robados es menor que el gasto en el que se incurre para evitar el robo. Más vale, por lo tanto, aceptar un por-

---

1. Gary Becker, «Crime and Punishment: An Economic Approach», en *Journal of Political Economy,* vol. 76, n.º 2, marzo-abril de 1968, págs. 169-217, pág. 176.
2. George J. Stigler, «The Optimum Enforcement of Laws», en *Journal of Political Economy,* vol. 78, n.º 3, mayo-junio de 1970, págs. 526-536. La cita en las páginas 526-527 (las cursivas son mías).

centaje «óptimo» de robos e incorporar la pérdida en el precio de venta.

El coste es un problema relevante porque la judicatura, la policía y las prisiones están todas financiadas mediante impuestos (volvamos aquí al punto más doloroso). Expresada en términos aún más vívidos por Becker, la pregunta es: «¿Cuántos recursos y cuántos castigos deberían usarse para hacer cumplir los diferentes tipos de legislación? En otras palabras, por más extrañas que resulten, ¿cuántos delitos deberían ser tolerados y cuántos culpables deberían quedar impunes?»[1] También desde un punto de vista penal, por lo tanto, *Law and Economics* plantea la reducción de la justicia y de su administración a un problema de *min/max*.

A principios de los setenta, cuando la Olin Foundation entró en escena, por muy marginal que fuera todavía en el campo académico, *Law and Economics* ya había producido su corpus de investigación: en 1973 Richard Posner había sistematizado la materia en el tratado *Economic Analysis of Law* (Little Brown and Co.), y al año siguiente, Becker y Landes editaron la recopilación miscelánea *Essays in the Economics of Crime and Punishment* (Columbia University Press).

Además de financiar la revista *Journal of Law and Economics*, la Olin empezó a apoyar a Henry Manne, quien había publicado en 1965 un artículo sobre las fusiones corporativas en el que, contra el sentido común, negaba que las fusiones tuvieran efecto anticompetitivo.[2] Este texto «pionero» constituyó para la *Corporate law* el equivalente a lo

---

1. Gary Becker, *Crime and Punishment*, op. cit., pág. 170.
2. Henry Manne, «Mergers and the Market for Corporate Control», en *Journal of Political Economy*, vol. 73, n.º 2, abril de 1965, págs. 110-120.

que «The Problem of the Social Cost» había supuesto por el tema de la infracción y el castigo, hasta el extremo de marcar el arranque de lo que se ha llamado una auténtica «revolución en el derecho de sociedades»: «El término "revolución" se invoca demasiado a menudo en la cultura popular, pero [...] resulta completamente apropiado en este caso: la revolución en el derecho de sociedades ha sido tan absoluta y profunda que los que hoy trabajan en este campo tendrían grandes dificultades para reconocer cómo era hace veinticinco años.»[1] Pero la verdadera cualidad de Manne era la organización, y tanto era así que fue a él a quien se aplicó por primera vez el término «empresario intelectual»: gracias a la Olin, Manne fundó en 1974 el Law and Economics Center (LEC) en Miami, que luego trasladó a la Emory University, en Atlanta, Georgia, y posteriormente, en 1986, a Fairfax, Virginia, en la George Mason (la universidad financiada por los Koch), de la que Manne se convertiría en rector. Sin embargo, «mientras que los programas Olin representaban una estrategia "fabiana" de lenta penetración en las instituciones dominantes, [el proyecto de Manne en la George Mason] seguía un enfoque "gramsciano", para crear una institución paralela, en la que los profesores más libertarios pudieran afinar sus ideas sin los compromisos asociados con las instituciones de élite»:[2] un ejemplo más de cómo la *counter-intellighentsia* se apropia de las categorías del movimiento obrero.

Para Manne, el derecho de sociedades desde la perspec-

---

1. Roberta Romano, «After the Revolution in Corporate Law», en *Journal of Legal Education,* vol. 55, n.º 3, septiembre de 2005, págs. 342-359, pág. 342.
2. Steven M. Teles, *The Rise of the Conservative Legal Movement,* Princeton University Press, Princeton (NJ), 2010, pág. 207.

tiva de *Law and Economics* tenía un gran mercado académico por delante: «Hoy en día, casi todas las corporaciones requieren un considerable trabajo jurídico interno; el asesor legal se ha convertido en una figura cada vez más importante [...]. Por lo tanto, una escuela jurídica orientada a las necesidades familiares de estas profesiones podría hacer resonar un acorde comprensivo que muchas otras facultades de Derecho no tocan.»[1]

El LEC no tardaría en convertirse en una fragua de jueces conservadores. Gracias a las donaciones de tantos «filántropos» –que, a lo largo de los años, incluyeron, además de la Olin, la Fundación Charles Koch, Shell, Exxon Mobil, el gigante farmacéutico Pfizer, la compañía de seguros State Farm– el LEC organizó desde 1976 escuelas de verano para jueces centradas en *Law and Economics,* donde se alojaba a los magistrados durante dos semanas en complejos turísticos de lujo como el Ocean Reef Club en Cayo Largo, Florida: después de unas horas de clase, los jueces se relajaban entre campos de golf, piscinas y banquetes. En el curso de unos cuantos años, seiscientos sesenta jueces, entre ellos el 40 % de los jueces federales y varios jueces del Tribunal Supremo, habían disfrutado de estas vacaciones. El hecho de que una falange de jueces sea seguidora de una determinada interpretación de la ley, y de una determinada forma de redactar la ley, es decisivo dondequiera que rija la *Common law* (es decir, en todos los países anglosajones), en donde el ordenamiento jurídico se basa en las sentencias precedentes en lugar de en los códigos, como sucede en cambio en los países de la *Civil law*. Cualquier sentencia sienta jurisprudencia y el influjo de una doctrina jurídica se propaga en cascada.

---

1. *Ibid.,* pág. 103. El párrafo que le atañe se titula: «El nacimiento del empresario intelectual: Henry Manne.»

Mientras tanto, la Olin financiaba las universidades más prestigiosas con sesenta y ocho millones de dólares: más de diez millones en total para Harvard, siete para Yale y Chicago, más de dos millones para Columbia, Cornell, Georgetown. Entre 1985 y 1989, la Olin pagó el 83 % de todos los programas de *Law and Economics* en las facultades de Derecho de los Estados Unidos.

Con todo, la auténtica ganzúa que abrió a la Olin las puertas de todos los demás campus fueron los dieciocho millones de dólares que donó en 1985 a Harvard para abrir el John M. Olin Center for Law, Economics, and Business at Harvard Law School. Entre otras razones, porque con este centro imprimió un giro copernicano a la orientación de la Facultad de Derecho de Harvard, hasta entonces predominantemente liberal-progresista y dominada por la CLS, Critical Legal Studies, la corriente más dinámica de los juristas de izquierdas. Con el Olin Center, la Facultad de Derecho de Harvard pasó a manos de los conservadores de *Law and Economics*. A partir de ese momento, las otras universidades siguieron su ejemplo y ya en 1990 unas ochenta facultades de Derecho incluían *Law and Economics* entre sus cursos académicos. Los conservadores pudieron regocijarse: «*Law and Economics* es el movimiento de mayor éxito intelectual de los últimos treinta años, que pasó rápidamente de la revuelta [*insurgency*] a la hegemonía.»[1]

Entre tanto, la Olin seguía financiando becas para estudiantes de Derecho que se especializaran en esta doctrina. En su mayor parte, a través de la Federalist Society, una asociación conservadora de estudiantes de Derecho fundada en 1982, con una donación de cinco millones y medio de

---

1. *Ibid.*, pág. 216.

dólares por parte de la Olin, y subvenciones igual de consistentes por parte de las fundaciones vinculadas a los Koch, Scaife Mellon y a los otros conocidos habituales. Con el tiempo, la Federalist Society se ha convertido en una poderosa red profesional de 65.000 abogados de derechas con 150 departamentos en campus universitarios y 90 secciones de abogados en ejercicio. A ella pertenecen todos los actuales jueces conservadores del Tribunal Supremo, así como los antiguos Fiscales Generales, Edwin Meese y John Ashcroft, y el antiguo vicepresidente Dick Cheney. Son miembros de la Federalist Society veinticinco de los treinta jueces del Tribunal de Apelación designados por Donald Trump en los dos primeros años de su mandato.[1] En 2020, Trump había designado ciento cuarenta y tres jueces de distrito federal (de un total de seiscientos setenta y siete) y cincuenta y tres jueces de apelación federales de ciento setenta y siete.[2]

Con todo, no nos haríamos una idea de lo crucial que resulta el tema de la justicia para los neoliberales si no recogiéramos una aguda observación de Foucault: «Pues, de hecho, entre una sociedad ajustada a la forma de la empresa y una sociedad en la que la institución judicial es el servicio público principal, hay un vínculo privilegiado. Cuanto más multiplicamos la empresa, más multiplicamos los centros de formación de algo semejante a una empresa, más obligamos a la acción gubernamental a dejarlas actuar, más multiplica-

---

1. Página web de la Federalist Society, Lawyers Division: https://fedsoc.org/divisions/lawyers, y David Montgomery, «Conquerors of the Courts: Forget Trump's Supreme Court picks: The Federalist Society's impact on the law goes much deeper», en *The Washington Post Magazine*, 2 de enero de 2019, https://www.washingtonpost.com/news/magazine/wp/2019/01/02/feature/conquerors-of-the-courts/.
2. Datos actualizados a 20 de junio de 2020, de Ballotpedia.org.

mos, claro, las superficies de fricción entre ellas, más multiplicamos las oportunidades de cuestiones litigiosas y más multiplicamos también la necesidad de un arbitraje jurídico. Sociedad de empresa y sociedad judicial, sociedad ajustada a la empresa y sociedad enmarcada por una multiplicidad de instituciones judiciales; son las dos caras de un mismo fenómeno.»[1] Menos funcionarios, más personal judicial (jueces, abogados, policías...).

No solo una sociedad más judicial, sino una judicatura a la que le hacen falta mayores competencias económicas, para atender «el auge de las causas, la *deregulation* económica, las fusiones corporativas» (véase Manne) y «el crecimiento de los acuerdos financieros complejos»:[2] por un lado, la actividad económica se ve cada vez más sujeta a arbitrajes legales, por otro lado, la justicia se somete cada vez más a peritajes financieros. No es una simple coincidencia que Richard Posner fuera uno de los fundadores en 1977 de la consultora económica Lexecon, que proporcionaba peritajes y análisis económicos sobre causas legales y cuestiones normativas. Cuando fue adquirida por Compass en 2008, Lexecon contaba con más de cien empleados, oficinas en cinco ciudades y clientes que incluían a muchas de las mayores corporaciones del país. En la actualidad, Compass Lexecon tiene más de quinientos empleados en todo el mundo y oficinas en veintiuna ciudades.

Pero el impacto de *Law and Economics* en nuestro mundo es aún más apremiante, porque *Law and Economics* se ha convertido en la doctrina jurídica del imperio que

---

1. Michel Foucault, *Naissance de la biopolitique, op. cit.*, pág. 155. [Trad. esp.: *op. cit.,* pág. 187.]
2. Steven M. Teles, *The Rise of the Conservative Legal Movement, op. cit.,* pág. 101.

domina el mundo (a Foucault se le escapaba por completo, o lo evitaba sistemáticamente, el problema del imperio de nuestros días). Y como ya sabían los antiguos romanos, una de las piedras angulares del imperio es el derecho: domina quien impone no solo su justicia sino su forma de administrar la justicia. Desde la Segunda Guerra Mundial en adelante, el derecho civil estadounidense se ha impuesto en el mundo entero y todos los distintos tratados comerciales se negocian y se firman solo con cláusulas de aplicación de la ley estadounidense a las disputas: por lo tanto, a través de su proselitismo entre los jueces estadounidenses –especialmente a nivel federal– y entre los abogados, *Law and Economics* ha acabado dando forma a la concepción y a la administración de la justicia en todo el mundo: nuestro derecho ha cambiado sin que nos hayamos dado cuenta.

Free baby market

En cualquier caso, no captaríamos todas las implicaciones filosóficas, políticas y sociales del *Law and Economics* si no citáramos la tesis que mayor escándalo causó, planteada por Elisabeth Landes y Richard Posner en un artículo de 1978 titulado «The Economics of the Baby Shortage» en el que con toda candidez propusieron la libre compraventa de niños como el método más eficaz de adopción.[1] Y pensar que, como él mismo explicará, Posner había sido un *liberal,* hasta 1968 por lo menos: «Gente como

---

1. Elisabeth M. Landes, Richard A. Posner, «The Economics of the Baby Shortage», en *Journal of Legal Studies,* vol. 7, n.º 2, 1978, págs. 323-348.

George [Stigler] y Aaron [Director] y Milton [Friedman], Gary Becker, Harold Demsetz eran extremadamente conservadores [...] yo hasta entonces había sido un auténtico *liberal,* pero no me gustaba la agitación estudiantil ni el izquierdismo general de finales de los sesenta, no albergaba una particular fe en los vietnamitas, todas esas historias de la izquierda y los disturbios y todo eso, vaya, no despertaba demasiadas simpatías en mí, pero incluso en 1968 voté por Humphrey [el candidato demócrata], no por Nixon, pero luego di un giro y en la década de los setenta me había convertido en un verdadero conservador [...].»[1] Otro caso de alguien para quien la agitación estudiantil supuso una sobrecogedora visión en el camino de Damasco. Lo mismo le ocurrió al industrial John Olin, escandalizado por las Panteras Negras en la Cornell University (véase *supra,* pág. 18), así como a un teólogo alemán progresista llamado Joseph Ratzinger que se convirtió al conservadurismo ante las manifestaciones de protesta de sus estudiantes en la Universidad de Tubinga antes de ser elegido papa con el nombre de Benedicto XVI.

La tesis de Landes y Posner era que el régimen de adopción regulado en los Estados Unidos por agencias estatales (y en Italia por los tribunales de menores) provoca una escasez de niños por adoptar, aumenta los costes (especialmente en términos de listas de espera, a veces de años) y genera un próspero mercado negro. La verdad sea dicha, y viéndolo en perspectiva, cuarenta años después ya existe un mercado de madres de alquiler y de semen masculino.

Para los Chicago Boys, de lo que se trata siempre es de reiterar que la desregulación es la forma más eficiente

---

1. Entrevista con Steven M. Teles en *The Rise of the Conservative Legal Movement, op. cit.,* pág. 98.

de asignar recursos, aunque se trate de recién nacidos. Por lo tanto, la forma más racional de repartir los lactantes disponibles sería el *free baby market,* es decir, la libre compraventa de bebés (naturalmente, especifican los autores, con todas las restricciones que prohíben los abusos infantiles): «En un *baby market* legal y competitivo, el precio se equipararía a los costes marginales de producir y vender para la adopción de niños de *una cierta calidad* [cursiva mía].» Parece un disparate, pero insertada en un contexto de términos técnicos, diagramas, curvas, tablas y ecuaciones, la expresión adquiere su propia asepsia de laboratorio.

Como resulta obvio, Landes y Posner se ven obligados a ciertas admisiones: «Si los precios de los niños se cotizaran como los precios de los futuros de la soja, el resultado evidente sería una clasificación racial de estos precios, con los niños blancos más caros que los niños no blancos»: «los precios de los niños están racialmente estratificados como resultado de las diferentes condiciones de oferta y demanda en los distintos grupos raciales, con lo que es posible que sacar estos hechos a la luz exacerbara las tensiones raciales en nuestra sociedad.»

Los autores advierten: «no faltan quienes se indignan por las implicaciones para la alteración eugenésica de la raza humana en la venta de niños», «porque cualquier mercado genera incentivos para mejorar el producto, así como para optimizar el precio y la cantidad de la calidad corriente del producto».[1] En realidad, esta deriva eugenésica ya resulta visible en el mercado de la inseminación artificial, si es cierto que el 50 % de todo el semen masculino importado en Gran Bretaña proviene de Dinamarca («esperma vikingo»).[2]

1. *Ibid.,* págs. 339, 344-345.
2. Stewart Lee, «Denmark sows seeds of discontent over Brexit»,

La cuestión racial, sin embargo, que se deja caer al final del artículo, Landes y Posner vuelven a plantearla cuando critican a las agencias públicas por «el control exclusivo sobre la oferta tanto de niños adoptados de "primera calidad" [*first-quality*] como de niños de acogida [*foster care*] "de segunda calidad"».

Toda la agenda política que subyace a esta propuesta de un mercado libre de recién nacidos quedaba aclarada en un segundo artículo escrito por Posner nueve años después, para responder a las críticas que le llovieron: la suya llegó a ser comparada con la obra *Una modesta proposición* (1729) de Jonathan Swift, donde el autor de *Los viajes de Gulliver,* muy serio y compungido, sugería a los irlandeses que resolvieran sus problemas económicos vendiendo como carne de matadero a los niños del país, con gran alivio para las finanzas públicas y saludables mejoras en la dieta alimenticia.

Dado que «con fines heurísticos (¡tan solo!) resulta útil establecer la analogía entre la venta de *babies* y la venta de un bien ordinario como un automóvil o un televisor»,[1] Posner intenta despejar el campo y poner algunas balizas. Admite que, a diferencia de en el caso de un televisor, en el de los recién nacidos el producto defectuoso no puede ser cambiado: una «limitación del mercado de bebés atañe a los remedios para los incumplimientos de contrato. En un mercado ordinario, el comprador puede rechazar la mercancía defectuosa y –si el vendedor se niega a asumir el resarcimien-

---

en *The Guardian,* 2 de septiembre de 2018, https://www.theguardian.com/global/commentisfree/2018/sep/02/denmark-sows-seeds-of-discontent-over-brexit.

1. Richard A. Posner, «The Regulation of the Market in Adoptions», en *Boston University Law Review,* n.º 67, 1987, págs. 59-72, pág. 64.

to– obtener la resolución forzosa del contrato». «Por la misma razón (para el bienestar del niño), ni a los padres biológicos ni a los padres adoptivos debe permitírseles vender a sus hijos después de la infancia, es decir, después de que el niño haya establecido vínculos con sus progenitores.»[1]

Lo más importante, sin embargo, es que el artículo desvela el valor político que subyace a la ansiedad ante la escasez de niños para adoptar: «La oferta de niños en adopción se vio duramente afectada por el aumento de los abortos tras la sentencia [en 1973] del Tribunal Supremo en el caso de *Roe vs. Wade*.» Si se pagara por los niños, dado que el aborto es siempre la última medida a la que recurre una mujer, «por poco más que la manutención, los gastos médicos del embarazo más las pérdidas de ingresos, y a menudo por menos, muchas mujeres podrían ser inducidas a renunciar al aborto y a dar al niño en adopción».[2]

La compraventa de niños como método para reducir el número de abortos y, por lo tanto, para satisfacer las demandas del cristianismo conservador estadounidense, ferozmente antiabortista y al que hablarle del caso *Roe vs. Wade* es como agitar una tela roja delante del toro.

Por último, Posner aclara el otro mensaje político trans-

---

1. *Ibid.*, pág. 67. En el artículo anterior, Landes y Posner se habían salido por la tangente respecto a la cuestión de las restricciones de edad: «Estamos hablando únicamente de ventas de recién nacidos y no sugerimos que los padres puedan tener derecho a vender niños ya mayores. El establecimiento de tal derecho requeriría la identificación del momento en el que el niño es lo suficientemente adulto para tener voz y voto sobre su propia colocación. Pero la cuestión no pasa de mera disputa académica dada la falta de un mercado significativo para la adopción de niños mayores» (pág. 344).
2. Richard A. Posner, «The Regulation of the Market in Adoptions», *op. cit.*, pág. 63.

mitido por la propuesta: «Hasta ahora he hablado implícitamente solo del mercado de recién nacidos blancos y sanos. No hay escasez de niños no blancos o discapacitados.» [Nótese la equivalencia implícita entre *sanos y blancos* por un lado, y *discapacitados y no blancos* por el otro: no ser blanco es una discapacidad física.] «Estos niños son reemplazados [*substitutes*] por niños blancos y sanos, y cuanto más caro sea el precio de estos últimos, mayor será la demanda de los demás.» [Para Posner resulta impensable que una pareja blanca quiera adoptar por decisión propia un niño que no sea blanco.]

Las trabas para adoptar bebés blancos sanos son tales y tantas, dice Posner, como para «acrecentar la voluntad de las parejas sin hijos por adoptar un niño del tipo que no escasea. El sistema actual es, desde todos los puntos de vista, un método groseramente ineficaz, a la par que oculto, para fomentar la adopción de niños difíciles de colocar. Si la sociedad quiere subsidiar a estos desafortunados niños, la carga del subsidio debería ser soportada, si no por sus padres biológicos, por los contribuyentes en su conjunto y no por las parejas blancas sin hijos, que ahora soportan la carga de que se les niegue un método eficiente para asignar niños blancos sanos en condiciones de ser adoptados con la esperanza de que eso los lleve a adoptar niños no blancos o discapacitados».[1] ¡Cuántas molestias causan estos niños que no son blancos! ¡Su existencia es realmente fastidiosa!

El subtexto racista de la propuesta del *free baby market* se revela en todo su desvergonzado candor: ¡las parejas blancas que quieren adoptar un niño blanco no deberían tener que gastar tanto!

---

1. *Ibid.*, pág. 65

4. PADRES CON PISTOLAS *(PARENT TRIGGER)*

Hasta ahora hemos asistido al ataque contra la *regulation* en economía, en las universidades, en la justicia y, en última instancia, también en el sistema de adopción. Pero de lo que se trata es de erradicar la idea de que pueda esperarse algo positivo de la colectividad, de lo que es común, de lo público, del Estado o del gobierno. Y ha de erradicarse desde la infancia: después ya es demasiado tarde. A los chiquitines hay que criarlos a base de Nutella y liberalismo, lo cual es imposible si la escuela sigue siendo pública, porque los profesores, asalariados con fondos públicos, nunca escupirán en el plato en el que comen (o solo una minoría lo hará). Por lo tanto, es fundamental que la escuela esté privatizada desde la educación primaria, o más bien desde el jardín de infancia. Pero ¿qué posibilidad cabe, por usar la terminología de Milton Friedman, de desmantelar la «nacionalización de la industria educativa»?

La solución fue formalizada por el propio Friedman en 1955: «Los estados [aquí en el sentido de los cincuenta estados de los Estados Unidos] podrían exigir un nivel mínimo de instrucción que financiarían dando a los padres vales canjeables por una cantidad específica máxima por niño y por año si se gasta en servicios educativos "aprobados". Los padres serían libres de gastar esta cantidad (y cualquier otro monto adicional) mediante la compra de servicios educativos de instituciones "aprobadas" de su elección. Los servicios educativos los proporcionarían empresas privadas que operarían con fines de lucro y por instituciones sin fines de lucro de diversos tipos. El papel del Estado se limitaría a asegurar que las escuelas cumplan con ciertos requisitos mínimos, como la inclusión de al menos algún contenido común en sus programas, de forma parecida a lo que se hace hoy con los restaurantes, que se inspeccionan con el fin de asegurar que mantienen unos niveles mínimos de higiene.»[1]

La estrategia de los vales forma parte de la idea más general, también propuesta por Friedman, de los «impuestos negativos» *(negative tax)*. La idea es simple: como los ingresos por debajo de un cierto umbral están exentos de impuestos, y los impuestos se pagan como porcentajes sobre los ingresos obtenidos por encima de ese umbral [«impuestos positivos»], de esta manera cualquier persona por debajo de ese umbral debería recibir un subsidio proporcional a la distancia entre sus ingresos y ese umbral mínimo. Al igual que con la imposición positiva, también en el caso de la imposición negativa el cálculo del umbral tiene en cuenta el tamaño de la familia, el número de hijos.

Está claro que ese umbral es un umbral de pobreza y que el impuesto negativo es una subvención para la pobreza.

---

1. Milton Friedman, «The Role of Government in Education», en Robert A. Solo (ed.), *Economics and the Public Interest,* Rutgers University Press, Nueva Jersey, 1955, págs. 123-144, descargable de https://la.utexas.edu/users/hcleaver/330T/350kPEEFriedmanRoleOfGovttable.pdf.

Dicho de esta manera, no parece una mala idea, pero hay que analizar sus implicaciones y sobrentendidos. Para empezar, el Estado que se limita a suministrar impuestos negativos a los menos favorecidos ha renunciado a abordar las causas que generan la pobreza, y solo se plantea como objetivo aliviar sus efectos más macroscópicos. Como decía uno de los responsables de la política económica francesa con Giscard d'Estaing, Lionel Stoléru: «La imposición negativa es [...] totalmente incompatible con las concepciones sociales que desean averiguar por qué hay pobreza antes de acudir en su ayuda. Aceptar la imposición negativa es, por tanto, aceptar una concepción universalista de la pobreza fundada en la necesidad de ayudar a los pobres *sin intentar saber de quién es la culpa,* es decir, fundada sobre la propia situación y no sobre su origen.»[1]

Es una concepción del Estado del bienestar completamente diferente a la que inspiraba a los regímenes socialdemócratas y al New Deal. Se abandona toda idea de redistribución de las rentas. Como escribió Friedman en 1962, «las ventajas de este dispositivo son claras. Está dirigido específicamente al problema de la pobreza. Proporciona ayuda de la forma más útil para los individuos, es decir, dinero en efectivo. Es de alcance general y podría reemplazar la miríada de medidas adoptadas actualmente. Hace explícito el coste que soporta la sociedad. Opera fuera del mercado».[2]

---

1. Lionel Stoléru, *Vaincre la pauvreté dans les pays riches,* Flammarion, París, 1977, págs. 205-206 (cursivas mías).
2. Milton Friedman, *Capitalism and Freedom* (1962), The University of Chicago Press, Chicago-Londres, 2002, págs. 191-192. El concepto de *negative tax* se explica en las páginas 191-194, en el capítulo que lleva el significativo título de «Alleviation of Poverty».

Con la noción de «umbral de pobreza» se abandona toda idea de «pobreza relativa», es decir, de una brecha entre ricos y pobres que ha de ser, si no colmada, al menos reducida, y se adopta una idea de «pobreza absoluta». Como dice lapidariamente el inefable Stoléru: *«La frontera entre pobreza absoluta y pobreza relativa es la que separa el capitalismo y el socialismo.»*[1]

Una derivación no secundaria de este planteamiento es que «se reintroduce la categoría del pobre y la pobreza que en definitiva [...] habían tratado de cancelar todas las políticas sociales, aunque a decir verdad todas las políticas de bienestar, todas las políticas más o menos socializadas o socializantes desde fines de siglo XIX».[2]

Por último, esta imposición negativa (la deducción de los gastos médicos de la declaración de la renta es una de sus formas; otra es la deducción de los gastos escolares de los hijos) reemplaza la prestación de servicios por parte del Estado (escuela pública, sanidad pública, con maestros, médicos y enfermeras públicos), es decir, *servicios públicos para todos los ciudadanos,* con la emisión de cheques con los que los más necesitados puedan servirse de servicios similares (aunque obviamente de inferior calidad). Es decir, la educación y la salud ya no son derechos de los ciudadanos, sino bienes que los individuos-propietarios-de-sí-mismos compran, ayudados si acaso por la colectividad cuando se plantee realmente la necesidad. En esta concepción, el Estado debería limitarse a financiar a los particulares (solo a los necesitados) para que adquieran de empresas privadas prestaciones comerciales (por

---

1. Lionel Stoléru, *Vaincre la pauvreté dans les pays riches, op. cit.,* pág. 295 (cursiva mía).
2. Michel Foucault, *Naissance de la biopolitique, op. cit.,* pág. 211. [Trad. esp.: *op. cit.,* pág. 246.]

ejemplo, educación de pago o atención médica de pago), y ya no servicios: ya no un servicio sanitario nacional, sino vales para que los más necesitados puedan recibir tratamientos privados. Ya no un Estado que construye viviendas sociales, sino uno que subsidia a los más necesitados en el mercado de alquiler. Y así sucesivamente. Se denominan Conditional Cash Transfers (CCT) y fueron la receta de los Chicago Boys en el Chile de Pinochet.[1] Luego fueron adoptadas también por Inácio Lula da Silva en Brasil con la *Bolsa Família* contra la que arremetió todo el gran capital brasileño con una ferocidad sin precedentes.

La pregunta es: ¿por qué los capitalistas brasileños se opusieron tan duramente a una medida implementada incluso por la dictadura chilena? La explicación nos la da el propio Milton Friedman en un artículo de 1967 en el que, tras reiterar a sus críticos de derechas que «mi apoyo a favor del impuesto negativo de la renta ha sido y sigue siendo extremadamente serio, y no es irónico ni maquiavélico», explica por qué defiende la *negative tax:* «Si viviéramos en un mundo hipotético en el que no hubiera ningún programa en absoluto de Estado del bienestar y en donde toda la ayuda a los indigentes estuviera vinculada a la caridad privada, el argumento para introducir un impuesto negativo sobre la renta sería mucho más débil. En un mundo así, probablemente no lo apoyaría.»[2]

Es decir, Milton Friedman respalda la imposición negativa como el primer paso para la abolición total del Estado del

---

1. Para un lúcido análisis de las CCT, véase Lena Lavinas, «21st Century Welfare», en *New Left Review,* n.º 84, noviembre-diciembre de 2013, págs. 5-40.
2. Milton Friedman, «The Case for the Negative Income Tax», en *National Review,* 7 de marzo de 1967, págs. 239-241.

bienestar y su sustitución por la beneficencia privada, mientras que Lula consideraba la *Bolsa Família* el primer paso hacia la construcción de un Estado social (aún en gran parte inexistente en Brasil). ¡Esa es la razón por la que la patronal brasileña arremetió contra una medida patrocinada por los Chicago Boys!

En Estados socialmente menos feroces, con todo, no es fácil convencer a los ciudadanos para que tiren a la basura la noción de servicios públicos y se resignen a recibir asistencia solo a través de impuestos negativos. La transformación de los servicios públicos universales en prestaciones privadas solo para los más necesitados debe ser gradual, debe implementarse paso a paso en los diferentes sectores. Y, desde cierto punto de vista, la batalla por privatizar la escuela, por socavar la «nacionalización de la industria de la educación», es la «madre de todas las batallas».

Desde Jean-Jacques Rousseau, la educación universal está en la raíz misma de la noción de gobierno legítimo: «La patria no puede subsistir sin la libertad, ni la libertad sin la virtud, ni la virtud sin ciudadanos: de todo tendremos si formamos ciudadanos; sin ello otra cosa no tendremos más que malos esclavos, empezando por los jefes de Estado. Ahora bien, formar ciudadanos no es cuestión de un día; y para conseguir hombres así hay que educarlos desde niños.» He aquí por qué «la educación pública bajo las reglas prescritas por el gobierno, y bajo magistrados establecidos por el soberano, es una de las máximas fundamentales del gobierno popular o legítimo». Para Rousseau la educación pública es insustituible porque no se puede «abandonar la educación de los hijos a las luces y prejuicios de los padres».[1]

---

1. Jean-Jacques Rousseau, *Économie politique,* voz de la *Encyclopédie* (1755), *op. cit.,* en el orden de las págs. 29, 31 y 30.

En cambio, la ganzúa utilizada para forzar la institución de la escuela pública ha sido precisamente la *libertad de los padres*. Libertad de educación: ¿por qué debe estar obligada mi hija a hacer deberes durante tres horas al día mientras yo prefiero que dedique el mismo tiempo al deporte o al bordado? ¿Por qué debe ir mi hijo a un colegio donde le enseñen que la abolición de la esclavitud fue algo bueno cuando yo creo, siguiendo a Nozick, que en una sociedad libre un individuo libre debería poder venderse a sí mismo como esclavo? Por último, la libertad religiosa (especialmente en los Estados Unidos): ¿por qué debería ser adoctrinada mi hija por una escuela laica cuando mi familia quiere inculcarle una sana devoción cristiana, musulmana o judía? ¿No sería mejor si el Estado me financiara unos vales para que yo pueda mandar a mi hijo a una escuela cristiana, musulmana o judía según los casos? Este último argumento tiene la ventaja de alistar en la causa de los vales a las inmensas legiones de fundamentalistas religiosos de todas las religiones y sectas.

Todas las fundaciones han financiado y siguen financiando de forma masiva lo que púdicamente se denomina «la reforma de la educación», es decir, su privatización. Y en este caso no nos topamos únicamente con las fundaciones de extrema derecha que ya conocemos, sino también otras más discretamente (aunque obstinadamente) conservadoras, como la fundación estadounidense más rica, la de Bill y Melinda Gates, con un patrimonio de 51.800 millones de dólares, o la opulenta fundación de la familia Walton (de la Walmart), con un patrimonio de 4.900 millones de dólares (2017),[1] que dona 535 millones al año, de los cuales 192

---

1. Declaración de impuestos *(tax return)* de 2017 a través del modelo 990, (990-pf):2017-990pf-tax-return.pdf (el enlace ya no está activo).

van a la educación. No hay prácticamente fundación de multimillonarios estadounidenses que no apoye de una forma u otra la privatización de la enseñanza: estas fundaciones pagan alrededor de mil millones de dólares al año para fomentar la reforma educativa. No es casualidad que Donald Trump nombrara ministra de educación a Betsy DeVos (cuyo hermano Erik Prince había fundado la empresa de mercenarios Blackwater). La multimillonaria y mojigata familia DeVos (Míchigan) es un elemento clave del círculo político de los Koch. Espléndida ironía: en la administración Trump, a cargo de la educación pública estaba una multimillonaria que siempre quiso desmantelarla.

Pero si el vale es el instrumento de privatización de la enseñanza en nombre de «todo el poder a los padres (a la familia)», se descubre que el objetivo intermedio más eficaz no es el vale, sino precisamente la afirmación del poder paterno. Así, en los últimos veinte años las grandes fundaciones han apoyado movimientos de base para que presionaran a fin de que se adoptasen en los distintos estados lo que se ha llamado *parent trigger laws* (leyes según las cuales son los padres los que tienen el poder de «apretar el gatillo»). Así es como la asociación estadounidense de legisladores conservadores (ALEC) ha definido este tipo de ley: «El *Parent trigger Act* pone el control democrático en manos de los padres a nivel escolar. Los padres pueden, por mayoría simple, optar por llevar a cabo una de las tres posibilidades abiertas por la reforma: 1) transformar su centro escolar en una *"charter school"* [de gestión privada]; 2) pagar a los estudiantes de esa escuela un vale de hasta el 75 % del coste del alumno; 3) cerrar el centro.»[1]

---

1. https://www.alec.org/model-policy/parent-trigger-act/.

También en esta campaña de «todo el poder a los padres» hay un subtexto racista, igual que en el *free baby market* de Posner. Disponer de la libertad de cerrar un centro escolar o privatizarlo implica la posibilidad de separar a los propios hijos de los alumnos «no blancos». Prevalece la idea de que un centro al que asisten no blancos (o en Europa inmigrantes) se ve descalificado, devaluado, y es incapaz de aumentar el capital humano de los hijos. Esta idea de una devaluación del mercado causada por una «depreciación racial» tiene raíces antiguas, e insospechadas. Una de las reformas más ilustradas del New Deal fue la creación, en 1934, de la Federal Housing Administration (FHA), que actuaba como garante de los préstamos hipotecarios otorgados a los compradores populares, con el fin de hacer accesibles las tasas de la hipoteca, sin necesidad de onerosos anticipos, y resolvió así la terrible crisis inmobiliaria provocada por la Gran Depresión. Pero la FHA funcionaba como una compañía de seguros que aseguraba las casas a su *valor de mercado*. Por eso los contratos incluyeron una cláusula que prohibía a los nuevos propietarios revender la casa a compradores no caucásicos, porque la presencia de grupos «no armónicos de nacionalidades o razas» reduciría el atractivo del vecindario y, en consecuencia, el precio de mercado de las casas.[1] Esta cláusula no fue declarada inconstitucional hasta 1948. Solo desde entonces se permitió a judíos, negros, hispanos o asiáticos comprar casas en barrios «blancos».

No es posible comprender la verdadera dimensión del racismo estadounidense si no se toma en consideración su componente monetario, es decir, la traducción del factor

---

1. Kenneth T. Jackson, *Crabgrass Frontier: The Suburbanization of the United States,* Oxford University Press, Nueva York, 1985, págs. 207-208.

racial en valor de mercado, en dinero. En esto, la reforma escolar juega en el mismo terreno político que todas las campañas de desregulación y de caída de la imposición fiscal, un terreno que en los Estados Unidos se llama «Southern Strategy»: la fiscalidad local reivindica que los impuestos se gasten donde se recaudan, y por lo tanto que los impuestos pagados por los barrios ricos no sirvan para subvencionar los barrios pobres, es decir –en el Sur de los Estados Unidos–, que los blancos acomodados no paguen por los negros o los latinos, exactamente como en Europa el federalismo fiscal expresa en realidad el rechazo de las regiones prósperas a pagar a las que tienen dificultades, como los venecianos que no quieren subvencionar a los *terroni,* como se denomina despectivamente a los «sureños» en Italia, y los catalanes que no quieren pagar por los andaluces en España. Todo el poder a los padres, por lo tanto, no solo transmite un mensaje para los conservadores cristianos, sino también para los racistas blancos.

Las *parent trigger laws* ya han sido aprobadas en seis estados: California, Indiana, Luisiana, Misisipi, Ohio y Texas. Las primeras aprobaciones se remontan a 2010-2011. En realidad, estas leyes no solo permiten a los padres cerrar un colegio o venderlo a manos privadas, sino también, con mayoría simple, despedir a profesores y directores. Y de hecho la campaña a favor de estas leyes la presentan las fundaciones como una campaña para incrementar la calidad de la enseñanza y la eficiencia de los docentes.[1]

El éxito de esta estrategia puede medirse, no solo en los

---

1. Sobre el papel de las *parent trigger laws,* Joanne Barkan, «Plutocrats at Work: How Big Philanthropy Undermines Democracy», en *Dissent,* otoño de 2013, https://www.dissentmagazine.org/article/plutocrats-at-work-how-big-philanthropy-undermines-democracy.

Estados Unidos sino también en todos los países europeos, por la cada vez más generalizada resistencia, animosidad, conflictividad de los padres respecto a los profesores, «para proteger» a sus hijos. La casuística abarca desde las protestas por el exceso de deberes o las quejas por malentendidos hasta –en los frecuentes casos recogidos ahora por la prensa– agresiones físicas a los profesores. La idea de que los padres son los más capacitados para decidir cómo deben ser instruidos sus hijos ha encontrado nuevos argumentos y un nuevo impulso con la educación a distancia, la «teleeducación» impuesta por la epidemia de la COVID-19, que ha aumentado drásticamente el papel pedagógico de la familia, introduciendo la idea de los vales en el debate público europeo. Pero la reafirmación de la primacía de la familia se extiende mucho más allá de la educación: es visible por ejemplo en la campaña contra la vacunación obligatoria. Aquí también subyace una reafirmación de la autonomía individual y una implícita revuelta contra lo público y su autoridad.

5. LA TIRANÍA DE LA BENEVOLENCIA

La belleza, la elegancia de esta ofensiva contra la esfera pública es que la campaña para desmantelar el Estado se está llevando a cabo con el dinero del Estado. En efecto, casi el 40 % (exactamente el 39,6 %) del patrimonio de las fundaciones «se sustrae cada año del tesoro público donde su empleo podría ser decidido (en última instancia) por los votantes».[1] Por ejemplo, en 2011, el total de donaciones por parte de las fundaciones estadounidenses ascendió a 49.000 millones de dólares,[2] cuando en el mismo año las subvenciones fiscales a las obras benéficas le costaron al Tesoro de los Estados Unidos 53.700 millones de dólares:[3] es decir, las organizaciones benéficas estadounidenses habían donado

---

1. Joanne Barkan, «Wealthy philanthropists shouldn't impose their idea of common good on us», en *The Guardian*, 3 de diciembre de 2015, https://www.theguardian.com/commentisfree/2015/dic/03/mark-zuckerberg-priscilla-chan-Initiative-billionaire-philanthropy.
2. Foundation Center, datos de 2011, data.foundationcenter.org.
3. Rob Reich, «Philanthropic institutions are plutocratic by nature. Can they be justified in a democracy?», apertura del fórum *What Are Foundations For?*, en *Boston Review*, 1 de marzo de 2013, http://bostonreview.net/forum/foundationsphilanthropy-democracy.

4.700 millones menos de lo que le habían costado al Tesoro de los Estados Unidos, por lo que técnicamente no habían dado dinero propio, sino de otros, de los contribuyentes. Es genial esta idea de usar el dinero del que se priva el Estado para demoler ese mismo Estado.

No solo están exentas de impuestos las donaciones de las que se alimentan las fundaciones, sino que también lo están las considerables rentas que produce su patrimonio. Y dado que estas rentas son netas, se acumulan rápidamente, dando como resultado que la fuente de financiación de las organizaciones sin fines de lucro no son tanto las donaciones como los ingresos recaudados también de las ventas de bienes y servicios e incluso de contratos estatales (por los que no pagan impuestos al propio Estado). A estas alturas, casi el 90 % de los ingresos de las organizaciones benéficas de los Estados Unidos provienen de sus ganancias, y apenas algo más del 10 % de las donaciones. Cada vez es más difícil distinguir entre empresas normales en busca de ganancias y fundaciones: solo que estas últimas están libres de impuestos.[1] Por otro lado, como hemos podido ver en el curso de estas páginas, puede decirse de todo de las actividades de las diversas fundaciones Scaife, Koch, Bradley, excepto que tengan como propósito «promover el bienestar y los avances de la civilización [...] prevenir y aliviar el sufrimiento; y promover todos y cada uno de los elementos del progreso humano», como rezaban los objetivos oficiales de la Rockefeller Foundation en 1913.

Sin embargo, estos destinos aparentemente aberrantes del dinero distribuido por las fundaciones –como por ejem-

---

1. Peter Dobkin Hall, «Philanthropy, the Nonprofit Sector & the Democratic Dilemma», en *Daedalus,* vol. 142, n.º 2, primavera de 2013, págs. 139-158, pág. 152.

plo la financiación de una *think tank* que patrocina un libro sobre la inferioridad intelectual de los negros *(The Bell Curve)*– son legítimos porque la definición de lo que se entiende por «beneficencia» se ha dilatado drásticamente hasta el punto de abarcarlo casi todo. Hasta la década de los sesenta, en los Estados Unidos la exención de impuestos se aplicaba de forma limitada a entidades dedicadas a un área bien definida de actividades caritativas, educativas y religiosas. Pero durante el cambio de milenio esos objetivos tan específicos habían sido reemplazados por un criterio mucho más general: cualquier entidad que realizara actividades no ilegales, incluidas las financieras, y que no distribuyera dividendos o ganancias a sus propietarios o directivos, podía quedar exenta de impuestos. A efectos prácticos, cualquier organización puede solicitar dicha exención.

Este uso claramente perverso de las fundaciones benéficas, sin embargo, nos obliga a reflexionar sobre su naturaleza, sobre su historia, y hace que nos preguntemos por qué en apenas un siglo este tipo de instituciones, en un principio controvertidas e incluso vilipendiadas, se han convertido en protagonistas tan poderosos de nuestra vida económica y de nuestro orden social.

En efecto, cuando a principios del siglo XX los *robber barons* («barones ladrones») intentaron desviar gran parte de su patrimonio a las fundaciones (la Fundación Carnegie se constituyó en 1905, la Russell Sage en 1907, la Rockefeller en 1913), suscitaron violentas críticas en todo el espectro político. Cuando un magnate del acero y los ferrocarriles como Carnegie anunció que quería crear una fundación, todos sabían lo que estaba detrás de ello.

En 1889, Andrew Carnegie había publicado un panfleto que más tarde se conocería como *The Gospel of Wealth* («El evangelio de la riqueza»). El opúsculo empieza alabando las beneficiosas virtudes de la desigualdad: «El contraste entre el palacio del millonario y la casucha del obrero es una medida del cambio aportado por la civilización. Este cambio no es de lamentar, sino de apreciar como altamente beneficioso. Es esencial para el progreso de la raza que las casas de algunos sean moradas de lo más excelso que se ha dado en la literatura y en las artes, y de todas las finuras de la civilización, en lugar de que ninguna lo sea. Mucho mejor esta enorme irregularidad que una miseria universal. Sin riquezas no hay mecenas.» Andrew Carnegie concuerda con Jean-Jacques Rousseau: la civilización se halla en el origen de las desigualdades, solo que él las convierte en un mérito de la civilización.

Así pues, la pregunta siguiente es: «¿Cuál es la forma correcta de administrar esta riqueza después de que las leyes en las que se basa la civilización la hayan puesto en manos de unos pocos? [...]. Aquí estamos hablando de fortunas, no de sumas moderadas ahorradas a través de años de economías.» Transmitirlas a los descendientes «es la forma más necia» porque las herencias a menudo «resultan más perjudiciales que beneficiosas para quien las recibe». Distribuirlas entre los pobres «es igualmente imprudente, porque ni el individuo ni la raza mejoran con la limosna». La mejor forma de disponer de la propia fortuna es financiar entidades que ayuden a «quienes quieren ascender»: universidades, bibliotecas públicas (Carnegie financió más de tres mil), salones de baile, salas de conciertos, piscinas. Un hombre rico *(man of wealth)* debe ser «solo el agente y el fiduciario de sus hermanos más pobres, aportando a su servicio su superior sabiduría, su capacidad de gestión, *haciendo por los necesitados más de lo que ellos querrían o podrían hacer por sí mismos»*.[1]

---

1. *The Gospel of Wealth* se ha reimpreso, por ejemplo, en *The Gospel of Wealth and Other Essays,* Penguin Classics, Nueva York,

Un ejemplo de cómo se comportaban «estos meros fiduciarios» con «sus hermanos más pobres» nos lo proporcionan los miembros de un club de caza y pesca en Pensilvania, el South Fork Fishing and Hunting Club, del que eran miembros unos setenta magnates, incluido el propio Andrew Carnegie y ese Andrew Mellon cuyos descendientes acabarían creando las fundaciones Mellon Scaife. El club disponía de unos encantadores chalecitos en torno a un lago artificial creado por una presa aguas arriba de la ciudad de Johnstown. En 1889, el mismo año en que apareció *The Gospel,* las excepcionales lluvias hicieron que se derrumbara la presa, que hacía tiempo que no recibía un adecuado mantenimiento, pues los socios se limitaban a parchear aquí y allá y cuyas tuberías de drenaje vendidas anteriormente para monetizar el hierro no habían sido sustituidas: la inundación mató a 2.209 «hermanos más pobres» que vivían en Johnstown. A la vez que se apresuraban a organizar las operaciones de socorro, los distinguidos pescadores y cazadores se las apañaron para no indemnizar a nadie por los daños.

Otro ejemplo. Tres años después de la publicación de *The Gospel,* Carnegie decidió acabar con el sindicato (la Amalgamated Association of Iron and Steel Workers) de una de sus acerías más importantes en Homestead, cerca de Pittsburgh, e impuso a los trabajadores un nuevo contrato con reducciones salariales de hasta el 35 %. Cuando los obreros lo rechazaron, procedió al cierre patronal, llamó a la Pinkerton (los agentes de la compañía Pinkerton que servían de «matones» a los *robber barons).* Dieciséis trabajadores murieron y el sindicato fue derrotado.

2006, y puede descargarse de https://www.carnegie.org/media/filer_public/ab/c9/abc9fb4b-dc86-4ce8-e31-a983b9a326ed/ccny_essay_1889_thegospelofwealth.pdf (cursivas mías).

El *Saturday Globe,* un semanario de Utica (estado de Nueva York), publicó una caricatura que mostraba a dos Carnegies siameses. Uno, sonriente, entregaba una biblioteca y un cheque, el otro sostenía en la mano una notificación de recortes salariales para sus trabajadores: «Cómo el patrón de puño de hierro reduce los salarios para poder jugar al filántropo», rezaba el pie de ilustración.[1]

Es comprensible que Theodor Roosevelt se declarara contrario a la nueva institución jurídica de las fundaciones cuando decía: «Ninguna suma gastada por estas fortunas en beneficencia puede compensar de manera alguna sus iniquidades para adquirirlas.»

Y Roosevelt no fue un caso aislado. El presidente Taft también sabía lo que hacía cuando pidió al Congreso que se opusiera a la creación de las fundaciones, describiendo este intento como una «ley para permitir que el señor Rockefeller se transforme a sí mismo en una corporación» *(a bill to incorporate Mr. Rockefeller).*

John Rockefeller se opuso siempre ferozmente a la sindicalización de sus trabajadores, y lo demostraría en la primavera de 1914 en una mina que poseía en Ludlow, Colorado, donde 11.000 mineros que llevaban en huelga desde el mes de septiembre anterior habían sido expulsados de sus alojamientos pero habían resistido y sobrevivido durante todo el durísimo invierno acampados en las montañas, hasta que se mandó intervenir a la Guardia Nacional de Colorado con ametralladoras: no solo fueron abatidos trece mineros, sino que al día siguiente se descubrió dentro

---

1. Citado por Elizabeth Kolbert, «Gospels of Giving for the New Gilded Age», en *The New Yorker,* 28 de agosto de 2018, https://www.newyorker.com/magazine/2018/08/27/gospels-of-giving-for-the-new-gilded-age.

de una tienda los cadáveres acribillados de once niños y dos mujeres. Cuando terminó la represión, se contaban sesenta y seis muertos entre los huelguistas y sus familias.[1]

De ahí que, ante la propuesta de crear una fundación filantrópica, el presidente de la American Federation of Labor (AFL) Samuel Gompers gruñera: «Lo único que el mundo aceptaría con gratitud de Rockefeller sería la financiación de una institución que enseñara a los demás a no ser como él.» El presidente del American Civil Liberties Union, John Haynes Holmes dijo que «esta fundación [Rockefeller], su verdadera naturaleza, debería repugnar a la mera idea de una sociedad democrática».

La oposición a la idea misma de una fundación también era compartida en los niveles más altos. El presidente de la Comisión de Industria de los Estados Unidos, Frank Walsh, afirmó en 1915 que «esos enormes trust filantrópicos, conocidos como fundaciones, son una amenaza para el bienestar de la sociedad».[2]

Es evidente que las fundaciones y sus magnates han llegado muy lejos en el curso de un siglo. El mecenas Olin fue durante décadas un envenenador empedernido de zonas enteras de los Estados Unidos. No solo producía en Alabama (por lo general en edificios alquilados al ejército de los Estados Unidos) el 20 % de todo el DDT fabricado en el país (el DDT fue prohibido en 1970), sino que sus fábricas de-

---

1. La masacre de Ludlow se describe, por ejemplo, en Howard Zinn, *A People's History of the United States: 1492-Present* (1980), HarperCollins, Nueva York, 1999, págs. 354-356.
2. Citado por Rob Reich en «Repugnant to the Very Idea of Democracy? On the Role of Foundations in Democracies», 2016; https://www.law.berkeley.edu/wp-content/uploads/2016/01/Repugnant-to-the-Whole-Idea-of-Democracy_On-the-Role-of-Foundations-in-Democratic-Societies.pdf, pág. 4.

rramaban más de cuatro toneladas de mercurio al año en las cataratas del Niágara, y en Saltville (Virginia), un pueblecito de los Apalaches donde se producía cloro y sosa cáustica, se estuvieron vertiendo durante veinte años doscientos ochenta kilos de mercurio al año en los ríos; los inspectores encontraron incluso un estanque de 50.000 litros de desechos tóxicos. Quién sabe por qué razón financiaba John Olin con tanta generosidad las investigaciones que luchaban contra la protección del medioambiente y las disciplinas legales que intentaban identificar el «nivel óptimo de contaminación» (Coase). Ninguna campaña contra esta interesada forma de caridad ha logrado jamás imponerse ni arraigar entre en el público en general.

Lo mismo podría decirse de la financiación masiva de las investigaciones que niegan o menosprecian el calentamiento global por parte de los hermanos Koch, cuya industria, ligada al petróleo y el carbón, ha sido definida por Greenpeace como uno de los «grandes contaminadores» *(major polluter)*:[1] todo el mundo lo sabe, pero no provoca escándalo, ninguna oposición seria. Al contrario, con la administración Trump prácticamente han triunfado en toda regla e impuesto su visión carbonífera del mundo.

Y hay cosas peores. La familia Sackler, la decimonovena familia más rica de los Estados Unidos, con un patrimonio neto de 13.000 millones de dólares (en 2017) según *Forbes,* es famosa por su filantropía: ha hecho donaciones a la Smithsonian, a la Tate Gallery, al Metropolitan Museum of Art, al Royal College of Art, al Louvre, al Museo Judío de Berlín, a la Royal Opera House, así como a numerosos cen-

---

1. Koch Industries Pollution, https://www.greenpeace.org/usa/global-warming/climate-deniers/koch-industries/koch-industries-pollution/.

tros de investigación en distintas universidades (MIT, Columbia, Cornell, Stanford, Oxford, Tel Aviv University...). Pero el dinero de estas muníficas donaciones proviene del tráfico legal de drogas: la fortuna de los Sackler proviene íntegramente de la compañía farmacéutica Purdue Pharma, que a su vez la obtiene por entero de un solo medicamento, el OxyContin, lanzado en 1995 y que, desde entonces, por sí solo, ha generado una facturación de 35.000 millones de dólares para Purdue.[1] El OxyContin contiene un solo principio activo, la oxicodona, que es un primo químico de la heroína, y dos veces más potente que la morfina. Durante años, antes de acabar por fin derrotada en los tribunales y forzada a la bancarrota en 2019, Purdue publicitaba ante los médicos de cabecera el OxyContin no como último recurso para enfermos terminales de tumor (como se prescribía previamente), sino como un medicamento para toda clase de molestias, dolores y dolorcillos. Resultado: millones de drogadictos y, en 2017 según los Centers for Disease Control and Prevention, 47.600 muertes por OxyContin y otros opioides (el 68 % de todas las muertes por sobredosis en los Estados Unidos).

Hicieron falta más de quince años de denuncias y campañas para que algunos (no todos) de los templos de la cultura, los así llamados lugares sagrados del arte, cual cofres y fraguas del conocimiento humano, mostraran cierto pudor

---

1. Toda la información sobre Sackler y los opioides procede de Patrick Radden Keefe, «The Family That Built an Empire of Pain», en *The New Yorker,* 30 de octubre de 2017, https://www.newyorker.com/magazine/2017/10/30/the-family-that-built-an-empire-of-pain, y «Meet the Sacklers: The family feuding over blame for the opioid crisis», en *The Guardian,* 13 de febrero de 2018, https://www.the guardian.com/us-news/2018/feb/13/meet-the-sacklers-the-family-feuding-over-blame-for-the-opioid-crisis.

al permitir que los financiara el narcotráfico, por legal que fuera. Veintiséis muertes en Colorado indignaban en 1914; a decenas de miles de sobredosis les cuesta llamar la atención en 2019.

El hecho es que en 1913 se instauró un impuesto federal sobre la renta (entonces un *flat tax* [tipo impositivo único] del 3 %): como es natural, la actitud del Congreso y del Senado cambió y en 1917 se les garantizó a los donantes una deducción filantrópica ilimitada. Desde entonces las fundaciones se multiplicaron en los Estados Unidos: en 1930 eran unas doscientas y poseían un patrimonio conjunto de menos de mil millones de dólares. En 1959 había más de dos mil; en 1985 algo más de treinta mil. Su número aumentó a 76.000 en 2004.[1] En 2015 las fundaciones eran nada menos que 86.203 y su patrimonio de conjunto ascendía a 890.000 millones de dólares, sus donaciones anuales a 62.700 millones y los donativos recibidos a 53.100 millones.[2]

Son enormes masas de dinero que, orientadas en determinadas direcciones, pueden desviar el curso de la historia: basta con pensar que las fundaciones privadas que pusieron en marcha, dirigieron (y ganaron) la revolución reaccionaria disponían en aquella época de apenas unos cientos de millones de dólares cada una, no decenas de miles de millones, y sin embargo su impacto fue decisivo porque esos recursos (relativamente) limitados fueron canalizados y dirigidos hacia objetivos específicos: por retomar la metáfora militar tan del gusto de esos «filántropos», el asalto concentrado en un punto rompe cualquier línea de defensa. ¡Imaginémonos el efecto de inversiones de dinero cientos de veces superiores!

---

1. Rob Reich en «Repugnant to the Very Idea of Democracy?», *op. cit.*, pág. 8.
2. Foundation Center, datos de 2015, data.foundationcenter.org.

Sin embargo, nadie, o solo unos pocos y raros criticones, cuestiona la naturaleza manifiestamente antidemocrática de las fundaciones privadas: «Las fundaciones entran en conflicto con la democracia porque representan —por definición y por ley— la expresión de las voces plutocráticas sobre el bien común. ¿Por qué razón el tamaño de la cartera debería tener en una democracia mayor voz sobre el bien público y las políticas públicas? ¿Y por qué una democracia debería permitir que esta voz se transmita de generación en generación en forma de patrimonio libre de impuestos? Las fundaciones resultan ser un elemento plutocrático poderoso y fuera de lugar en una sociedad democrática.»[1]

Lo más inquietante de los *bene*-factores es que son ellos los que definen lo que es *bene*-ficioso. Porque, como decía Carnegie, están absolutamente seguros de estar *«haciendo por los necesitados más de lo que ellos querrían o podrían hacer por sí mismos»*. Y el criterio de los «benefactores» es incuestionable, no está sujeto a verificación alguna. No desde luego al de las urnas: no es casual el que, debido a la omnipresente actividad de su fundación en el campo de la educación, Bill Gates haya sido definido como el «ministro oficioso de Educación de los Estados Unidos». Las fundaciones tampoco tienen que responder ante nadie, a menos que su acción sea punible penalmente. «Si un proyecto fracasa, los ciudadanos y las regiones sufrirán, pero los benefactores simplemente pasarán a su próximo proyecto.»[2]

Lo que hace de las fundaciones una auténtica «mons-

---

1. Rob Reich, *Just Giving: Why Philanthropy Is Failing Democracy and How It Can Do Better,* Princeton University Press, Princeton (NJ), 2018, pág. 151.
2. Joanne Barkan, «Plutocrats at Work: How Big Philanthropy Undermines Democracy», *op. cit.*

truosidad» conceptual, sin embargo, es que apelan a una concepción privatista del bien común, se basan en la idea neoliberal de la eficiencia privada del mercado como sede de la competencia, pero en realidad no están sujetas a ningún régimen de competencia, como bien explica Richard Posner, a quien ya hemos conocido como abanderado de *Law and Economics* y defensor de la compraventa libre de niños. Por muy fundamentalista del mercado y defensor de la teoría de las expectativas racionales que sea, él también se muestra escandalizado: «Una fundación benéfica perpetua es una institución completamente irresponsable, que no responde ante nadie. No compite ni en los mercados de capitales ni en los mercados de productos [...] y, a diferencia de una monarquía hereditaria, a la que en otros aspectos una fundación se asemeja, ni siquiera está sujeta a control político [...]. El misterio para la economía es por qué razón estas fundaciones no constituyen un escándalo absoluto.»[1]

¡Incluso para los fundamentalistas económicos de la Escuela de Chicago, las fundaciones son un absurdo, un «escándalo absoluto»! Estas entidades privadas, a todos los efectos, se crean, se generan, se mantienen y se costean por ese Estado que aborrecen. En relación con estas instituciones no somos ni ciudadanos, ni votantes, ni clientes, sino solo suplicantes postulantes y beneficiarios agradecidos. Estos acomodados filántropos nunca escuchan una crítica sobre su labor porque están rodeados solo de postulantes o protegidos, de *clientes*. Harían que Adam Smith se revolviera en su tumba, dado que cuando recurrimos a las fundaciones, trust dotados de miles de millones de capital, es precisamen-

---

1. «Charitable Foundations Posner's Comment», en *The Becker-Posner Blog,* 3 de diciembre de 2006, https://www.becker-posner-blog.com/2006/12/charitable-foundations--posners-comment.html.

te a su *benevolencia* a lo que apelamos. Son precisamente aquellos que se proclaman herederos de Smith quienes se imaginan un mundo en el que –tomando al pie de la letra al padre del liberalismo– nos convierten a todos en mendigos; nadie recuerda que la muy famosa cita sobre el carnicero, el cervecero y el panadero concluye con esta feroz declaración: «Solo un mendigo escoge depender básicamente de la benevolencia de sus conciudadanos.»[1]

Todos en fila, artistas, escritores, conservadores, rectores, ministros, religiosos, para mendigar un óbolo de envenenadores, contaminadores, narcotraficantes legales.

Y donde no se suplica la munificencia de los criminales, se elevan panegíricos por los multimillonarios «normales»: hoy los Bill Gates y los Warren Buffett son objeto no solo de admiración, sino también de cívica y dócil gratitud. Las fundaciones son a estas alturas un elemento familiar de nuestro paisaje, ya no provocan «escándalo» y ya no le extraña a nadie que estas entidades «caritativas» se dediquen a actividades lucrativas quedando libres de impuestos, normalizándose que acumulen un patrimonio cada vez mayor y siempre fiscalmente exento, potencialmente para todas las generaciones venideras. Tal vez no fuera tan de ciencia fic-

---

1. «It is not from the benevolence of the butcher, the brewer, or the baker, that we expect our dinner, but from their regard to their own interest. We address ourselves, not to their humanity but to their self-love, and never talk to them of our own necessities but of their advantages. *Nobody but a beggar chooses to depend chiefly upon the benevolence of his fellows-citizens*», Adam Smith, *An Inquiry into the Nature and Causes of the Wealth of Nations* (1776), libro I, cap. 2 (cursivas mías). Consultable, por ejemplo, en la página web: http://geolib.com/smith.adam/won1-02.html. [Se cita por la traducción de Carlos Rodríguez Braun, *La riqueza de las naciones*, Alianza Editorial, Madrid, 1994, pág. 46.]

ción como Isaac Asimov suponía cuando publicó en 1951 el ciclo novelístico de la *Fundación* la idea de que solo una «fundación» consiguiera detener el declive del imperio galáctico y gobernar en última instancia los sistemas solares, las nebulosas y todo el universo conocido.

6. CAPITAL SIVE NATURA

Sin embargo, sufrir sin rechistar, incluso con un quedo reconocimiento, el excesivo poder de las fundaciones es solo un corolario marginal de la victoria que ha conseguido la *counter-intelligence* ideológica de los magnates del Medio Oeste.

Mucho más devastadores han sido sus efectos en nuestra cultura, en nuestras expectativas, en nuestras relaciones entre seres humanos, con la sociedad e incluso con nosotros mismos. Foucault, ya citado, ya lo había entendido a la perfección hace cuarenta años: «¿Qué función tiene esa generalización de la forma "empresa"? Por un lado, se trata desde luego de multiplicar el modelo económico, el modelo de la oferta y la demanda, el modelo de la inversión, el coste y el beneficio, para hacer de él *un modelo de las relaciones sociales, un modelo de la existencia misma, una forma de relación del individuo consigo mismo, con el tiempo, con su entorno, el futuro, el grupo, la familia.*»[1]

No se ha tratado de un cambio repentino. Se empezó

---

1. Michel Foucault, *Naissance de la biopolitique, op. cit.*, p. 247 (cursiva mía). [Trad. esp.: *op. cit.*, pág. 278.]

por vaciar la idea misma de «justicia social». La afirmación de Hayek, «la justicia social es un concepto vacío», la habíamos tomado por un juicio, pero en realidad es una exhortación, un acto performativo: la justicia social *se convierte* en un «concepto vacío» como efecto de la acción política de quienes acatan las indicaciones de Von Hayek y sus seguidores. En el sentido de que toda la acción de los Friedman, Stigler, Becker o Posner tiene como objetivo vaciar de contenido la «justicia social». Cuando su antropología nos confina al papel de «propietarios de nuestra propia persona o capacidad, sin deber nada por esto a la sociedad [*proprietors of our own person or capacities, owing nothing to society for them*], automáticamente la sociedad queda reducida a «relaciones de intercambio entre propietarios».[1]

Con un mecanismo de retroalimentación, incluso los proponentes de esta cruzada contra la «sociedad» se han vuelto cada vez más extremistas en el curso de los años, precisamente como efecto de su acción. A treinta años de distancia, el propio Hayek ya no refrendaría lo que escribió en 1944: «Hay dos tipos de seguridad: por un lado, la seguridad de un cierto mínimo de subsistencia para todos y por otro la seguridad de un cierto nivel de vida, de la posición relativa de la que goza una persona o grupo con respecto a otros. No hay razón para que en una sociedad que ha alcanzado un nivel general de riqueza como el nuestro, el primer tipo de seguridad no deba garantizarse a todos sin poner en peligro la libertad general; es decir, un mínimo de comida, alojamiento y ropa, lo suficiente para preservar la salud. Tampoco hay ninguna razón por la que el Estado no deba

---

1. C. B. Macpherson, *The Political Theory of Possessive Individualism: Hobbes to Locke,* Oxford University Press, Oxford, 1962, pág. 2.

ayudar a organizar un sistema integral de seguro social para afrontar esos riesgos comunes de la vida contra los cuales solo unos pocos pueden preservarse.»[1] Cuando en 1981 visitó al general Pinochet, Hayek ya no aceptaría que el Estado proporcione un sistema de seguridad social universal.

El primer paso para convencernos de que la justicia social es un concepto vacío es socavar el propio concepto de justicia: ya para *Law and Economics* lo que es justo o injusto es relativo, depende de cuánto cueste castigar lo injusto («¿Cuántos delitos deberían tolerarse y cuántos culpables deberían quedar impunes?» es, para Becker, la pregunta central, como ya hemos visto). Pero hay más: dado que la competencia produce desigualdad, dado que de la competencia salen siempre un ganador y un perdedor, si la libre competencia es la forma más eficiente para que la humanidad se organice socialmente, es decir, si el orden social más eficiente es intrínsecamente inicuo, entonces la equidad *es incompatible* con la eficiencia; y por eso la iniquidad está considerada cada vez más como un «precio del progreso», para convertirse entonces –con un deslizamiento semántico desde «equidad = ineficacia» a «equidad = obstáculo para la eficiencia», e «iniquidad = imprescindible condición de la eficiencia»– en condición *sine qua non* para el bienestar de las naciones, en memoria de esa extraordinaria frase de Marx

---

1. Friedrich von Hayek, *The Road to Serfdom* (1944) (*The Reader's Digest* condensed version as it appeared in the April 1945), IEA (Institute of Economic Affairs), Londres, 2001, págs. 58-59, disponible en https://iea.org.uk/wp-content/uploads/2016/07/upldbook351pdf.pdf. Tal vez esta tímida apertura al Estado del bienestar fuera la razón por la que los patrocinadores de la Sociedad Mont Pelerin consideraron en 1947 a Hayek demasiado moderado y quisieron que lo acompañara Von Mises en la segunda reunión (véase *supra*, pág. 46).

según la cual «el sicofante del capital, el economista», «en interés de la llamada *riqueza nacional* se lanza a la búsqueda de medios artificiales que establezcan la *pobreza popular*».[1] Jean-Jacques Rousseau y Andrew Carnegie coinciden en afirmar que el origen de la desigualdad radica en el proceso de civilización, pero mientras para Rousseau este hecho arroja una sombra de descrédito sobre la propia idea de civilización, para Carnegie y sus seguidores la desigualdad es el principal beneficio aportado por la civilización.

Ya hemos visto que Jimmy Carter no albergaba confianza alguna en que el Estado resolviera los problemas sociales más urgentes (por lo que, implícitamente, delegaba la solución en manos privadas). A principios de los noventa, este rechazo del Estado del bienestar se había convertido en sentido común incluso entre los llamados *liberales* y la tesis de la «perversidad» del Estado del bienestar defendida en *Losing Ground* era compartida por los «nuevos demócratas» de Bill Clinton, quien dijo en 1993 de Murray: «Le ha hecho un gran servicio al país [...]. A menudo sus análisis son esencialmente correctos»[2] (y la reforma del Estado del bienestar aprobada por Clinton supuso un gran paso adelante en su desmantelamiento). La idea hizo escuela en los importadores del clintonismo en Europa, es decir, en el nuevo laborismo de Tony Blair y en los epígonos del Partido Comunista Italiano. Hasta culminar en 2012 cuando el presidente del

---

1. Karl Marx, *Der Kapital. Kritik der politischen Ökonomie* (1867), *Il Capitale. Critica dell'economia politica,* Rinascita, Roma, 1989, libro I, vol. 1, cap. 25 (cursivas mías). [Trad. esp.: *El capital. Crítica de la economía política,* traducción de Pedro Scaron, Siglo XXI, 1975; *cfr.* https://webs.ucm.es/info/bas/es/marx-eng/capital1/25.htm.]

2. Entrevista con *NBC News* del 3 de diciembre de 1993, https://contemporarythinkers.org/charles-murray/commentary/talking-points-response-to-charles-murray/.

Banco Central Europeo Mario Draghi (considerado en Italia el salvador de la patria) dijo en una entrevista al *Wall Street Journal:* «Lo que se avecina en Grecia es un mundo nuevo [...]. *El modelo social europeo está muerto.*»[1]

Dicho por el máximo responsable de la política monetaria del segundo bloque económico del mundo, esta afirmación suena, más que como una constatación, como un veredicto de condena, y más en concreto como una condena a muerte. En realidad, el Estado social ya está muerto en la conciencia de quienes deberían beneficiarse de él y, en cambio, se han dejado convencer de que, si un Estado se endeuda, o quiebra, es a causa de las pensiones «demasiado generosas y prematuras», de las vacaciones pagadas, de los permisos de maternidad, de la asistencia sanitaria gratuita, de los gastos «excesivos» en educación. Ya hoy, para la percepción común, quienes tienen un trabajo fijo, con contrato indefinido, que conlleva beneficios sociales, están considerados como privilegiados, cuando no como sanguijuelas que explotan el trabajo de los «verdaderos» trabajadores.

Como sostiene la filósofa estadounidense Wendy Brown: «Cuando todo es capital, la fuerza laboral desaparece como categoría, de igual modo que desaparece su forma colectiva, la clase, y, al desaparecer, se lleva consigo la base analítica para la enajenación, la explotación y la asociación entre trabajadores. Al mismo tiempo, se desmantela la base para los sindicatos, los grupos de consumidores y otras formas de solidaridad económica además de los consorcios entre capitales. Lo anterior abre el camino para desafiar varios siglos de leyes laborales y otras protecciones y prestaciones en el mundo euroatlántico y, quizá igualmente importante, vuel-

---

1. 23 de febrero de 2012 (cursivas mías).

ve ilegibles los fundamentos de estas protecciones y prestaciones. Un ejemplo de esta ilegibilidad es la creciente oposición popular en los Estados Unidos a las pensiones, la seguridad de empleo, las vacaciones pagadas y otros logros, que los trabajadores del sector público ganaron después de muchos esfuerzos. Otra forma de medirlo es la ausencia de empatía ante los efectos de medidas de austeridad que ponen en riesgo la vida y que se impusieron a los europeos del sur en medio de la crisis de 2011 y 2012 de la Unión Europea: el abominable [*infamous*] discurso sobre los "holgazanes griegos" de la canciller alemana Merkel [en mayo de 2011] [...] presentaba como si fuera de sentido común la acusación de que los trabajadores españoles, portugueses y griegos no debían disfrutar de vidas o jubilaciones cómodas.»[1]

Por otro lado, es evidente que, si el trabajo ya no es la (única) mercancía que el trabajador puede vender al capitalista, sino la renta que obtiene de la inversión de su capital humano, entonces el trabajador ya no es un empleado contratado, sino un profesional que presta un servicio: el aprendiz o el lavaplatos recibe unos honorarios igual que el abogado factura una minuta y el médico cobra por la visita. Resulta pues fuera de discusión para el aprendiz y para el lavaplatos el recibir atención médica, cotizaciones de jubilación, vacaciones pagadas, baja por enfermedad o paternidad... En definitiva, a nuestro abogado no le pagamos ni las vacaciones, ni la pensión ni la asistencia sanitaria. Al contrario, a todos nosotros, capitalistas *in pectore,* nos despiertan aversión e intolerancia los «empleados fijos con contrato indefinido» que disfrutan de coberturas sociales, porque a

---

1. Wendy Brown, *Undoing the Demos, op. cit.,* págs. 38-39. [Se cita por la traducción de Víctor Altamirano, *El pueblo sin atributos,* Malpaso, Barcelona, 2016, págs. 47-48.]

nuestros ojos no son más que capitalistas que se benefician de «indebidos» subsidios públicos.

Este convencimiento es al mismo tiempo expresión y efecto de la violencia simbólica que se ejerce sobre nosotros y que, como toda violencia simbólica, hace que los dominados interioricen los valores que los vuelven subalternos (aunque, naturalmente, la violencia simbólica tiene efectos que son todo menos simbólicos, y sí, muy lo contrario, de lo más materiales, letales a menudo). Como dice Pierre Bourdieu: «la violencia simbólica es esa violencia que arranca sumisiones que ni siquiera se perciben como tales».[1] En consecuencia, «los dominados aplican a las relaciones de dominación unas categorías construidas desde el punto de vista de los dominadores, *haciéndolas aparecer de ese modo como naturales*».[2] Como la mujer sometida a la violencia patriarcal, que se angustia por no sentirse lo bastante «femenina» (es decir, por no corresponder lo suficiente al papel que le ha asignado el patriarcado, y en el que la ha confinado), o el soldado que se avergüenza por no ser lo suficientemente valiente frente al enemigo (es decir, por no estar lo suficientemente listo para morir o dispuesto al sacrificio que se le impone como deber moral), o el trabajador despedido que justifica al patrón que lo despide porque ha interiorizado la «necesidad de reducir costes», y eso porque se concibe como un «coste para la empresa»: el

---

1. Pierre Bourdieu, *Raisons pratiques. Sur la théorie de l'action,* Seuil, París, 1994, pág. 18. [Se cita por la traducción de Thomas Kauf, *Razones prácticas,* Anagrama, Barcelona, 1997, pág. 173.]
2. Pierre Bourdieu, *La domination masculine,* Seuil, París, 1998, trad. it.: *Il dominio maschile,* Feltrinelli, Milán, 1998, pág. 45 (cursivas mías). [Se cita por la traducción de Joaquín Jordá, *La dominación masculina,* Anagrama, Barcelona, 2000, pág. 50.]

pequeño capitalista en bancarrota comprende la lógica de los procedimientos de quiebra.

Una de las formas más sintomáticas en las que se manifiesta esta interiorización del dominio capitalista es la desaparición del vocabulario de algunas palabras. Ni siquiera me molesto en mencionar los términos «patrón» y «patronal», que se han convertido en palabrotas, procacidades que deben evitarse en público. Además, tienden a desaparecer incluso palabras más neutrales como «capitalismo» y «capitalista». Es posible que no nos hayamos dado cuenta, pero estas dos palabras no solo no se utilizan ya, sino que, cuando han de pronunciarse, se hace con cierta incomodidad. La única forma educada de usar este término es adjetivándolo: capital humano, capital social, capital cultural, capital simbólico. Endulzado por un adjetivo, el término es aceptable, pero desnudo, desvestido de todo predicado, es demasiado burdo. En el momento en que se nos inculca que somos todos capitalistas, todos propietarios de nuestro capital humano, a partir de ese mismo momento se deja de hablar del capital en un sentido estrictamente económico, como cuantía de dinero para invertir, y el capital dinerario se vuelve impronunciable.

Este fenómeno ya había sido advertido por Roland Barthes a propósito de la *burguesía:* la nuestra –escribía– es una sociedad burguesa porque su «estatuto profundo permanece: determinado régimen de propiedad, determinado orden, determinada ideología»; y sin embargo la burguesía «le inflige a su estatuto una verdadera operación de *ex-nominación;* la burguesía se define como *la clase social que no quiere ser nombrada»*.[1]

---

1. Roland Barthes, *Mythologies,* Seuil, París, 1957, págs. 224-225. [Se cita por la traducción de Héctor Schmucler, *Mitologías,* Siglo XXI, Madrid, 2009, pág. 232.]

Lo que Barthes escribía en 1957 sobre la burguesía puede aplicarse con mayor motivo hoy a la clase de los capitalistas. La *ex-nominación* del capital resulta aún más pasmosa y estruendosa cuanto más capital poseen los capitalistas. Ya hemos visto antes que los 2.208 multimillonarios del planeta poseen más de nueve billones de dólares (véase *supra*, pág. 26, nota 2). Una medición más precisa de la clase «capitalista» nos la proporciona la agencia Deloitte en su informe de 2017 sobre el mercado mundial del arte,[1] en el que define como «*Ultra-High Net Worth Individuals* (UHNWI)» a las personas que tienen un capital para invertir (es decir, excluyendo vivienda y todos los bienes de uso) superior a los treinta millones de dólares: aquí estamos hablando de capital en sentido estricto, es decir, de *dinero para invertir*. Deloitte estima el número total de los UHNWI en el planeta en 226.450 y en 27,1 billones su patrimonio de conjunto (un promedio de 119 millones de dólares de patrimonio de inversión per cápita). ¡Por fin sabemos cuántos son exactamente los amos del mundo: 226.450! (Uno de cada 34.000 seres humanos vivos en la Tierra, para quien sintiera curiosidad.)

Pero no es de buena educación llamarlos capitalistas, tenemos que definirlos con unas rebuscadas siglas, UHNWI. El capital es impronunciable, todo lo más puede recurrirse a una perífrasis en plural: «los mercados», «el juicio de los mercados», «el gobierno de los mercados».[2] De hecho, si

1. Deloitte ArtTactic, *Art & Finance Report 2017*, https://www2.deloitte.com/content/dam/Deloitte/at/Documents/fiance/art-and-fiance-report-2017.pdf.
2. Resulta esclarecedor que solo exista un país donde la palabra «capital» se emplea fuera de su significado técnico, específico («aumento de capital», «capital inicial»): ese país es los Estados Unidos, en cuyas publicaciones el término «capital» adquiere derecho de ciudadanía, efectivamente, pero solo dentro de una expresión: «war (battle, conflict) between capital and labor».

alguien pronuncia por equivocación las palabras «capitalista», «capitalismo», «capital», suscita una vergonzosa desaprobación, como si hubiera roto una tácita regla de etiqueta lingüística, y se le cataloga de inmediato entre las especies zoológicas de los dinosaurios, todavía vinculados a categorías del pasado.

La razón de esta condición innombrable del capital es la misma con la que Barthes explicaba la *ex-nominación* de la burguesía: nuestros medios de comunicación, nuestro cine, nuestras conversaciones (y chats), «la temperatura que hace, el crimen que se juzga, el casamiento que nos conmueve, la cocina que se sueña tener, la ropa que se lleva, todo, en nuestra vida cotidiana, es tributario de la representación que el capital *se hace y nos hace* de las relaciones del hombre y del mundo».[1] Es decir, el capital impregna, empapa, moldea todas nuestras relaciones sociales hasta el extremo de volverse invisible: no ya *Deus sive Natura,* como reza el lema spinoziano, sino *Capital sive Natura,* en el doble sentido de que el capital impregna todo nuestro universo social y accede a determinada condición divina.

En efecto, el capital adquiere los atributos de la divinidad: la omnipresencia, la omnipotencia, la inefabilidad. Y la severidad: el capital es celoso y vengativo como Yahvé, y el no respetar su voluntad desata su furor, con castigos ejemplares y despiadados, como bien saben los países deudores que se retrasan en sus pagos: «Tanto las personas como los Estados se construyen sobre el modelo de la empresa contemporánea, y se espera que tanto las personas como los Estados se comporten en modos que maximicen su valor de capital en el presente y mejoren su valor futuro. Y tanto las

---

1. Roland Barthes, *Mythologies, op. cit.,* pág. 227: he reemplazado la palabra «burguesía» por la palabra «capital». [Trad. esp.: *op. cit.,* pág. 235.]

personas como los Estados lo hacen a través de prácticas de empresarialismo, autoinversión y atrayendo inversionistas. Cualquier régimen que busque otro camino se enfrenta a crisis fiscales, a una disminución de las calificaciones de crédito, monetarias y de bonos, y cuando menos, a pérdida de legitimidad y, en casos extremos, a la bancarrota y la disolución. De igual modo, cualquier individuo que se desvíe hacia otras búsquedas se arriesga, cuando menos, a la pobreza y a la pérdida de estima y solvencia y, en casos extremos, al riesgo de supervivencia.»[1]

En realidad, a este nuevo y severo panteísmo monetario le falta la claridad límpida, la lógica irresistible del spinozismo. Porque de esta religión, aunque formalizada por ecuaciones, se desprende un elemento animista: ya hemos hecho notar (y no era una ocurrencia) que el «capital humano» es el equivalente comportamental y economicista de lo que los antiguos llamaban «alma». Pero aquí jugamos con la ambivalencia del término «capital»: por un lado, cuando se trata de capital humano, de capital-alma, todo es capital: es «capital» el tener buen oído, es «capital» tener buena mano para dibujar, una memoria prodigiosa, capacidad de observación (en términos pascalianos, el capital de Cleopatra era su nariz), mientras que, por otro lado, cuando se trata de capital-dinero, de capital-Yahvé, del dios vengativo que castiga a los pecadores (a los deudores, como dicen los alemanes), entonces se entra en el reino de lo inefable y lo indecible: como es sabido, en alemán «deuda» se dice *Schuld,* que significa «culpa».

Las leyes del capitalismo se entroncan con las leyes divinas, en efecto, pero bajo la forma que estas asumen en la modernidad, es decir, como leyes naturales. Ya no estamos

---

1. Wendy Brown, *Undoing the Demos, op. cit.,* pág. 22. [Trad. esp.: *op. cit.,* págs. 20-21.]

hablando de un régimen económico muy reciente (escasos centenares de años), sino de un paradigma que supuestamente regula desde siempre y para siempre el comportamiento de los seres humanos, así como las ecuaciones de Maxwell regulan la propagación de la luz y las leyes de Newton el movimiento de los cuerpos. Al igual que el conocimiento humano ha ido afinándose durante decenas de miles de años desde las supersticiones más primitivas hasta los descubrimientos de la ciencia moderna, del mismo modo el ser humano vagaba supuestamente en la oscuridad de los intercambios primitivos y del mítico «trueque», antes de descubrir la claridad cristalina de la economía capitalista, la ley de la oferta y la demanda, el criterio de utilidad marginal y el éxtasis de la competencia perfecta.

Y aquí se revela a las claras por qué he introducido a Roland Barthes en mi argumentación, dado que la función del mito es transformar una situación histórica precisa y transitoria en un estado natural inmutable y perenne, para fundamentar «como eternidad lo que es contingencia».[1] ¿Es un hecho histórico constatado que durante tres siglos los blancos europeos dominaron (y esclavizaron) a los africanos negros? El mito transforma esta dominación transitoria en superioridad eterna, intrínseca: según este, los negros siempre han sido y siempre serán inferiores a los blancos.

Al mito no le importa que haya tantos blancos más idiotas, menos creativos que muchos negros. ¿Que algunos judíos se vieron empujados por las circunstancias históricas a ejercer la profesión de prestamistas? El mito transforma esta experiencia en una inmutable vocación israelita por la usura y Shylock se convierte en un personaje eterno.

---

1. Roland Barthes, *Mythologies, op. cit.,* pág. 229. [Trad. esp.: *op. cit.,* pág. 237.]

También al mito de la eficiencia y racionalidad del mercado le traen al fresco las pruebas contrarias: ¿qué importa que el sistema sanitario privado estadounidense cueste el doble per cápita que los sistemas de salud públicos europeos, provocando además una esperanza de vida más corta y un peor estado de salud medio de sus ciudadanos?

No importa: lo bueno del mito es que no le afectan las contrapruebas.[1]

Países	Gasto sanitario total		Gasto sanitario público
	En dólares estadounidenses per cápita	*En porcentaje del producto interior bruto*	*En dólares estadounidenses per cápita*
Estados Unidos	10.230	17,2	5.060
Alemania	5.670	11,3	4.770
Suecia	5.640	11,0	4.720
Francia	4.800	11,0	3.790
Islandia	4.480	8,6	3.700
Reino Unido	4.230	9,7	3.360
Italia	3.390	8,9	2.550
Brasil	960	6,2	527

Gasto sanitario per cápita en dólares y en porcentaje del PIB (2016).

1. De hecho, como puede verse en la tabla, la parte pública del sistema de salud estadounidense absorbe solo el 49% del total, pero es más consistente (per cápita) que el gasto público alemán y sueco, que absorben el 84% del total. Datos sanitarios de la OCDE, *Dépenses de santé en proportion du PIB,* en *Health at a Glance 2017: OECD Indicators,* Éditions OCDE, París, 2017, https://www.oecd-ilibrary.org/docserver/health_glance-2017-45-fr.pdf?expires=1597162377&id=id&accname=guest&checksum=A7E3B7CAEAB94781D1677DA682EB7CE5. He multiplicado estos datos por el PIB per cápita extraído de *World Economic Outlook Database,* abril de 2019, Fondo Monetario Internacional.

El mito de los beneficiosos efectos de la reducción de impuestos se estrella con la irrefutable constatación de que los países con menor imposición fiscal en el mundo son los condenados de la Tierra: en Pakistán, por ejemplo, solo el 0,57 % de la población paga impuestos sobre la renta, y los paquistaníes no viven en mejores condiciones que los suecos. Otro caso: en la República Democrática del Congo, los ingresos fiscales corresponden solo al 7,6 % del PIB, frente al 34,3 % de los países de la OCDE: y tampoco el Congo está en mejor situación que Austria o Portugal.[1] ¿Qué importa? El mito según el cual la posesión privada de armas de fuego reduce el número de asesinatos se contradice con todas las estadísticas que nos ofrecen una tasa de homicidios en los Estados Unidos cinco veces superior respecto a la de los países de Europa occidental (5,35 víctimas por cada 100.000 habitantes en los Estados Unidos; 1,35 en Francia; 1,18 en Alemania; 0,67 en Italia; 0,63 en España):[2] ¿y qué más da? El mito no deja de tener cierta relación con una realidad histórica, pero la pierde en su totalidad cuando esta experiencia contingente nos la devuelve como *esencia inmutable,* como *hecho natural.*

De ahí que «tal como han afirmado muchísimos teóricos radicales, desde Brecht hasta Foucault y Badiou, la política emancipadora nos pide que destruyamos la apariencia de todo "orden natural", que revelemos que lo que se presenta como necesario e inevitable no es más que mera

---

1. Sobre Pakistán: https://www.bbc.com/news/uk-politics-2201 7091 (noticia del 4 de abril de 2013). Sobre la República Democrática del Congo: https://www.oecd.org/countries/egypt/revenue-statistics-africa-egypt.pdf.
2. Datos del United Nations Office on Drugs and Crime, https://dataunodc.un.org/crime/intentional-homicide-victims.

contingencia y, al mismo tiempo, que lo que se presenta como imposible se revele accesible».[1] Es decir, que *esforzarse por cambiar el mundo no es fútil.*

Aquí se conectan inesperadamente el *topos* de la *futilidad* de la retórica reaccionaria definida por Hirschman y el concepto de mito en Roland Barthes: si la superioridad de los blancos sobre los negros (o de los hombres sobre las mujeres) es una ley de naturaleza inmutable, entonces resulta inútil y fútil intentar cambiar la relación de poder entre blancos y negros, entre hombres y mujeres. La mitificación de una situación, de un vínculo social, resulta ser la condición indispensable para desencadenar el argumento de la futilidad. Toda iniciativa para cambiar lo que existe se revela *fútil* si lo que existe es tal a causa de una ley de la naturaleza, no por una contingencia histórica, es decir, si la situación actual se traduce en mito, si por ejemplo el dominio colonial del blanco es reemplazado por el mito de la superioridad blanca. De esta forma, las mujeres «deben permanecer en su sitio» y el «pueblo no debe entrometerse en lo que no comprende».

Ontología empresarial

La representación que el capital «*se hace y nos hace* de las relaciones del hombre y del mundo» está dotada, por lo tanto, de la misma inexorabilidad que las leyes de la naturaleza (los tejanos dicen de sí mismos que son «tan individualistas que ni siquiera obedecen a la ley de la gravedad»). La afirmación de Margaret Thatcher *«There is no alternative»*

---

1. Mark Fisher, *Capitalist Realism, op. cit.,* p. 17. [Trad. esp.: *op. cit.,* pág. 42.]

tiene el mismo valor –de profecía autocumplida– que la frase de Hayek «la justicia social es una expresión vacía»: se ha puesto de todo en juego para que no haya otra alternativa y para que el único futuro que pueda concebirse sea un futuro capitalista.

A la creencia generalizada de que no hay alternativa, Mark Fisher la llama «realismo capitalista»: «A lo largo de los últimos treinta años [Fisher escribía en 2009] el realismo capitalista ha instalado con éxito una "ontología de negocios" [*business onthology*] en la que *simplemente es obvio* que todo en la sociedad debe administrarse como una empresa, el cuidado de la salud y la educación inclusive.»

Esta observación de Fisher toca un centro neurálgico que escapa a los fustigadores superficiales de la contrarrevolución neoliberal. Estos confunden la «fobia al Estado» de la que hablaba Foucault con la utopía aparentemente anárquica invocada por Nozick. Por supuesto, con fines puramente propagandísticos, los neolib agitan el famoso íncipit de Thomas Paine a su *Common Sense; Addressed to the Inhabitants of America...* (1776).

«Ciertos escritores han confundido sociedad con gobierno, hasta el punto de hacerlos poco menos que indiscernibles, siendo así que no solo son diferentes, sino que tienen un origen diverso. La sociedad la producen nuestros deseos y el gobierno nuestra iniquidad: aquella promueve nuestra felicidad *positivamente,* uniendo nuestros afectos; este *negativamente,* reprimiendo nuestros vicios. Una fomenta la unión, el otro crea distinciones. La primera es patrón, el último, castigador. En cualquier situación, la sociedad es una bendición, pero el gobierno, en el mejor de los casos, no pasa de ser un mal necesario, y en el peor, intolerable [...]. El gobierno, como la vestimenta, es la enseña de la inocencia perdida; los palacios de los reyes se construyen sobre las ruinas de los jardines del paraíso.»[1]

En realidad, a ningún epígono de los Chicago Boys se le pasa por la cabeza destruir el Estado (no en vano admiraban al general Pinochet). Será verdad que los palacios se construyen sobre las ruinas de los jardines del paraíso, pero ni Thomas Paine, ni los neoliberales de hoy querrían caminar desnudos, solo porque los vestidos son la enseña de la inocencia perdida. Por mucho que Charles Koch afirmara que quería *«roll back the state»,* el verdadero objetivo de la contrarrevolución neoliberalista no es abolir el Estado –los Koch no eran unos Bakunin redivivos–, sino remodelar, redibujar el Estado para hacerlo más funcional para el sistema de la libre empresa. En última instancia, darle la vuelta a la relación entre el Estado y el mercado e invertir sus respectivas funciones. Como dijo Antonin Scalia en la reunión inaugural de la Federalist Society en 1982: «Tened siempre presente que el gobierno federal no es malo, sino bueno. *El truco estriba en usarlo sagazmente.*»[2]

---

1. El título completo es: *Common Sense; Addressed to the Inhabitants of America, on the following interesting Subjects. I. Of the Origin and Design of Government in general, with concise Remarks on the English Constitution. II. Of Monarchy and Hereditary Succession. III: Thoughts on the present State of American Affairs. IV. Of the present Ability of America, with some miscellaneous Reflections. Written by an Englishman* (Printed, and Sold, by R. Bell, in Third-Street, Philadelphia, 1776), descargable en la web de la Library of Congress, loc.gov/item/2006681076. [Se cita por la traducción de Gonzalo del Puerto Gil, *Sentido común. Ocho cartas a los ciudadanos de los Estados Unidos*, Alianza Editorial, Madrid, 2020, págs. 61-62.]

2. Antonin Scalia, «The Two Faces of Federalism», en *Harvard Journal of Law and Public Policy,* vol. 6, n.º 1, 1982, págs. 19-22 (cursivas mías).

El uso sagaz del Estado se reveló plenamente funcional para el proyecto neolib precisamente durante las crisis que lo amenazaron: tanto la crisis financiera de 2008 como la pandemia de la COVID-19 de 2020 fueron afrontadas por los Estados y no por los mercados. De hecho, durante estas emergencias, los mercados se volvieron extraordinariamente discretos, retirándose entre bastidores; dejaron el proscenio a los gobiernos, para reaparecer al mando, más fuertes que nunca, una vez superadas las crisis.

Este uso «sagaz» del Estado explica la aparente incongruencia del proceso de globalización que, al tiempo que unifica la economía, exacerba la separación entre Estados. Como escribe Matteo Vegetti, «la adopción planetaria de la forma estatal no está en absoluto en contradicción con los intereses de la economía globalizada, sino que representa para esta última, por el contrario, la oportunidad de hacer que compitan entre sí los sistemas productivos y financieros nacionales, el crédito y los modelos de desarrollo local. Por obvio que parezca, las estrategias de deslocalización y relocalización de las empresas transnacionales que plasman la geografía económica contemporánea no tendrían sentido en caso de que la diversidad política y las desigualdades sociales fueran canceladas a escala mundial».[1] En otras palabras, las empresas multinacionales tienen el mayor interés en la existencia de una multiplicidad de Estados para enfrentarlos entre sí (a ver quién impone menos impuestos, quién ofrece más incentivos para la localización...). Por lo tanto, el neoliberalismo no solo exige un Estado que le sirva, sino que precisa de distintos Estados que compitan para servirlo.

Si los Estados no rivalizaran entre sí para ganarse el favor

---

1. Matteo Vegetti, *L'invenzione del globo. Spazio, potere, comunicazione nell'epoca dell'aria,* Einaudi, Turín, 2017, págs. 137-138.

de las corporaciones, no podrían existir los paraísos fiscales. Interesante y vacacional figura retórica (paraísos tropicales) que evoca una anomalía, una excepción, mientras que los paraísos fiscales son la pequeña pero indispensable ruedecilla que permite que todo el sistema de la economía global neolib funcione sin fricciones: sin los paraísos fiscales, sería mucho más difícil «matar de hambre a las fieras».

En términos arcaicos, no son los mercaderes los que comercian para servir al emperador, sino que son los distintos emperadores los que compiten entre sí para gobernar al servicio de los mercaderes. Mientras que, para los clásicos liberales del siglo XIX, el Estado gobernaba *a causa* del mercado, ahora para los neoliberales el Estado gobierna *para* el mercado. Como sostiene Wendy Brown: «Los Estados neoliberales se alejan de los liberales conforme se vuelven radicalmente económicos, en tres sentidos: el Estado asegura, defiende y apoya la economía; el propósito del Estado es facilitar la economía, y la legitimidad del Estado se vincula con el crecimiento de esta [...]. La acción del Estado, su propósito y su legitimidad: el neoliberalismo economiza cada uno de ellos.»[1] Dicho de otra manera, al Estado se le juzga por su éxito al favorecer la economía de mercado. Por lo tanto, «un Estado bajo la vigilancia del mercado más que un mercado bajo la vigilancia del Estado»,[2] en el que el mercado se convierte en el tribunal por el que el Estado debe ser juzgado (absuelto o castigado). Una concepción formulada con plástica violencia por parte del antiguo gobernador del Banco Central alemán, el Bundesbank, Hans Tietmeyer,

---

1. Wendy Brown, *Undoing the Demos, op. cit.,* pág. 64. [Trad. esp.: *op. cit.,* pág. 81.]
2. Michel Foucault, *Naissance de la biopolitique, op. cit.,* pág. 120. [Trad. esp.: *op. cit.,* pág. 149.]

cuando elogiaba en 1998 a los gobiernos nacionales que privilegian «el plebiscito permanente de los mercados globales» por encima del «plebiscito de las urnas».[1]

La nueva ortodoxia, en consecuencia, no pide *menos* Estado, sino todo lo contrario: tal vez construya *más* Estado, solo que con objetivos radicalmente diferentes y con una estructura revolucionada. En un triple sentido:

1) El objetivo del Estado es favorecer el mercado (mientras que, en otros tiempos, el propósito de los mercaderes era hacer grande el imperio). El desempeño del Estado se mide por la calificación que (cual nuevo escolar) recibe de las agencias de calificación (cuales nuevos severos maestros). Su éxito quedará sancionado por la triple AAA que obtenga, y por lo tanto del crédito del que disfrutará, mientras que su fracaso se verá oficializado por su *«downgrading»*.

2) La función del Estado es extender a todos los sectores de la sociedad, educación, sanidad, investigación científica, el modelo de negocio y de contabilidad empresarial. El sistema de créditos universitarios es un palmario ejemplo de ello. Las universidades se convierten en «instituciones de crédito»: los estudiantes tienen una «cuenta bancaria» académica que se enriquece con los créditos que obtienen, cada crédito corresponde a un cierto número (en Italia, 25) de horas de estudio, de clases, de prácticas, y a cada examen corresponde un cierto número de créditos que llenan la «cuenta bancaria», hasta que el nivel de la cuenta «paga» el título final de estudios, la licenciatura, el máster, etcétera. El hecho clave aquí es haber introducido un concepto financiero, el «crédito», en el lenguaje universitario. Y, en efecto, para obtener esos «créditos» universitarios millones de estudiantes estadounidenses deben

---

[1]. Citado por Luciano Canfora, *Critica della retorica democratica*, Laterza, Roma-Bari, 2011, pág. 33.

endeudarse y obtener préstamos bancarios: a cada crédito corresponde una deuda: «La cuantía total de las deudas de estudios en los Estados Unidos asciende a 1,48 billones de dólares; hay 44,4 millones de estadounidenses que soportan una deuda de estudios; para deudores de edades comprendidas entre los veinte y treinta años, la tasa de morosidad (retraso de más de tres meses en el pago de las cuotas) es del 11,2 % y el promedio de la amortización mensual en ese rango de edad es de 203 dólares.»[1]

El lenguaje nunca es secundario: es a través del lenguaje como se imponen los relatos y detrás de estos las ideologías, tal como nos enseña el manual de los marines estadounidenses. En Italia las sedes territoriales del Servicio Nacional de Salud se llamaban inicialmente *Unità sanitarie locali* [Unidades sanitarias locales] (USL). Un decreto posterior cambió su nombre por el de *Aziende sanitarie locali* [Empresas sanitarias locales] (ASL). De una U a una A el cambio parece intrascendente, pero en realidad hay por detrás toda una conversión ideológica. En otros tiempos, en Italia, quien montaba en un tren era un «viajero», quien ingresaba en un hospital era un «paciente». Ahora, tanto en el tren como en el hospital, todos somos «clientes». Incluso en el centro escolar no somos estudiantes, sino «clientes» y, como es bien sabido, «el cliente siempre tiene razón» y el cliente siempre ha de quedar satisfecho. Pero eso no tiene nada que ver con la calidad de la instrucción impartida, con la competencia con la que los estudiantes salen de la institución educativa. Un centro puede satisfacer a sus propios «clientes» pero enseñar poco a sus «estudiantes».

---

1. Tiffany Beth Mfume, *The College Completion Glass - Half Full or Half Empty?*, Rowman & Littlefield, Lanham-Boulder, 2019, pág. 92.

3) La tercera y decisiva distorsión de la idea de Estado es que ahora el organismo público por excelencia debe funcionar como una empresa privada: el Estado (exactamente igual que todo individuo propietario de sí mismo) debe comportarse como una empresa, maximizar su valor presente, y aumentar el futuro, atraer inversores, asegurarse condiciones crediticias rentables. También aquí, el vuelco nos lo revelan las palabras. Wendy Brown examina tres de ellas: *governance, benchmarking* y *best practices*. Es de señalar que estos tres términos ingleses han entrado en el lenguaje burocrático de otros idiomas europeos: español, francés, alemán, italiano.

Governance, gobernanza en castellano, es originalmente un término comercial *(corporate governance)* y designa la gestión de la empresa *(management)*. Como afirma la OCDE: «La fiabilidad de la *corporate governance* es ayudar a crear un entorno de confianza, transparencia y responsabilidad, necesario para fomentar la inversión a largo plazo, la estabilidad financiera y la integridad corporativa, y por lo tanto sirve para sustentar un crecimiento más fuerte y sociedades más inclusivas.» «La *corporate governance* implica un conjunto de relaciones entre el equipo directivo de la empresa, su consejo de administración, sus accionistas y otros fiduciarios. La *corporate governance* proporciona también la estructura a través de la cual se establecen los objetivos de la empresa y se determinan los instrumentos para alcanzar esos objetivos y supervisar el desempeño.»[1]

La cuestión es que en nuestros días la *governance* se aplica a todo el aparato estatal, a la sanidad, a la educación, a la

---

1. *G20/OECD Principles of Corporate Governance,* OECD Publishing, París, 2015, págs. 7, 9, http://dx.doi.org/10.1787/97892 64236882-en.

justicia (curiosamente solo el ejército se libra, al menos en parte, y al menos por ahora, de la tiranía de la *governance*). Es más, la *governance* reemplaza al *gobierno*. Con esta simple sustitución léxica, todo el universo del emprendimiento privado se transfiere de principio a fin a la administración pública, pero al hacerlo transfiere el acento de la elección de los objetivos de la acción pública a la elección de las herramientas más económicas y eficaces para lograr objetivos no especificados (y generalmente asimilados a los objetivos del mercado): «Cuando la gobernanza se convierte en un sustituto del gobierno, lleva consigo un modelo muy específico de la vida pública y la política [...]. La vida pública se reduce a la solución de problemas y a la implementación de programas, una forma que pone entre paréntesis o elimina la política, el conflicto y la deliberación sobre los valores y los fines comunes.»[1]

La gobernanza introduce un modelo de gestión empresarial que es independiente de las funciones de la institución a la que se aplica. Aquí entran en juego los conceptos de *benchmarking*, o evaluación comparativa, y *best practices*, buenas prácticas. El *benchmarking* se presentó en la década de los setenta como un método para mejorar las técnicas y métodos de producción de una empresa comparándolos con los de otras empresas que estaban obteniendo mejores resultados, y «se trata de la comparación del desempeño industrial con respecto a un conjunto acordado de indicadores». Esto conduce inevitablemente a «algunas formas de ranquin o clasificación. Esta clase de evaluación comparativa puede utilizarse para evaluar el rendimiento de los gobiernos (nacionales, regionales, locales, agencias, organismos guberna-

---

1. Wendy Brown, *Undoing the Demos, op. cit.*, pág. 127. [Trad. esp.: *op. cit.*, págs. 169-170.]

mentales), para comparar el desempeño de diferentes divisiones empresariales o diferentes empresas y diferentes establecimientos».[1]

El *benchmarking* construye clasificaciones y puntuaciones, y por lo tanto empuja a buscar técnicas de gestión, una organización del trabajo de la estructura empresarial que mejoren la clasificación y la puntuación, y estas técnicas ahora se denominan universalmente *best practices,* buenas prácticas. «Una premisa central es que se pueden exportar las mejores prácticas de una industria o sector a otro y que algunas de las reformas más valiosas sucederán mediante la adaptación creativa de prácticas en un campo u otro.[...]. El supuesto carácter intercambiable de los procesos y las prácticas a lo largo de industrias y sectores, así como la consolidación de las mejores prácticas de muchas fuentes distintas, tienen varias implicaciones importantes [...]. En primer lugar, en el *benchmarking,* las prácticas se separan de los productos. La productividad, la efectividad de costos o la satisfacción del consumidor se entienden como inherentes a prácticas que tienen poco respeto por lo que se produce, genera o entrega. Lo anterior permite que prácticas del sector privado se transfieran rápidamente al sector público; permite, por ejemplo, que las instituciones educativas o de salud se transformen a través de prácticas desarrolladas en aerolíneas o en la industria computacional. En segundo lugar, la razón por la que las prácticas se pueden separar de los productos y son transferibles es porque se supone que el fin

---

1. CEPS (Centre for European Political Studies) Task Force Report, *Benchmarking in the EU: Lessons from the EU Emissions Trading System for the Global Climate Change Agenda,* Bruselas, 2010, pág. 5, https://www.ceps.eu/cepspublications/benchmarking-eu-lessons-eu-emissions-trading-system-global-climate-change-agenda/.

último de cada organización es el mismo: ventaja competitiva en el mercado.»[1]

El aspecto más interesante (al que tendremos que volver) es que un experto en el tema citado por Brown, Robert Camp, recurre explícitamente a una imagen bélica para explicar por qué el *benchmarking* funciona, porque «resolver problemas empresariales ordinarios, liderar batallas de gestión y sobrevivir en el mercado son todas formas de guerra, lidiadas con las mismas reglas (conoce a tu enemigo y conócete a ti mismo)».

Por lo tanto, no se produce un desmantelamiento del Estado por parte del capitalismo (y mucho menos esa extinción del Estado que auguraba Marx). Se produce una reconfiguración del Estado.

La prueba de que, contra todas sus altisonantes proclamas, los neolib necesitan más Estado se aprecia durante las crisis, como –por no alejarnos mucho– la gran recesión financiera de 2008 o la pandemia de 2020. En tales situaciones, cuando todo el sistema de mercado parece estar a punto de quebrarse en mil pedazos y toda la economía mundial en un tris de hundirse, he aquí que de repente, de golpe, «los mercados» se vuelven extraordinariamente discretos y silenciosos, casi inertes, pasivos. Y el Estado se hace cargo de todas las operaciones de rescate y de su financiación. Sucedió después de 2008 con las maniobras de *quantitative easing*, flexibilización cuantitativa, lanzadas por todos los principales bancos centrales: la *quantitative easing* es el equivalente inmaterial, financiero, de lo que en los viejos tiempos era imprimir papel moneda, sin ninguna correspondencia real. Billones de dólares, euros, yenes, yuanes derramados

---

1. Wendy Brown, *Undoing the Demos, op. cit.,* pág. 137. [Trad. esp.: *op. cit.,* págs. 183-184.]

sobre los mercados, como octavillas lanzadas desde un aeroplano: es la famosa metáfora del dinero arrojado desde un helicóptero, también esta acuñada por Milton Friedman en 1969.[1] La Reserva Federal ha recurrido en distintas ocasiones a esta solución con tal radicalismo que su presidente, Ben Bernanke, fue apodado «Helicopter Ben» en una crisis anterior, la de 2001-2002, tras los atentados contra las Torres Gemelas de Nueva York el 11 de septiembre de 2001 (como demostración de que las crisis, desde luego, *se suivent mais ne se ressemblent pas,* se repiten pero no se parecen, por más que las respuestas que se dan sean siempre las mismas).

Lo mismo ha ocurrido con la pandemia de 2020, cuando los mercados se retiraron al balcón para observar a los Estados que se afanaban por evitar una crisis social y se endeudaban hasta el cuello para «permitir que los mercados retomaran el vuelo». También en este caso se han vertido decenas de billones en las economías mundiales para hacer que no se derrumbara todo el edificio. La elegancia del sistema-helicóptero radica en el hecho de que, para correr al rescate de las empresas privadas, del sistema financiero, de los bancos y de los seguros privados, los Estados no solo asumen deudas que más tarde deberán respetar, sino que se privan de recursos para respetarlas, recortando impuestos a los más ricos. Y aquí nos topamos con una novedad, absolutamente moderna, frente a una historia milenaria: incluso

---

1. «Let us suppose now that one day a helicopter flies over a community and drops an additional $ 1,000 from the sky, which is, of course, hastily collected by members of community»: Milton Friedman, *The Optimum Quantity of Money, and Other Essays,* MacMillan, Londres, 1969, págs. 4-5. Disponible en línea en la web: http://abdet.com.br/site/wp-content/uploads/2014/12/Optimum-Quantity-of-Money.pdf.

en tiempos feudales, cuando la emergencia lo requería o el reino tenía que entrar en guerra, el soberano procedía a fijar un gravamen extraordinario de los barones (fue para poner límites a estas extracciones forzosas por lo que los barones ingleses obligaron a Juan sin Tierra a firmar en 1215 la Carta Magna). En cambio, hoy nadie ha solicitado nunca el pago de una contribución extraordinaria a los barones actuales (el marqués de Boeing, el archiduque de Facebook, el príncipe de Google, el *landgrave* de Amazon). Al contrario, se ha aliviado su de por sí bastante modesta carga fiscal.

Así se pone en práctica el precepto de Rahm Emanuel, es decir, que «ninguna crisis grave debe desperdiciarse», porque toda crisis puede ser útil para hacer que el Estado sea aún más «frugal», para «matar de hambre a la fiera», obligándola precisamente a asumir tareas y responsabilidades por desastres de los que no es responsable.

Vemos así cuán superficial es la idea de que el crecimiento del poder de las corporaciones y multinacionales conlleva necesariamente una reducción del poder de los Estados. Contrariamente a la vulgata común, dice Saskia Sassen, el juego de poder que se ejerce sobre los individuos no es un juego de suma cero entre el poder del Estado nacional y el poder de las corporaciones multinacionales: no es cierto que «lo global y lo nacional se excluyan mutuamente»:[1] no es cierto que cuanto más poder ejercen las multinacionales sobre cada uno de nosotros, menos poder ejerza el Estado, como si todo lo que uno ganara lo perdieran los demás, y viceversa. En realidad, afirma Sassen, el Estado «se reconfigura» para resultar funcional ante las corporaciones. Para

---

1. Saskia Sassen, *Territory, Authority, Rights: From Medieval to Global Assemblages* (2006), Princeton University Press, Princeton (Nueva Jersey), 2008, pág. 21.

adherirse mejor a ellas, pierde algunas funciones, adquiere otras, se especializa en algunas tareas, pero el poder total que el Estado ejerce sobre nosotros crece, a medida que crece el de las corporaciones globales. O como ya observaron hace casi cincuenta años Gilles Deleuze y Félix Guattari: «Nunca un Estado perdió tanto poder (potencia) para ponerse con tanta fuerza al servicio del signo de potencia (poder) económica.»[1]

Foucault ya había notado que un ecosistema de libre empresa aumenta drásticamente el papel judicial del arbitraje: menos funcionarios, sí, pero muchos más jueces. El resultado final es que, en contra de todos los lugares comunes, la libre empresa puede sentir la necesidad de *más* Estado, de un Estado más vigilante y punitivo incluso, pero un Estado con finalidades distintas, un Estado «privado».

---

1. Gilles Deleuze, Félix Guattari, *The Anti-Œdipe. Capitalisme et schizophrénie 1,* Éditions de Minuit, París, 1972, pág. 300. [Se cita por la traducción de Francisco Monge, *El Anti Edipo. Capitalismo y esquizofrenia,* Paidós, Barcelona, 1985, pág. 260.]

7. EL LISTÍN DE LA POLÍTICA

El control de este Estado definitivamente «privado» se confía a esa extravagante actividad denominada «política». El propósito de la política, por lo tanto, es el de tomar el control empresarial del Estado, concebido como una empresa de rango superior al servicio de todas las demás empresas. Así pues, no solo la política es un mercado, sino que también hay un mercado de la política. En el sentido de que los candidatos han de ser comprados (por parte de los intereses que quieren representar) y han de venderse (a los votantes, que deben ser animados a votar por ellos). Esta dinámica eleva los costes de representación. En 1976, el coste medio para obtener un escaño en el Senado de los Estados Unidos era de 609.000 dólares, en 2016 fue de 19,4 millones de dólares. El coste total de las campañas resulta mucho más elevado, puesto que también los candidatos derrotados incurren en muchos gastos. Así, para las elecciones de 2016, los candidatos a la Cámara recaudaron mil millones de dólares, los del Senado 640 millones, los de la presidencia 1.500 millones de dólares.[1] Estas

1. En cada ciclo solo se elige a un tercio de los cien senadores (cuyo mandato dura seis años) y a la totalidad de los 435 diputados

cifras se refieren únicamente a las elecciones a nivel federal, no a las de los estados, las de los condados o las municipales. Por lo tanto, en 2018 (año en el que no hubo elecciones presidenciales) los candidatos a todos los cargos recaudaron un total de 10.800 millones de dólares (datos de «Follow the Money»). Al dinero gastado durante las campañas electorales debe sumarse el empleado en actividades de *lobbyng* (cabildeo). Aunque los *lobbies* tienen una larga y gloriosa historia (sus defensores apelan al espíritu de James Madison), su eclosión da comienzo, no por casualidad, en los años de la revolución neolib. Mientras que en 1975 la facturación de los grupos de presión en Washington no superaba los cien millones de dólares, en 2018 fue de 3.460 millones de dólares. Y mientras los cabilderos registrados no pasaban de un puñado en los años setenta, en 2018 eran 11.665.[1] Entre ellos, más de doscientos son antiguos diputados o senadores que se han

---

(cuyo mandato dura dos años). Eso explica por qué los candidatos a la Cámara han recaudado más que los candidatos al Senado, mientras que el coste medio de una candidatura ganadora al Senado es quince veces mayor que el de una candidatura ganadora en la Cámara. Los datos han sido tomados respectivamente de la serie de veinticinco artículos de Robert Kaiser «Citizen K Street. How Lobbying Became Washington's Biggest Business», publicado en el *Washington Post* del 5 de marzo al 9 de abril de 2007 (https://web.archive.org/web/20081015185540/http://blog.washingtonpost.com/citizen-k-street/); del artículo de Soo Rin Kim, «The price of winning just got higher, especially in the Senate», en *Opensecrets News*, 9 de noviembre de 2016 (https://www.opensecrets.org/news/2016/11/the-price-of-winning-just-got-higher-especially-in-the-senate/), y de la página web «Follow the Money», https://www.followthemoney.org/tools/ election-overview?s=US&y=2016.

1. Para los años setenta la citada serie de Robert Kaiser; para los datos actuales sobre los *lobbyists* Opensecrets.org, *Lobbying Data Summary*, https://www.opensecrets.org/ federal-lobbying/.

reciclado al otro lado de la barricada: según el antiguo secretario de Trabajo de Clinton, Robert Reich, más de la mitad de los exsenadores y el 42 % de los exdiputados se reconvierten en cabilderos.[1]

Así pues, no está claro si la interpretación neolib de la política fue una constatación de cuanto estaba sucediendo en los Estados Unidos o si su visión, basada en la teoría de la elección racional, no contribuyó a encaminar la política estadounidense por esta vía, al imponer como paradigma universal esa específica visión sectorial que los cabilderos tienen de los políticos y la política. Según la teoría de la elección racional, «el hombre políticamente racional es el que prefiere ganar antes que perder, independientemente de lo que esté en juego».[2] Por lo tanto, los «candidatos racionales» eligen «su estrategia electoral y su comportamiento legislativo sucesivo en función del éxito electoral».[3] «Los teóricos puros y duros de la elección racional asumen que los votantes y los políticos maximizan sus beneficios en un sentido muy estricto y, directa o indirectamente, ello implica que tal asunción es descriptivamente precisa y también normativamente apropiada. Los votantes, al escoger entre los candidatos, miran egoístamente su propio provecho. De la misma manera, a los políticos les motiva ser elegidos y reelegidos.»[4]

1. Robert Reich, «Lobbyists are snuffing our democracy, one legal bribe at a time», en *Salon,* 9 de junio de 2015, https://www.salon.com/2015/06/09/robert_reich_lobbyists_are_snuffig_our_democracy_one_legal_ bribe_at_a_time_partner.
2. William H. Riker, *The Theory of Political Coalitions,* Yale University Press, New Haven (CT), 1962, pág. 22.
3. David Austen-Smith, Jeffrey Banks, «Elections, Coalitions, and Legislative Outcomes», en *American Political Science Review,* n.º 82, 1988, págs. 405-422, pág. 405.
4. Jürg Steiner, «Rational Choice Theories and Politics: A Re-

Esta descripción hace de la política un juego de suma cero (la apuesta que uno gana la pierde otro) completamente independiente de sus contenidos políticos: las estrategias adoptadas por un fascista, un comunista o un capitalista liberal son todas iguales, o al menos todas inspiradas por los mismos principios. La expresión clave es «independientemente de lo que esté en juego»: con una impresionante acrobacia mental, también la política se revela sujeta a la intercambiabilidad de las buenas prácticas y el resultado electoral no es más que la enésima forma de *benchmarking*, con independencia del producto «votado», de derecha, de izquierda, de centro.

Como escribe Riker, «el teórico no puede creer en lo que los actores afirman que son sus objetivos, ni confiar en su atribución. Muchos esconden su propio ensalzamiento bajo el manto de un altruismo autoproclamado. El teórico puede ser crédulo o cínico, o ambas cosas a la vez. Además, las metas utópicas se ven necesariamente modificadas en la interacción real, de modo que la acción por sí misma modifica la forma y el orden de los fines».

Obviamente, al igual que para Gary Becker, también para Riker no existe el altruismo, puesto que el altruista siempre espera algo de su sacrificio: «por ejemplo, es engañoso describir una acción cualquiera como totalmente altruista. Hacerlo oculta motivaciones autogratificantes. La madre amorosa que arriesga su vida por su hijo no deja de ser portadora de genes que gobiernan presumiblemente tal acción destinada a la supervivencia de esa cepa genética. El revolucionario que se sacrifica en las barricadas por ideas

---

search Agenda and a Moral Question», en *PS: Political Science & Politics,* vol. 23, n.º 1, marzo de 1990, págs. 46-50, pág. 47, https://boris.unibe.ch/115098/1/S1049096500032297.pdf.

sociales, sin embargo, espera beneficiarse de cargos y honores cuando la revolución triunfe. Por lo tanto, una descripción adecuada del comportamiento depende de poder desentrañar estos objetivos, determinar cuánto contribuye cada uno de ellos al resultado, etcétera».

Volveremos a la circularidad de estos razonamientos: si todo se hace en virtud del provecho individual y si una acción no produce ningún beneficio aparente (por ejemplo, si uno realiza un sacrificio), entonces *debe haber* un beneficio oculto de otro tipo que haga cuadrar las cuentas. Es claro que *ex post*, una vez que se ha realizado el sacrificio, siempre puede encontrarse un «beneficio oscuro» (de la misma manera la cosmología asume una «materia oscura» para que cuadren cálculos que de otro modo no cuadrarían). Este enfoque recurre explícitamente a la sociobiología de Edward Osborne Wilson: los seres humanos no son totalmente altruistas, como tampoco lo son las especies animales, ya que, para la sociobiología, «muchas especies tienen una propensión genéticamente determinada al altruismo extremo (como el sacrificio de la propia vida). Pero este altruismo solo se despliega de manera genéticamente ventajosa. De esta manera, la abeja defiende el panal con su aguijón suicida, los pájaros atraen a los depredadores lejos del nido, los mamíferos defienden su prole (incluso a sus hermanos) hasta la muerte, y la belicosidad de los chimpancés es probablemente una defensa de la familia extendida. Pero ninguna de estas criaturas alimenta a un anciano o un adulto debilitado, porque no hay ninguna ventaja genética en hacerlo».[1]

---

1. William H. Riker, «The Political Psychology of Rational Choice Theory», en *Political Psychology*, vol. 16, n.º 1, 1995, págs. 23-44. Citas tomadas de las págs. 25-26, 39 y 38, https://pdfs.semanticscholar.org/9195/2b1fdf170b91d4a5ba54b951bfc6f333f617.pdf.

Este razonamiento pasa por alto el hecho de que no todos los demás animales son «animales políticos», no lo son desde luego las aves de rapiña, y que, en consecuencia, este enfoque, por más que nos proporcione explicaciones útiles sobre algunos aspectos de la política, no nos proporciona las razones de su especificidad. Y, sobre todo, se muestra completamente inerme frente a los grandes cambios sociales.

Como siempre ocurre en el pensamiento neoliberal, una vez que se ha extendido el dominio de la economía a todas las decisiones humanas (incluidas las aparentemente no racionales), todas estas decisiones se convierten entonces en decisiones económicas, es decir, decisiones de mercado en sentido estricto, con pérdidas y ganancias «contabilizables». Y la política, por lo tanto, no pasa de ser un mercado, específico cuanto se quiera, pero un mercado al fin y al cabo, que obedece a la lógica del mercado, igual que el mercado del arte es diferente al de las materias primas, pero ambos no dejan de ser dos mercados. En esta concepción, los partidos son «empresarios políticos» y «desde el punto de vista de los *empresarios* de partidos, los votos son *recursos* para hacerse con el control de los cargos gubernamentales».[1] Y la contienda política puede definirse como un «mercado político» *(political marketplace)* o un «mercado electoral».

«*Marketplace*» es, de hecho, el término empleado nada menos que nueve veces por los jueces del Tribunal Supremo de los Estados Unidos en la motivación mayoritaria que acompañó en enero de 2010 su histórico fallo en el caso *Citizens United vs. Federal Election Commission*.[2] «La Supre-

---

1. Frances Fox Piven, Richard A. Cloward, *Why Americans Still Don't Vote: And Why Politicians Want It That Way,* Pantheon Books, Nueva York, 1988, pág. 36 (cursivas mías).
2. La opinión fue redactada por el juez Anthony Kennedy y

ma Corte de los Estados Unidos emitió un fallo en contra de las prohibiciones gubernamentales a que las corporaciones contribuyeran financieramente a los súper PACS, comités de acción política conformados para apoyar a un candidato. Al calificar a estas prohibiciones como restricciones del derecho de expresión y otorgar a las corporaciones el estatus de personas con un derecho incondicional al discurso político, la resolución permite que el dinero corporativo aplaste [*overwhelm*] el proceso de elección.»[1]

Para empezar, es interesante notar que de los cinco jueces que refrendaron por mayoría la sentencia, cuatro nada menos (el presidente del Tribunal John Roberts, Samuel Alito, Antonin Scalia y Clarence Thomas) eran miembros de la Federalist Society, que como sabemos estaba financiada por las fundaciones (Olin, Bradley, Koch, etc.) para difundir el verbo de *Law and Economics:* las inversiones en justicia han dado sus frutos más allá de las expectativas más optimistas.

En segundo lugar, como ya se desprendía del memorando Powell de 1971, los poderosos suelen presentarse a sí mismos como víctimas y, en efecto, en la motivación redactada por el juez Kennedy, las corporaciones se definen como víctimas de un ataque a su derecho de expresión: lo que debe combatirse es que «ciertas desfavorecidas asociaciones de ciudadanos –las que han tomado la forma de corporaciones– sean penalizadas» y se les impida «presentar tanto hechos como opiniones al público», que se ve privado así «de conocimientos y opiniones vitales para su función» (Kennedy).

---

puede leerse en https://supreme.justia.com/cases/federal/us/558/310/#tab-opinion-1963051.
1. Wendy Brown, *Undoing the Demos, op. cit.,* pág. 152. [Trad. esp.: *op. cit.,* págs. 204-205.]

Como observa Wendy Brown, «tanto si el que habla es una mujer sin hogar como la Exxon, una palabra es una palabra, así como el capital es el capital. Este desconocimiento de la estratificación y de los diferenciales de poder en el campo del análisis y de la acción es una característica crucial de la racionalidad neoliberal, y más concretamente la característica que anula la distinción entre capital y mano de obra, entre propietarios y productores, entre caseros y arrendatarios, entre ricos y pobres. Donde solo existe el capital, el que se trate de capital humano, financiero, industrial o especulativo, el que sea diminuto o gigantesco, es irrelevante tanto para su conducta como para su derecho a no ser objeto de interferencias».[1]

Pero el efecto más sorprendente de este enfoque es que hace desaparecer de repente el problema de la corrupción del horizonte de la política. No la pequeña corrupción, la del político que disfruta de unas vacaciones o se compra un chalé con el dinero de un banquero, sino la gran corrupción, esa por la que un megamultimillonario crea desde cero un partido y literalmente «posee un candidato». No es casualidad que Robert Reich hable del cabildeo como de un «soborno legal». Nos enfrentamos, por lo tanto, a otra circularidad, según la cual la definición que Becker da de lo que es crimen se aplica perfectamente a la no corrupción estadounidense: recordemos que para Becker el crimen es aquella acción que hace correr a un individuo el riesgo de ser condenado a una pena. Dado que el cabildeo es una actividad regulada por las leyes y que los cabilderos están registrados legalmente, dado que el soborno se legaliza, la corrupción deja de ser delito, desaparece de la perspectiva del código.

---

1. *Ibid.*, pág. 161.

Además, si la política es un mercado del que los «votos» constituyen los recursos, no hay nada raro, para quienes quieran defender sus intereses, en comprar la empresa (la empresa-partido) que consigue estos recursos. He aquí la razón por la que en Brasil un político como Lula puede ser encarcelado por haberse comprado (supuestamente) un pequeño apartamento en las afueras, pero es completamente legítimo elegir como presidente a un candidato que es literalmente propiedad del complejo agroalimentario.

Por otro lado, ¿qué sentido tiene hablar de corrupción, es decir, de compraventa de candidatos, de nombramientos y escaños, si la política en sí misma no es más que un mercado? Vale la pena recuperar un artículo que Walter Lippmann escribió para *Vanity Fair* en 1930. A este intelectual estuvo dedicado el encuentro que se celebró en París en 1938, encuentro que, en retrospectiva, está considerado como el precursor de la Mont Pelerin Society (véase *supra*, pág. 46).[1] Fue en esa reunión donde Alexander Rüstow acuñó el término «neoliberalismo». El encuentro se denominó «Coloquio Walter Lippmann» porque su objetivo era debatir sobre el libro que Lippmann había escrito, *An Inquiry into the Principles of the Good Society* (entre otras innovaciones léxicas, Lippmann acuñaría más tarde el término «estereotipo» y difundiría la expresión «guerra fría»). Valga como muestra de cómo se entrelazan las conexiones de forma subterránea remontándose en el tiempo como raíces enmarañadas.

---

1. Al encuentro, organizado por el filósofo Louis Rougier, asistieron entre otros los franceses Raymond Aron y Jacques Rueff, Friedrich von Hayek, Ludwig von Mises, Wilhelm Röpke, Michael Polanyi (hermano mayor de Karl Polanyi) y, obviamente, Walter Lippmann.

En el artículo de *Vanity Fair,* Lippmann habla sobre Tammany Hall, la organización política neoyorquina que para los estadounidenses se ha convertido en sinónimo de corrupción: «Considero Tammany como una especie de enfermedad que ha afectado al cuerpo político. No cabe duda de que existe, y desde hace bastante tiempo, y pueden encontrarse otras virtualmente equivalentes en todas las comunidades estadounidenses. Sin embargo, sentimos que no debería existir, y que, si tuviéramos tan solo un poco más de valor o de juicio o de algo así, podríamos extirpar el tejido enfermo y luego vivir felices para siempre.» Todavía hoy es este el sentimiento que comparte la opinión pública en cualquier rincón de la Tierra. Pero esta opinión pública se equivoca, dice Lippmann: «Las implicaciones de esta idea me parecen falsas y creo que nuestro pensamiento político sería inmensamente más efectivo si adoptáramos una teoría completamente opuesta.» «Si nos atenemos a los hechos históricos [...] la corrupción representa un paso adelante decisivo en la vida política. Podría demostrarse a partir de la historia de la propia Madre de los Parlamentos [Inglaterra] [...] que la corrupción es un sustituto práctico de las guerras entre facciones [...]. Hay lugares en el mundo donde la corrupción es un progreso.»[1]

Ya en 1930 Lippmann veía, aunque todavía de manera vaga, que la corrupción no es más que una forma de «mercado político». Lo interesante de verdad es que, en una enésima aplicación de la teoría de la doble verdad (hay una verdad para el vulgo y otra para los «sabios», los «filósofos», los «mejores», los «aristócratas», los «patrones» o como prefiera decirse), mientras el Tribunal Constitucional de los Es-

---

1. Walter Lippmann, «A Theory about Corruption», en *Vanity Fair,* noviembre de 1930, págs. 61, 90.

tados Unidos, en nombre de la *Law and Economics*, absuelve la megacorrupción, es decir la corrupción como sistema de mercado político, al mismo tiempo la corrupción se emplea como instrumento para volver a poner a la política en su sitio: por mucho que el eslogan «¡Abajo los corruptos!» pueda despertar nuestras simpatías, es imperativo señalar que cualquier forma de caza al corrupto, cualquier campaña de «manos limpias», acaba derivando a la derecha. Es de resaltar que nunca se ha visto una campaña anticorrupción que conduzca a una solución progresista, que derive «a la izquierda». Por la sencilla razón de que la presunción de toda campaña anticorrupción es que los políticos son unos corruptos y que, por lo tanto, no podemos dejar que manejen la economía estos corruptos (es decir, los políticos), y en consecuencia la economía debe volver a manos de aquellos a quienes pertenece *por derecho,* a saber, los capitalistas.

Si la política es un mercado, solo hay una corrupción legítima, y es la que el capitalista ejerce sobre todo el sistema, pero entonces ya no es corrupción, sino simple y legítima adquisición de empresas políticas (partidos) por parte de empresas financieras e industriales.

La privatización del cerebro

Pero si hay algo que quienes operan en un mercado no pueden hacer es cambiar el mercado y sus reglas. En la concepción neoliberal de la política no hay lugar para las transformaciones: la idea de poder «cambiar el mundo» es completamente peregrina. Este es el «realismo capitalista» que suscita (y es provocado por) una *impotencia reflexiva:* no se trata de una cuestión de apatía o cinismo, sino de que incluso sabiendo «que las cosas andan mal, más aún son conscientes de que ellos no pueden hacer nada al respecto. Sin embargo, este "conocimiento", esta reflexividad, no es resultado de la observación pasiva de un estado de cosas previamente existente. Es más bien una suerte de profecía autocumplida».[1]

De hecho, si hay algo que nos atormenta sin parar, sobre todo desde la crisis de 2008, es ver que no hay señales de revuelta. La pregunta es: ¿por qué diablos no nos rebelamos? ¿Por qué razón no estalla la ira de los jóvenes?

Sí, aquí y allá brotan tímidos y endebles movimientos (por lo demás reabsorbidos de inmediato), pero son gimoteos indefensos frente a las bofetadas que los dominadores están soltando a los dominados, a los garrotazos que los amos del mundo propinan a la plebe. Nos invade el desaliento, se nos viene a la cabeza el estupor que se apoderaba de David Hume y Étienne de La Boétie ante la vocación humana a la subordinación, a la aquiescencia, a sufrir el dominio de otros.

El iluminista escocés se quedó atónito: «Nada más sorprendente para quienes consideran con mirada filosófica los asuntos humanos que la facilidad con que los muchos son gobernados por los pocos, y la implícita sumisión con que los hombres resignan sus sentimientos y pasiones ante los de sus gobernantes. Si nos preguntamos por qué medios se produce este milagro, hallaremos que, puesto que la fuerza está siempre del lado de los gobernados, quienes gobiernan no pueden apoyarse sino en la opinión, que es, por tanto, el único fundamento del gobierno, y esta máxima alcanza lo mismo a los gobiernos más despóticos y militares que a los más populares y libres.»[2]

---

1. Mark Fisher, *Capitalist Realism, op. cit.*, págs. 17, 21. [Trad. esp.: *op. cit.*, pág. 49.]
2. David Hume, «On the First Principles of Government», *Es-*

Mirando a nuestro alrededor, quizá tuviéramos algo que decir acerca de la idea de que «la fuerza está siempre del lado de los gobernados». Por otro lado, el objeto del texto que el lector tiene en sus manos es precisamente cómo nos están moldeando nuestra «opinión».

Ya dos siglos antes, Étienne de La Boétie, el amigo humanista de Michel de Montaigne, se asombraba ante la «servidumbre voluntaria» con la que los seres humanos se someten al tirano: «Es realmente sorprendente –y, sin embargo, tan corriente que deberíamos más bien deplorarlo que sorprendernos– ver cómo millones y millones de hombres son miserablemente sometidos y sojuzgados, la cabeza gacha, a un deplorable yugo, no porque se vean obligados por una fuerza mayor, sino, por el contrario, porque están fascinados y, por decirlo así, embrujados por el nombre de uno, al que no deberían ni temer (puesto que está solo), ni apreciar (puesto que se muestra para con ellos inhumano y salvaje).» «¿Cómo llamar a ese vicio, ese vicio tan horrible?», se preguntaba el joven La Boétie (tenía veinticuatro años cuando escribió estas palabras), «¿acaso no es vergonzoso ver a tantas y tantas personas, no tan solo obedecer, sino arrastrarse? No ser gobernados, sino tiranizados». Su conclusión fue desoladora: «Son, pues, los propios pueblos los que se dejan, o, mejor dicho, se hacen encadenar, ya que con solo dejar de servir, romperían sus cadenas. Es el pueblo el que se somete y se degüella a sí mismo; el que, teniendo la posibilidad de elegir entre ser siervo o libre, rechaza la libertad

---

says and Treatises on Several Subjects, 1758 (edición), en *Political Essays*, Cambridge University Press, Cambridge, 1994, pág. 16. [Se cita por la traducción de César Armando Gómez, «De los primeros principios del gobierno», en *Ensayos políticos*, Tecnos, Madrid, 1987, pág. 21.]

y elige el yugo; el que consiente su mal, o, peor aún, lo persigue.»[1]

Sin embargo, tanto La Boétie como Hume escribieron antes de que empezara la «era de las revoluciones». Solo un par de décadas después de las palabras de Hume, los pueblos demostrarían una y otra vez, con una ráfaga de revoluciones, que los muchos no se dejan gobernar tan fácilmente por los pocos y que no siempre se someten ni «se degüellan a sí mismos»: Francia 1789, 1830, 1870; Haití, 1791; toda Europa, 1848; Rusia, 1905, 1917; Alemania, 1919, 1989; China, 1948; Cuba, 1959 (no he incluido la «revolución americana» de 1765-1783 porque estrictamente hablando fue una «guerra colonial de independencia», no una revolución). Jamás, en los anteriores cinco mil años, la historia de la humanidad había sido testigo de un número tan elevado y frecuente de revoluciones.

Por otro lado, el propio término «revolución» hacía poco que había dejado de significar la rotación de un planeta alrededor del Sol y había comenzado a indicar un cambio de régimen repentino y general (la «Revolución Gloriosa» inglesa de 1688). Para los levantamientos que, como es natural, habían tachonado la historia, se utilizaban otros términos: motines, sublevaciones, tumultos (los *ciompi* en Florencia, Cola di Rienzo en Roma, el Carnaval de Romans en el Delfinato, Thomas Müntzer en Alemania, Masaniello en Nápoles). Y, sobre todo, jamás tantas revoluciones fueron victoriosas: al fin y al cabo, los únicos éxitos duraderos (aun-

---

1. Étienne de La Boétie, *Discours de la servitude volontaire* (1554, publicado en 1574), disponible en http://www.singulier.eu, págs. 3-5. [Se cita por la traducción de José María Hernández-Rubio, *Discurso de la servidumbre voluntaria o el Contra uno*, Tecnos, Madrid, 1986.]

que parciales) de los dominados se remontaban uno a más de dos mil años atrás, la secesión de la plebe romana en el 493 a. C., que obtuvo la creación de los «tribunos de la plebe», y el otro a más de un siglo antes, cuando los ingleses fueron el primer pueblo de la historia que le cortó la cabeza a su propio rey.

Por lo tanto, una posible hipótesis podría ser que la «era de las revoluciones» ha sido muy corta, ha durado apenas un par de siglos y ya ha finalizado. Incluso en ese caso, sin embargo, habría que preguntarse cómo es que terminó y por qué razones, qué acabó con ella, dado que durante dos siglos los seres humanos aborrecieron la «servidumbre voluntaria»: por qué motivo, después de dos siglos en los que los pueblos creyeron que el mundo había cambiado, ha echado raíces en cambio la *impotencia reflexiva* de la que habla Fisher.

Una posible explicación es la que nos proporciona Wendy Brown. Brutalmente dicho: la victoria de la contraofensiva ideológica del último medio siglo, de la *counter-intellighentsia*, no solo ha privatizado los ferrocarriles, la educación, la sanidad, los ejércitos, la policía, las carreteras, sino *que nos ha privatizado el cerebro*.

«Al reducir todos los problemas políticos y sociales a términos de mercado, el neoliberalismo los convierte en problemas individuales con soluciones de mercado. En los Estados Unidos los ejemplos son innumerables: el agua embotellada como respuesta a la contaminación del agua del grifo; colegios privados, colegios concertados y un sistema de vales como respuesta al colapso de la calidad de la educación pública; alarmas antirrobo, vigilantes privados y comunidades cerradas [*gated communities*] como respuesta a la producción de una clase "desechable" y a la creciente desigualdad económica; [...] y, por supuesto, toda una panoplia de antidepresivos finamente diferenciados y dirigidos como respuesta a vidas de insignificancia o desesperación en medio de la comodidad y la libertad. Esta conversión en bienes de consumo de problemas con raíces sociales, económicas y políticas despolitiza lo que se produjo históricamente y, en particular, despolitiza el propio capitalismo. Así, el tan discutido compromiso del neoliberalismo con la "privatización" tiene ramificaciones que van mucho más allá de la subcontratación de las fuerzas policiales, las cárceles, el Estado del bienestar por un lado y el acaparamiento de las instituciones públicas por otro. La privatización como valor y práctica penetra en profundidad en la cultura del ciudadano-sujeto. Si tenemos un problema, buscamos un producto para resolverlo; de hecho, una gran parte de nuestra vida la dedicamos a buscar, compartir, adquirir y mejorar estas soluciones.»[1]

La privatización de nuestras cabezas va aún más allá del cuadro trazado por Wendy Brown: no solo transforma las soluciones sociales de los problemas en mercancía; la privatización de las cabezas nos ha convencido a todos de que la acción colectiva no tiene sentido, no produce nada, de que la única salvación de nuestros problemas existenciales y sociales es individual, personal, que la única posibilidad de mejorar nuestras vidas no radica en cooperar y actuar juntos, sino en darnos codazos, abrirnos camino, y que la única relación entre los seres humanos es la del mercado, es decir, entre cliente y proveedor por un lado y de competencia por otro, lo que nos hace mirar a nuestros semejantes solo encarnados en estas tres figuras: cliente, proveedor o competidor. Llegados a ese punto, «algo como la sociedad ni siquiera existe» y no tiene ningún sentido hablar de justicia

[1]. Wendy Brown, «American Nightmare: Neoliberalism, Neoconservatism, and De-Democratization», en *Political Theory,* vol. 34, n.º 6, diciembre de 2006, págs. 690-714, pág. 703.

social: ¿justicia entre clientes? ¿Entre proveedores? ¿Justicia entre competidores?

Una vez más volvemos a la *futilidad:* la acción *política* colectiva es «fútil» porque lo que importa es la acción económica individual.

8. ARSÉNICO Y SORTILEGIOS I
La sociedad del control remoto

Se me objetará que, al atribuir un papel tan importante a los magnates del Medio Oeste y a la *counter-intellighentsia* de los *think tanks* reaccionarios, cometo el mismo error que aquel héroe volteriano que se enorgullecía de aniquilar a sus enemigos por una judiciosa mezcla de oraciones, hechizos y arsénico. En este caso, el choque ideológico jugaría el papel del hechizo mientras que el arsénico residiría en el colosal poder del capital mundial y globalizado.

Es cierto que al imponer la ideología de «*There Is No Alternative*» a todo el orbe terrestre (e incluso al espacio orbital que lo circunda), el capital ha desplegado un megapoder sin precedentes. Como escribía David Graeber en 2011, hace más de diez años, «podríamos decir que durante los últimos treinta años hemos presenciado la creación de un vasto aparato burocrático para la creación y mantenimiento de la desesperanza, una gigantesca maquinaria diseñada, sobre todo, para destruir cualquier sensación de posibles alternativas futuras [...] un vasto aparato compuesto por ejércitos, prisiones, policía, varias formas de seguridad privada y servicios de espionaje militares y policiales, así como motores propagandísticos de tanta variedad como sea concebible. La mayor parte del aparato no ataca tanto directamente a las alternativas como crea un clima generalizado de miedo, de patriotero conformismo y simple desesperación que hace que cualquier idea de cambiar el mundo parezca una fantasía vana e infundada. [...] La libertad económica se redujo, para la mayoría de nosotros, a comprar un pedacito de nuestra permanente subordinación económica [...] nos dejó en la extraña situación de ser incapaces de imaginar otra manera en la que disponer las cosas. La catástrofe es casi lo único que podemos imaginar».[1]

Sería extraño que, en esta época de tumultuoso progreso tecnológico, el único sector que permaneciera estático fuera el de la tecnología del poder. Este ha dado pasos de gigante también: el poder que se ejerce sobre cada uno de nosotros es infinitamente mayor, más omnipresente, más constante, acaso menos zafiamente brutal, pero más implacable que el que se nos imponía unas décadas atrás, por no hablar de hace un par de siglos. Pero no es solo la cantidad de poder lo que ha crecido en desmesura, sino también su calidad. El paradigma del poder ha cambiado, con un cambio análogo al que separa el neoliberalismo del liberalismo clásico.

Para usar la taxonomía foucaultiana, la transición del feudalismo al capitalismo industrial correspondió a una transformación del poder de poder soberano a poder disciplinario: el poder regio era un poder que identificaba al soberano («el cuerpo del rey») y hacía anónimo al súbdito, y era un poder que podía ejercerse sobre las personas en

---

1. David Graeber, *Debt: The First 5,000 Years* (2011), Melvin House, Brooklyn-Londres, 2014, págs. 382-383. [Se cita por la traducción de Joan Andreano Weyland, *En deuda: una historia alternativa de la economía*, Ariel, Barcelona, 2014, págs. 504-506.]

conjunto, y simultáneamente con otros poderes soberanos: el poder soberano del *pater familias* (el nombre del padre) coexistía con el poder soberano del rey y con el poder soberano del papa. Por el contrario, el poder disciplinario es un poder que vuelve anónimo al disciplinante pero identifica al súbdito, al sujeto (a través del informe de vida laboral, el boletín escolar de calificaciones, los antecedentes penales, el historial médico); es un poder total, en el sentido de que envuelve por completo a la persona sobre quien se ejerce y excluye otros poderes disciplinarios: cuando estás en el colegio no estás en la fábrica, cuando estás en un manicomio no estás en el ejército. Pero es un poder ligado a un lugar (el colegio, el cuartel, la prisión, la fábrica, el hospital) y a un tiempo (la duración del encarcelamiento, la jornada laboral, los meses del servicio militar...). Al igual que el control que ejerce; el Panóptico concebido por Jeremy Bentham en 1791 vigila solo y únicamente a los sujetos sometidos a disciplina. Así reza, en efecto, su título original: *Panóptico, o casa de vigilancia. Contiene la idea de un nuevo principio de construcción aplicable a todo establecimiento en el que personas de toda condición deban mantenerse bajo vigilancia; y en particular a casas penitenciarias, cárceles, fábricas, hospicios, manicomios, lazaretos, hospitales y escuelas; con un plan adaptado al principio.*[1]

Pero estos poderes disciplinarios están aislados los unos de los otros, el hospicio de la prisión, del hospital, de la

---

1. *Panopticon: or, the Inspection-House. Containing the Idea of a New Principle of Construction applicable to any Sort of Establishment, in which Persons of any Description are to be kept under inspection. And in particular to penitentiary-houses, prisons, houses of industry, work-houses, poor-houses, manufactories, mad-houses, hospitals, and schools. With a plan adapted to the principle.*

fábrica. La unión entre los distintos poderes disciplinarios pasa a través del poder soberano de la familia. Salimos de la familia para ir al colegio y volvemos a la familia antes de alistarnos y nuevamente a la familia antes de ir al trabajo.

Las propias innovaciones tecnológicas del tiempo libre conectadas con el poder disciplinario tendían a encerrar al individuo, eran «asentadoras», por así decirlo. El individuo salía del lugar donde sufría el poder disciplinario (oficina, fábrica, colegio) y volvía a encerrarse en casa. Y solo en el recinto de sus muros podía acceder al mundo a través de la radio al principio y más tarde de la televisión, a través del tocadiscos, a través del teléfono fijo. La civilización suburbana era la apoteosis de este «asentamiento» de los seres humanos.

En cambio, hoy estamos sometidos a un poder distinto del disciplinario, a un poder omnipresente de «control a distancia». En primer lugar, porque nunca dejamos de estar disponibles, de ser registrados, de ser interceptados. No nos damos cuenta del nivel de vigilancia, de control de nuestras vidas al que estamos sometidos. Hace cuarenta años, un rebelde podía «pasar a la clandestinidad», desaparecer, volverse anónimo, reaparecer en otro lugar. Hoy no solo sería imposible sino impensable siquiera: cámaras de vigilancia, interceptación sistemática de correos electrónicos, chats, mensajes de texto y llamadas telefónicas, documentos escaneados ópticamente con reconocimiento de retina e iris, trazabilidad de gastos a través de tarjetas de crédito y cajeros automáticos: ¡estamos muy lejos del Panóptico de Bentham! Como demostración de que las tecnologías del poder no son mutuamente excluyentes, el poder del control a distancia puede fortalecer enormemente el poder disciplinario. Piénsese en los dispositivos de reconocimiento facial, una de las muchas tecnologías de control. Ya se utiliza en Georgia para permitir el acceso al metro (en lugar de la tarjeta de abono), en China para la recepción en los hoteles, la hospitalización, el embarque en aviones y trenes, la entrada en bancos, el mantenimiento de la disciplina en el colegio;[1] y por supuesto permite identificar (y por lo tanto reprimir) a todos y cada uno de los participantes en una manifestación, incluso de cientos de miles de personas.

Toda oportunidad es buena: obedeciendo el requerimiento de Rahm Emanuel, ninguna crisis puede desaprovecharse, en lo que al ejercicio del control se refiere. Baste con pensar en el impulso cívico que recibieron en 2020 los dispositivos de seguimiento individual usados por los Estados para monitorizar a las personas: anteriormente se implementaban discretamente, como un producto colateral de la sociabilidad telemática; pero el virus ha promovido la aceptación voluntaria del marcado digital como encomiable deber cívico, y su rechazo como acto de deserción civil. La propia epidemia ha dado, entre otras cosas, un fuerte impulso a la extinción del papel moneda, del dinero físico, del efectivo, en favor de la moneda electrónica, en forma de tarjetas de crédito, tarjetas de débito, transferencias en línea que permiten un control infinitamente más preciso, por otro lado, al que, por el contrario, escapaba el billete arrugado y anónimo.

Se trata de un control generalizado, continuo y ubicuo. Y lo ejercen sinérgicamente los grandes oligopolios informáticos y los Estados (como nos reveló Edward Snowden), y nadie sabe si son los Estados los que espían para los oligo-

---

1. Yuan Yang, Madhumita Murgia, «Facial recognition: how China cornered the surveillance market», en *Financial Times,* 6 de diciembre de 2019, https://www.ft.com/content/6f1a8f48-1813-11ea-9ee4-11f260415385.

polios o los oligopolios los que interceptan para los Estados, es decir, en un juego en el que cada una de las dos partes se sirve de la otra, tal como aconsejaba el juez Antonin Scalia: «El truco estriba en usar el Estado *sagazmente*.»

Nunca se recalcará lo suficiente hasta qué punto el nuevo panorama tecnológico ha sido definido por la ideología neolib. Hasta tal extremo que a ninguna fuerza política relevante se le ha ocurrido no digo proponer, sino ni siquiera abrir un debate público sobre la idea de que internet debería ser público. Se ha hablado mucho de las «autopistas de la información», pero las carreteras son públicas, nadie quiere volver a portazgos y peajes en cada intersección. Sin embargo, damos por descontado la idea de que los grandes servidores, proveedores, operadores, motores, conectores están todos en manos de particulares, que forman gigantescos oligopolios, y, es más, poseen una estructura de tipo feudal: duque de Facebook, príncipe de Google, marqués de Alibaba, conde de Oracle...

Además, hay un segundo sentido, más sutil, incluso sarcástico, con el que los principales operadores de la Red han reinterpretado el concepto de «capital humano». En esta nueva variedad de capitalismo, que Shoshana Zuboff denomina «capitalismo de la vigilancia», toda nuestra vida pública y privada, todas nuestras vivencias, comunicaciones, imágenes, conversaciones, apuntes, búsquedas se convierten en materia prima que se procesa para elaborar previsiones sobre nuestro comportamiento. Y son estas previsiones las que los capitalistas de la vigilancia venden en el mercado en una transacción B-to-B *(business-to-business)* de la cual el usuario es la materia prima extractiva, mercancía de intercambio. El hecho es que los grandes operadores de la Red se han apropiado literalmente de nuestros datos sin pedir permiso a nadie. Cuando Google decidió que digitalizaría todos los libros impresos hasta entonces, sin preocuparse por los derechos de autor, o que fotografiaría todas las calles o casas del planeta sin pedir permiso a nadie, actuó como «Cristóbal Colón, que se limitó a declarar las islas territorio de la monarquía española y del papa».[1]

«El capitalismo de la vigilancia reclama unilateralmente para sí la experiencia humana, entendiéndola como una materia prima gratuita que puede traducir en datos de comportamiento. Aunque algunos de dichos datos se utilizan para mejorar productos o servicios, el resto es considerado como un *excedente conductual* privativo («propiedad») de las propias empresas capitalistas de la vigilancia y se usa como insumo de procesos avanzados de producción conocidos como *inteligencia de máquinas,* con los que se fabrican *productos predictivos* que prevén lo que cualquiera de ustedes hará ahora, en breve y más adelante. Por último, estos productos predictivos son comprados y vendidos en un nuevo tipo de mercado de predicciones de comportamientos que yo denomino *mercados de futuros conductuales.*»[2]

En este sentido, toda nuestra vida se convierte en el capital originario, el «capital humano» en sentido literal, del que los operadores de la red se benefician. Este nuevo capitalismo explota y convierte en beneficio todos los rastros digitales, tanto voluntarios como involuntarios, que dejamos atrás, al igual que los motores de los automóviles dejan gases

1. John Naughton, «"The goal is to automate us": welcome to the age of surveillance capitalism», en *The Guardian,* 20 de enero de 2019, https://www.theguardian.com/technology/2019/jan/20/shoshana-zuboff-age-of-surveillance-capitalism-google-facebook.
2. Shoshana Zuboff, *The Age of Surveillance Capitalism*: *The Fight for a Human Future at the New Frontier of Power,* Profile Books, Londres, 2019, pág. 8. [Se cita por la traducción de Albino Santos, *La era del capitalismo de la vigilancia,* Paidós, Barcelona, 2020, pág. 21.]

de escape. El proceso de elaboración de las previsiones empieza con la cosecha de nuestro «datos de escape» *(data exhaust)*, los datos generados por los propios usuarios, «de las nimiedades de la vida diaria, especialmente los detalles más finos de nuestras acciones en línea –capturados, transformados en datos (traducidos a códigos legibles por máquinas), abstraídos, agregados, empaquetados, vendidos y analizados–. Esto incluye cualquier cosa, desde los "me gusta" de Facebook hasta las búsquedas con Google, tuits, correos electrónicos, mensajes de texto, fotos, sonidos y vídeos, ubicación, movimientos, compras, cada clic, cada palabra mal pronunciada, cada página vista y más aún».[1]

«Este proceso se ha extendido a una gran variedad de productos, servicios, sectores económicos, incluidos seguros, comercio minorista, sanidad, ocio, educación, transporte, dando vida a nuevos ecosistemas de proveedores, productores, clientes, creadores de mercados y agentes de mercado. Casi cualquier producto o servicio que empieza con la palabra "smart" o "personalizado", cada mecanismo potenciado por internet, cada "asistente digital" es simplemente una interfaz en la cadena de suministro para el flujo ininterrumpido de datos comportamentales.»[2]

Así se ha creado y cristalizado una enloquecida asimetría entre los amos del conocimiento de todas nuestras vidas por un lado y, por otro, nuestra ignorancia de haber regalado esta vida, una asimetría que Zuboff llama un «golpe desde

---

1. Shoshana Zuboff, «A Digital Declaration», en *Die Frankfurter Allgemeine Zeitung Feuilleton,* 14 de septiembre de 2014, publicado en faz.net, descargable de https://opencuny.org/pnmarchive/files/201/01/ZuboffDigital-Declaration.pdf.

2. Shoshana Zuboff en la entrevista con John Naughton citada en la nota 1 de la página anterior.

arriba»:[1] otra forma en la que se materializa esa revuelta victoriosa de los poderosos contra sus súbditos sobre la que ya Aristóteles había reflexionado y que vivimos en nuestra propia piel.

Por otro lado, incluso la tecnología de los golpes de Estado se ha refinado, anestesiado. En 1997, para derrocar al gobierno civil (por quinta vez desde 1945), el ejército turco llevó a cabo el primer «golpe posmoderno» de la historia, porque su mero anuncio por televisión fue suficiente para llevarlo a cabo, sin sacar ni un solo tanque a la calle. En los últimos años, además, se han multiplicado los golpes judiciales, en los que el ejército o la élite utilizan el poder judicial para socavar gobiernos impopulares (¡ay, Trasímaco, siempre tú!): ha ocurrido varias veces en Latinoamérica, el último caso es el derrocamiento del gobierno del Partido dos Trabalhadores de Lula en Brasil, gracias a las acusaciones de corrupción, que han culminado con el regreso al poder de los militares bajo apariencia de refrendo electoral (entre los primeros actos del presidente Jair Bolsonaro, antiguo paracaidista, estuvo la celebración del quincuagésimo quinto aniversario del golpe militar de 1964).

Hay, sin embargo, una conexión más profunda entre el nuevo panorama tecnológico y la contrarrevolución neolib, y atañe a nuestra relación con el tiempo, con el trabajo y con los demás. Está relacionada con la naturaleza nómada de las nuevas tecnologías que, en definitiva, permiten que acarreemos encima, casi incorporadas a nuestras personas, aquellas tecnologías que antes eran sedentarias, relegadas al hogar o a la oficina: el teléfono inteligente, el iPod, la tableta, el ordenador portátil incluyen la televisión, el tocadiscos,

---

1. «*Coup from above*»: *The Age of Surveillance Capitalism, op. cit.*, págs. 513-516. [Trad. esp.: *op. cit.*, págs. 657 y ss.]

la radio, los videojuegos, el teléfono, que ya no es fijo. Y todo lo que antes estaba disponible en un espacio bien definido (hogar, oficina, cine) se convierte en algo perpetuamente accesible en todas partes. Pero la otra cara de la moneda es que también *nosotros* estamos localizables en cualquier lugar. Y este hecho, por sí mismo, altera de manera irreversible nuestra relación con el espacio, con el tiempo, con el trabajo. Con el espacio, porque nunca estamos del todo donde estamos, sino que siempre estamos en cierto modo en otra parte. Estamos en una isla del Egeo, pero también en la oficina (nos están llamando desde allí); estamos en una reunión de negocios, pero también junto a la cuna de nuestro hijo, que llora si no le hablamos; emigramos a una tierra lejana, pero también seguimos junto a nuestros seres queridos, con los que cenamos vía Skype o WhatsApp.

Esta perpetua accesibilidad cambia asimismo nuestra relación con el trabajo: en primer lugar, el control que se ejerce sobre nosotros ya no conoce límites de tiempo ni de espacio. Bien lo saben los repartidores, los recaderos, los nuevos esclavos que pedalean o conducen para llevarnos una pizza o un paquete de Amazon a casa y que son castigados si su rastro no demuestra que respetan el horario que se les impone y que se controla mediante satélite. En segundo lugar, porque el tiempo libre nunca es totalmente libre, de la misma forma que en el espacio nunca estamos completamente en un solo lugar. El trabajo penetra en el tiempo libre, en lugares de ocio, en la intimidad del retrete, cuando suena el móvil. Recordemos que antes, cuando nos íbamos de vacaciones, llamábamos a casa una o dos veces al mes, cuando encontrábamos un teléfono y monedas para echar. Y naturalmente nadie nos llamaba desde nuestro puesto de trabajo. Ahora no. Trabajas, o por lo menos debes estar disponible para trabajar, las veinticuatro horas del día, siete días a la semana. Desde esta perspectiva se entienden mejor los panegíricos entusiastas que se dedican al «teletrabajo», que no es casualidad que se llame «smart working» en inglés (recuérdense las implicaciones que Zuboff atribuye al adjetivo *smart)*. También en este campo, la respuesta a la epidemia de 2020 ha permitido un colosal experimento de ingeniería social, al consentir que experimentáramos con el «teletrabajo» el telecontrol a distancia, la disponibilidad y la localización veinticuatro horas al día, siete días a la semana, delineando un futuro sistema de sanciones por indisponibilidad, o de condenas por «deserción», por «abandono del puesto de combate». Se trata de una demostración más de cómo las nuevas tecnologías enaltecen la exigencia de «flexibilidad» total que el capital neolib requiere de sus adeptos.

Por último, como es obvio, si no estamos nunca completamente en un lugar ni total ni enteramente en un tiempo, tampoco estamos nunca totalmente *con* nadie. Por mucho que estemos al lado de alguien, en realidad en ese momento vivimos por nuestra cuenta, estamos lejos, con otros, cumpliendo plenamente lo que para Guy Debord era el objetivo final del urbanismo moderno: «recuperar a los individuos en tanto que individuos aislados en conjunto».[1] Nada expresa visualmente mejor este concepto de «aislados en conjunto» que un vagón de metro donde todos, absolutamente todos, están el uno al lado del otro, cada uno absorto en su propio teléfono móvil: la soledad en conjunto: hay algo sardónico en la expresión «red social». Por lo demás,

---

1. Guy Debord, *La société du spectacle,* Buchet/Chastel, París, 1967, trad. it.: *La società dello spettacolo,* Massari, Bolsena, 2002, párr. 172 (cursivas mías). [Se cita por la traducción del Colectivo Maldeojo, *La sociedad del espectáculo,* Doble J, Sevilla, 2010.]

estos instrumentos tecnológicos son todos dispositivos destinados a eximirnos de ponernos en contacto con los demás, de pedir ayuda, de interactuar. No hace más que dos décadas, al viajar por un país extranjero, si queríamos pedir información teníamos que apañárnoslas para aprender cuatro palabras de ese idioma y luego entrar en contacto con algún indígena para pedirle las aclaraciones que necesitábamos, tratando también de entender la respuesta; en resumen, interactuar, aunque de forma primitiva. Ahora nos basta con las indicaciones que nos proporciona Google Maps y así nos evitamos toda clase de interacción humana. Así se realiza plenamente esa reducción del ser humano social a individuo aislado que es el pilar de la antropología neolib («Eso que llamamos sociedad no existe»).

P. D.: Por supuesto, aquí no se sostiene en absoluto que haya sido la ideología neolib la que haya producido estas nuevas tecnologías, sino que entre las variadas y diversas direcciones que el desarrollo tecnológico puede tomar, al final el camino que se emprende es el más adecuado a los intereses económicos y las ideologías de la sociedad en la que estas tecnologías acaban operando. Es harto conocido que los antiguos griegos construían juguetes que funcionaban a vapor, pero que jamás se les ocurrió hacer funcionar a vapor un molino o una galera, al igual que los chinos inventaron la pólvora, en efecto, pero nunca crearon algo que pudiera llamarse artillería. Simplemente porque esos usos no se correspondían con la estructura económica de esas sociedades, ni mucho menos con la mentalidad que las gobernaba. Más cerca de nosotros, las tecnologías pueden ahorrar mano de obra y ser *capital-intensive,* o ahorrar capital y ser *labour-intensive*. Occidente, sin embargo, solo ha desarrollado esa primera clase de tecnologías, aquellas que ahorran mano de obra y se basan en una amplia disponibilidad de capital, mientras que, para desarrollar las economías de lo que en otros tiempos se llamaba tercer mundo, hubieran sido mucho más útiles tecnologías que ahorraran capital y se basaran en una amplia disponibilidad de mano de obra barata. Sin embargo, mira por dónde, estas últimas tecnologías nunca llegaron a difundirse.

9. ARSÉNICO Y SORTILEGIOS II
No nos perdones nuestras deudas, así como tampoco nosotros perdonamos a nuestros deudores

Si la revolución informática proporciona las herramientas tecnológicas del control a distancia, es la tecnología de la deuda la que asegura su dimensión económica.

Por extraño que pueda parecer, el uso sistemático y codificado de la deuda como herramienta política y social, tanto por parte de individuos como de Estados, es muy reciente. Por supuesto, la deuda está en la base de la sociedad humana desde los albores de la prehistoria: la economía del obsequio se basa en la idea de que quien recibe el obsequio se siente *en deuda* y tiene la obligación de corresponder. Y por supuesto, los reyes suelen endeudarse, especialmente para financiar sus guerras, como se percataron en sus propias carnes los banqueros florentinos Bardi y Peruzzi cuando quebraron de manera catastrófica por la insolvencia del rey de Inglaterra Eduardo III, a quien habían financiado incautamente lo que se convertiría en la guerra de los Cien Años con Francia.

Como en tantos otros temas, fue Marx el primero en entender el papel que desempeñaría la deuda pública en el capitalismo moderno: «La deuda pública o, en otros términos, la enajenación del Estado, sea este despótico, constitucional o republicano, deja su impronta en la era capitalista. La única parte de la llamada riqueza nacional que realmente entra en la posesión colectiva de los pueblos modernos es... su deuda pública. [...] El crédito público se convierte en el credo del capital. Y al surgir el endeudamiento del Estado *(Staatsverschuldung),* el pecado contra el Espíritu Santo, para el que no hay perdón alguno, deja su lugar a la falta de confianza en la deuda pública *(Staatsschuld)*. La deuda pública se convierte en una de las palancas más efectivas de la acumulación originaria. Como con un toque de varita mágica, infunde virtud generadora al dinero improductivo y lo transforma en capital, sin que para ello el mismo tenga que exponerse necesariamente a las molestias y riesgos inseparables de la inversión industrial e incluso de la usuraria. [...] la deuda pública ha dado impulso a las sociedades por acciones, al comercio de toda suerte de papeles negociables, al agio, en una palabra, al juego de la bolsa y a la moderna bancocracia.»[1]

Hasta finales del siglo XIX, sin embargo, el endeudamiento público seguía siendo una cuestión de dinero y de bienes. Como tal lo trata el propio Marx en distintas ocasiones, con palabras que nos impresionan por su actualidad: «el incremento de la deuda pública *interesaba directamente* a la fracción burguesa que gobernaba y legislaba a través de las cámaras. El *déficit del Estado* era precisamente el verdadero objeto de sus especulaciones y la fuente principal de su enriquecimiento. Cada año, un nuevo déficit. Cada cuatro o cinco años, un nuevo empréstito. Y cada nuevo empréstito brindaba a la aristocracia financiera una nueva ocasión de

---

1. Karl Marx, *Das Kapital,* op. cit., libro I, cap. 24, «La llamada acumulación originaria», vol. 1, pág. 817. [Trad. esp.: *op. cit.; cfr.* https://webs.ucm.es/info/bas/es/marx-eng/capital1/24.htm.]

estafar a un Estado mantenido artificialmente al borde de la bancarrota; este no tenía más remedio que contratar con los banqueros en las condiciones más desfavorables».[1]

Marx hablaba del Estado francés de aquella época: «¿Qué condiciona la entrega del patrimonio del Estado a las altas finanzas? El crecimiento incesante de la deuda del Estado. ¿Y a qué se debe este crecimiento? Al constante exceso de los gastos del Estado sobre sus ingresos, desproporción que es a la par causa y efecto de los empréstitos públicos. Para sustraerse a este crecimiento de su deuda, el Estado tiene dos posibilidades. Una de ellas es limitar sus gastos, es decir, simplificar el organismo de gobierno, acortarlo, gobernar lo menos posible, emplear la menor cantidad posible de personal.»[2]

De pasada, ya en 1850 Marx señalaba que el endeudamiento público obliga al Estado a ser «frugal». Pero aquí seguimos circunscritos al contexto de la lucha de clases en el interior del país, en el que la deuda pública es el instrumento con el que el capital financiero actúa como carterista con los ciudadanos, contribuyentes y compradores de bonos del Estado.

No será hasta el siglo XX cuando la deuda se erija como auténtico instrumento de control político. Lo hará principalmente como control de los individuos concretos, de sus familias, a través de la institución de la *hipoteca*. El siglo XIX

---

1. Karl Marx, *Klassenkämpfe in Frankreich 1848 bis 1850* (1850), Zenodot Verlagsgesellschaft, Berlín, 2014; trad. it.: *Le lotte di classe in Francia dal 1848 al 1850*, en Karl Marx, Friedrich Engels, *Opere*, Editori Riuniti, Roma, 1977, vol. X (págs. 41-145), cap. I, pág. 45. [Trad. esp.: *Las luchas de clases en Francia de 1848 a 1850*, Fundación Federico Engels, Madrid, 2015, pág. 45.]

2. *Ibid.*, cap. III, págs. 113-114. [Trad. esp.: *op. cit.*, pág. 126.]

aún no conocía la hipoteca para la compra de la casa como herramienta disciplinaria para poblaciones enteras: quienes cargan con una hipoteca a quince o treinta años no son propensos a rebelarse, y ello por dos motivos: 1) la hipoteca los convierte en propietarios de una casa y, por lo tanto, los hace interiorizar la ideología propietaria; 2) la hipoteca los convierte en cierto modo en deudores de sí mismos, prisioneros de su (futura) propiedad durante los años y las décadas venideros. La hipoteca inmobiliaria de treinta años garantizada por el Estado fue una de las principales innovaciones del New Deal de Franklin Delano Roosevelt, quien, no por casualidad, exclamaba: «Una nación de propietarios, de personas que se han ganado una porción real de su propio país, es invencible.»[1] Antes de Roosevelt no existía la hipoteca en el sentido moderno. Solo con esa reforma se redujo el anticipo necesario para la compra de la casa al 10 % de su precio, y solo entonces la duración del préstamo se amplió a treinta años, reduciendo el monto de las cuotas mensuales, y permitiendo a millones de familias de clase obrera y de la pequeña burguesía (lo que en los Estados Unidos se llama «clase media») la compra de su casa (ya en los años cincuenta, más de seis de cada diez familias estadounidenses eran propietarias de sus propias viviendas).[2]

Todavía hoy, el 68 % de la deuda de los núcleos familiares en los Estados Unidos se recoge en la voz «préstamo hipotecario». Sin embargo, fue a partir de la Segunda Guerra Mundial cuando la deuda de las familias se disparó en

---

1. Marco d'Eramo, *Il maiale e il grattacielo. Chicago: una storia del nostro futuro* (1995), Feltrinelli, Milán, 2020, pág. 133.
2. PK, Minorical Homeownership Rate in the United States, https://dqydj.com/historical-homeownership-rate-in-the-united-states-1890-present/.

los Estados Unidos y, luego, en (casi) todo el mundo. No en vano, si la *hipoteca* había supuesto la innovación más presagiadora de consecuencias entre las dos guerras mundiales, en las primeras décadas del segundo periodo de posguerra, la innovación financiera más importante fue sin duda la *tarjeta de crédito:* la primera tarjeta de crédito general (es decir, no válida para una sola cadena de tiendas o servicios) fue Diners Club, fundada en 1950. En 1958 apareció la American Express. En ese mismo año el Bank of America lanzó Bankamericard (conocida en los años sesenta en Francia como *Carte Bleue),* que en 1976 pasó a llamarse Visa. Para contrarrestar el monopolio del Bank of America un grupo de bancos fundó en 1969 Master Change: The Interbank Card, que en 1979 tomó el nombre de Mastercard. También la tarjeta de crédito fue inventada, difundida e impuesta en y por los Estados Unidos de América.

Las hipotecas y las tarjetas de crédito explican, al menos en parte, la increíble expansión de los préstamos individuales después de la Segunda Guerra Mundial: la deuda de las familias representaba el 23 % del producto interior bruto estadounidense en 1950, mientras que hoy constituye el 67 % (después de haber alcanzado el 95 % en 2008). Si en 1960 la deuda de las familias equivalía al 60 % de sus ingresos anuales, en 1980 había aumentado al 75 %, en 1995 al 95 % y en 2019 al 120 %, cuando la renta media anual de cada uno de los 128,82 millones de familias estadounidenses es de 89.930 dólares, mientras que su deuda asciende a los 108.288 dólares.[1]

---

1. Los datos de 1950 proceden de https://tradingeconomics.com/united-states/households-debt-to-gdp, que también proporciona estadísticas internacionales. Los datos para 1960, 1980 y 1995 de Juliet B. Schor, *The Overspent American: Why We Want What We Don't*

La deuda se ha convertido en la condición de vida de casi todas las familias de los países desarrollados. Nos endeudamos con la hipoteca de la casa, con la compra de un coche, con los estudios universitarios, para irnos de vacaciones, por una prótesis dental. El caso más esclarecedor, con todo, es sin duda el de la deuda de estudios, contraída para pagar la universidad en los Estados Unidos.

En el tercer trimestre de 2019 su monto total ascendía a un billón y medio de dólares (más que el producto interior bruto de España); había 44,7 millones de estadounidenses cargados con deudas de estudios; para los deudores «de estudio», la tasa de insolvencia (demora de más de tres meses en el pago de las cuotas) es del 10,9 %.[1] Resulta instructivo señalar que en la última década el número de personas de sesenta años y más (treinta años largos después de terminar la universidad) que aún siguen endeudadas por sus estudios se ha cuadriplicado, pasando de 700.000 a 2.800.000. El endeudamiento anual ha pasado de 7.600 millones de dólares (ajustados por la inflación) en 1975-1976 a 110.300

Need, Harper, Nueva York, 1999, págs. 231-232. Las cifras sobre el endeudamiento actual nos las proporciona la Reserva Federal de Nueva York en la página del Center for Microeconomic Data, en el apartado «Household Debt and Credit», https://www.newyorkfed.org/microeconomics, y el sitio web https://dqydj.com/household-income-percentile-calculator/. Cabe señalar que en otros países la deuda de los hogares en comparación con el PIB es mayor que en los Estados Unidos: en Canadá es del 102 % del PIB, en los Países Bajos del 101, en Corea del Sur del 93, en el Reino Unido del 84, mientras que en otros los porcentajes son mucho más bajos: Francia 61 %, Japón 59 %, España 59 %, Alemania 54 % e Italia 41 %.

1. Datos de la Reserva Federal de Nueva York, *op. cit.,* https://www.newyorkfed.org/medialibrary/interactives/householdcredit/data/pdf/hhdc_2019q3.pdf.

millones de dólares en 2012-2013, con un incremento de 1.472 %.[1] Entre sus múltiples causas, dos son las más relevantes: se ha duplicado el número de estudiantes universitarios (+223 %) y este aumento se debe principalmente a la matriculación de estudiantes de menores recursos, es decir, más necesitados de un crédito para sus estudios; además, y sobre todo, el coste de la matrícula se ha triplicado: para las universidades cuadrienales (tanto públicas como privadas), la matrícula anual costaba un promedio de 7.513 dólares (en dólares constantes de 2016) para el año académico 1975-1976; aumentó a 12.274 dólares en 1985-1986 y alcanzó los 26.593 dólares en 2016-2017. En el caso de las universidades privadas, la matrícula anual costaba un promedio de 13.745 dólares en 1975-1976; creció hasta los 20.578 dólares en 1985-1986 y era de 41.468 dólares para el año académico 2016-2017. Y, como es natural, las crisis impactan dramáticamente en esta deuda: aquellos estudiantes que terminan sus estudios en un periodo de crisis (2008-2012), o después de una epidemia (2020), se enfrentan a un mercado laboral donde la recesión reduce drásticamente la posibilidad de lograr ser contratados, y por lo tanto los aboca a la insolvencia, una suerte de bancarrota generacional.

Quizá el filósofo que mejor ha comprendido las implicaciones de esta deuda sea Maurizio Lazzarato, quien escribe: «El endeudamiento de los estudiantes es una manifestación ejemplar de la estrategia neoliberal puesta en marcha desde la década de los setenta: reemplazar los derechos sociales (derecho a la educación, a la salud, a la jubilación) por el acceso al crédito, es decir, por el derecho a contraer deudas.

1. Sandy Baum, *The Evolution of Student Debt in the U.S.: An Overview*, The Urban Institute, George Washington University, octubre de 2013, http://www.upjohn.org/stuloanconf/Baum.pdf.

En el caso de las pensiones, ya no se trata de fundamentarlas en las cotizaciones, sino en una inversión individual en fondos de pensiones; ya no hay aumento de salarios, sino créditos al consumo; ya no hay servicios sanitarios nacionales, sino seguros privados; ya no hay derecho a la vivienda, sino hipotecas inmobiliarias [...]. Los gastos de formación, asumidos íntegramente por los estudiantes, permiten liberar recursos que el Estado se apresura a transferir a las empresas y a las familias más ricas, en particular a través de la reducción de impuestos. Los verdaderos asistidos no son los pobres, los desempleados, los enfermos, las madres solteras, sino las empresas y los ricos.»

Y prosigue: «El estudiante contrae deudas por su propia voluntad, de modo que se convierte más tarde –en sentido estricto– en contable de su propia vida, y, por decirlo en términos de capitalismo contemporáneo, en ejecutivo de sí mismo.» En el modo de dominación disciplinaria, «el obrero, al igual que el colegial, está controlado en un espacio cerrado que corresponde a las paredes de la fábrica, durante un tiempo limitado y por personas y dispositivos que le son ajenos y fácilmente reconocibles. Para resistir, puede apoyarse en sus recursos, en los de los demás trabajadores y en su solidaridad. En cambio, el control por medio de la deuda se ejerce en un espacio y en un tiempo abiertos, que son el espacio y el tiempo de su propia vida. La duración de un reembolso se prolonga veinte, incluso treinta años, durante los cuales se da por supuesto que el deudor organiza, de manera libre y autónoma, su vida en función del reembolso. La cuestión del tiempo, de la duración, está en el corazón de la deuda. No solo el tiempo de trabajo o el tiempo de vida, sino también el tiempo como posible, como porvenir. La deuda tiende un puente entre el presente y el futuro: anticipa y ejerce un derecho de tanteo sobre el porvenir. La deuda de cada estudiante hipoteca al mismo tiempo su comportamiento, sus salarios y sus ingresos futuros. Esta deuda constituye el paradigma de la libertad liberal [...]. El crédito produce una modalidad específica de subjetivación. El endeudado está solo, es individualmente responsable ante el sistema bancario. No puede contar con ninguna solidaridad, excepto con la de la familia, a riesgo de endeudarla a su vez. E interioriza las relaciones de poder, en lugar de externalizarlas y combatirlas.»

Por lo tanto, «la deuda es la técnica más adecuada para producir el *homo oeconomicus* neoliberal. El estudiante no solo se considera a sí mismo un capital humano que debe explotar para sus propias inversiones (las deudas que contrae para estudiar), sino que también se siente obligado a actuar, a pensar, a comportarse como si fuera una empresa unipersonal. La deuda impone a personas que ni siquiera han entrado en el mercado laboral un adiestramiento en formas de actuación, reglas de contabilidad y principios de organización generalmente propios del funcionamiento de las empresas».[1]

Aquí la doctrina del capital humano se lleva a su máxima y literal expresión, en el sentido de que la propia deuda te obliga a pensar en ti mismo en términos de capital, inversión, amortización. El poder que se ejerce sobre el individuo es por lo tanto cada vez más total y económico, en el doble sentido de la palabra: está más basado en la economía y es menos caro, requiere un menor esfuerzo para ser ejercido; el yugo se sustituye con una correa «automática» (o más bien con una especie de pulsera electrónica virtual), el control disciplinario de la fábrica y de la prisión se reemplaza por el

---

1. Maurizio Lazzarato, *Gouverner par la dette,* Les prairies ordinaires, París, 2014, págs. 54-58.

collar de la deuda morosa: «Si el trabajador-preso es el protagonista de la disciplina, el deudor-adicto [*debtor-addict*] es el personaje del control.»[1] La persona endeudada se ve obligada a disciplinarse a sí misma, se convierte en su propio carcelero, su propio vigilante, colocándose así en una relación punitiva y recelosa respecto a sí misma.

Si Foucault demostró tener visión de futuro al comprender el carácter (contra)revolucionario del neoliberalismo, Gilles Deleuze también la tuvo cuando ya en 1990 identificó la deuda como el principal instrumento de dominación del nuevo poder neolib, ya no modulado sobre la disciplina, sino sobre el control: «el hombre ya no está encerrado, sino endeudado». «Ya no estamos ante el dualismo individuo-masa. Los individuos han devenido "dividuales" y las masas se han convertido en indicadores, datos, mercados o "bancos".»[2]

Pero la dimensión del dominio a través de la deuda no es solo personal. También es pública, estatal: fue en los años setenta, en concomitancia con la contrarrevolución neolib, cuando la deuda se convirtió en una herramienta imprescindible de la geopolítica. Con una mirada retrospectiva, puede decirse que la deuda ha sido el instrumento más eficaz para imponer el orden neocolonial y acabar con las obsesiones de independencia real en las antiguas colonias, que pasaron a ser formalmente independientes en los años sesenta (el llamado «tercer mundo»). Fue entonces cuando, en nom-

---

1. Mark Fisher, *Capitalist Realism, op. cit.,* pág. 25. [Trad. esp.: *op. cit.,* pág. 54.]
2. Gilles Deleuze, «Post-scriptum sur les sociétés de contrôle», en *L'autre journal,* n.º 1, mayo de 1990, disponible en http://1libertaire.free.fr/DeleuzePostScriptum.html. [En castellano en http://journals.openedition.org/polis/5509, de donde se cita.]

bre de la «lucha contra la pobreza», los países ricos empezaron a prestar cada vez más dinero a las tambaleantes economías de países a los que eufemísticamente se denominó «en vías de desarrollo». Esta nueva estrategia lleva el nombre de Robert McNamara (1916-2009), quien, tras gestionar toda la primera fase de la escalada bélica estadounidense en Vietnam (de enero de 1961 a noviembre de 1967) como secretario de Defensa de los presidentes Kennedy y Johnson, fue presidente del Banco Mundial de 1968 a 1981. Bajo la guía de McNamara, los préstamos del Banco Mundial aumentaron de los mil millones de dólares de 1968 a los trece mil millones en 1981. A los candidatos a deudores les ofrecían además muchos más miles de millones otros bancos que se vieron repletos de petrodólares, crecidos desmesuradamente después de la crisis petrolífera de 1973.

La primera crisis de la deuda estalló en el verano de 1982 cuando el país «tan lejos de Dios y tan cerca de los Estados Unidos»,[1] es decir, México, se declaró insolvente. Los acreedores, reunidos en el «Club de París»,[2] acudieron a su rescate con nuevos préstamos, acompañados sin embargo por drásticas condiciones, eufemísticamente denominadas «reformas estructurales», es decir, austeridad fiscal, privatización de empresas estatales, reducción de barreras proteccionistas comerciales, desregulación de la legislación industrial, condiciones más favorables para las inversiones

---

1. La frase completa, «Pobre México, tan lejos de Dios y tan cerca de los Estados Unidos», se atribuye al presidente mexicano Porfirio Díaz (1830-1915).
2. Grupo informal de funcionarios económicos de los veintidós países más ricos del mundo. Establecido en 1956, el club se reúne unas diez veces al año. Desde su fundación hasta 2015 ha negociado préstamos por valor de 580.000 millones de dólares.

financieras extranjeras. El resultado fue un fracaso: en los siete años que van de 1982 a 1989 la deuda pública mexicana creció del 49 al 78 % del producto interior bruto, mientras que la inflación se disparaba, las inversiones de derrumbaban y el PIB no creció ni un ápice.

Desde entonces, la misma receta se ha prescrito en más de trescientas cuarenta ocasiones, siempre con los mismos resultados catastróficos: con cada «plan de rescate», las medidas de austeridad y los recortes del gasto público provocaron un colapso económico que obligó a los países a pedir nuevos préstamos, otorgados solo a cambio de cada vez más draconianas condiciones impuestas por el Banco Mundial y el Fondo Monetario Internacional (FMI). Si el repetido fracaso, en las más variadas latitudes, de esta receta no ha convencido nunca a ningún acreedor para cambiar de terapia, es porque el propósito principal de la cura prescrita no era ni es sanear la economía endeudada, sino imponer el verbo neoliberal y someter al país deudor a sus férreas reglas. Desde este punto de vista, para retomar el parangón volteriano, para llevar a cabo la conversión forzosa del planeta Tierra a la fe neolib, de la hábil mezcla de oraciones, hechizos y arsénico, la deuda constituye sin duda el arsénico.

De esta manera, a finales de los años ochenta se habían extinguido por completo esas ráfagas de libertad que habían soplado con potencia en África, Asia y Latinoamérica cuando Argelia, Vietnam, Cuba, Angola –por citar solo algunos ejemplos– se habían sacudido el dominio colonial. Ya a principios de los años noventa la «crisis de la deuda» había producido una inmensa literatura. En 1991, Susan George calculaba que entre 1982 y 1990 el flujo total de dinero hacia los países en vías de desarrollo había sido de 927.000 millones de dólares, mientras que el importe de la deuda de esos mismos países ascendía a 1.345.000 millones de dólares, es decir, los países pobres habían financiado a los países ricos con 418.000 millones de dólares: «a título orientativo, el Plan Marshall estadounidense transfirió en 1948 14.000 millones de dólares a una Europa devastada por la guerra, equivalentes a unos 70.000 millones de dólares de 1991. Así que en los ocho años que van de 1982 a 1990 los pobres financiaron a los ricos con seis planes Marshall solo a través del mecanismo de la deuda».[1]

Con todo, el verdadero salto cualitativo en la tecnología de la deuda se produjo con el derrumbe de la Unión Soviética en 1991. Hasta esa fecha, de hecho, muchos países sometidos a la esfera de influencia estadounidense habían quedado resguardados de la deuda como arma de chantaje porque en esos países se consideraba imprescindible mantener ciertas dosis de consenso popular para neutralizar una temida y posible expansión soviética. Estados como Corea del Sur o Italia estaban muy endeudados, pero nunca se vieron empujados a la insolvencia. Después de 1991, el panorama cambia y la deuda se convierte en un instrumento de contención para pueblos enteros, no solo para países en vías de desarrollo, sino incluso para algunos «desarrollados», que forman parte de la OCDE.

A partir de 1991, la práctica de intervenir naciones enteras no se ha aplicado solo a los países del cuarto y tercer mundo (del segundo mundo formaban parte, durante la

---

1. Susan George, *The Debt Boomerang: How Third World Debt Harms Us All*, Pluto Press, Londres, 1992, págs. XV-XVI. Obsérvese cómo las cifras de ese momento nos resultan irrisorias apenas treinta años después en comparación con las deudas de los países industrializados: la deuda pública solo de Japón asciende a 10,28 billones de dólares (de los cuales 4,2 billones en deuda externa), mientras que la deuda externa italiana es de casi 2,4 billones.

Guerra Fría, los países bajo regímenes comunistas, el bloque soviético y China), sino cada vez más a numerosos Estados del primer mundo. Mientras que anteriormente el arma de la deuda se usaba solo contra los desgraciados de la Tierra, ahora se esgrime contra los ricos. Para seguir con Wendy Brown, es el chantaje de la deuda lo que «confiere forma a los Estados sobre el modelo de la empresa contemporánea», para que se comporten de tal manera que atraigan inversores: «Cualquier régimen que busque otro camino se enfrenta a crisis fiscales, a una disminución de las calificaciones de crédito, monetarias y de bonos, y cuando menos, a pérdida de legitimidad y, en casos extremos, a la bancarrota y la disolución» al igual que cualquier persona que no se comporte como capitalista y dueño de sí mismo «se arriesga, cuando menos, a la pobreza y a la pérdida de estima y solvencia y, en casos extremos, al riesgo de supervivencia».[1]

Los países acreedores envían inspectores para verificar que los países deudores se adaptan a todas las directivas, hasta en sus menores y más insignificantes detalles. Si los deudores son europeos, el órgano de control se denomina la Troika (formada por la Unión Europea, el Banco Central Europeo y el Fondo Monetario Internacional). Para hacernos una idea del nivel de penetración de las condiciones impuestas por la Troika, baste decir que en 2015 Grecia no solo se vio obligada a privar a los ancianos de la jubilación, a los jóvenes de la educación, y a los ciudadanos enfermos de atención hospitalaria y medicamentos esenciales, sino que entre las extravagantes condiciones para renovar el crédito (es decir, la deuda) se impuso la desregulación de las hogazas de pan, que ya no podían ofrecerse solo en los dos formatos

---

1. Wendy Brown, *Undoing the Demos, op. cit.,* pág. 22. [Trad. esp.: *op. cit.,* págs. 20-21.]

tradicionalmente vendidos en ese país, de kilo y de medio kilo, y los panecillos no debían pesar más de 80 gramos.[1]

En definitiva, no solo son las empresas, sino también los Estados soberanos (el adjetivo suena a sarcástico), quienes se ven sujetos al *benchmarking*, es decir, a la confrontación para establecer qué gobierno es más diligente y disciplinado respecto a las directivas neolib. Antes de 1991, ningún ciudadano europeo sabía qué eran las agencias de calificación. Ahora está incrustado en la conciencia común –por confuso que resulte– que la vida de cada uno pende de esas agencias que ponen notas a todos, distribuyen periódicos boletines de calificaciones a empresas, industrias, bancos, compañías de seguros y, sobre todo, a los distintos Estados. Cuanto mayor sea la nota, menor se considera el riesgo de invertir en ese país, ese banco, esa industria y, por lo tanto, ese país, ese banco, esa industria puede solicitar préstamos a tasas de interés más bajas. En un mundo en el que todo debe convertirse en mercado, existe también un mercado de notas, de calificaciones, dominado en un 95 % por tres agencias, Moody's, Standard & Poor's y Fitch: las dos primeras –las más importantes– estadounidenses; la tercera, angloamericana (pero de propiedad estadounidense).[2]

---

1. «Greek bakers rise to reform challenge», en *Financial Times*, 15 de julio de 2015, https://www.ft.com/content/832f1e24-2af9-11e5-8613-e7aedbb7bdb7, y Jason Karaian, «Some of the weirder conditions of Greece's bailout address milk labels, Sunday shopping, and the size of a bread roll», en *Quartz*, 14 de julio de 2015, https://qz.com/452265/some-of-the-weirder-conditions-of-the-greece-bailout-deal-addressmilk-labels-sunday-shopping-and-the-size-of-a-bread-roll/.

2. Las calificaciones se atribuyen mediante letras, como en el antiguo sistema escolar anglosajón, con A como nota máxima y C como mínima. Pero dado que a menudo diferencias mínimas en las

Se nos dice que el mercado siempre tiene razón, que es omnisciente. Sin embargo, son precisamente estas agencias las que orientan los mercados, indicándoles dónde invertir, dónde retirar capital, dónde aventurarse: son ellas las que, literalmente, expresan «el juicio de los mercados», elaboran los boletines de calificaciones del universo. Sin embargo, su historial es todo menos impecable y supone un desmentido rotundo del dogma de la infalibilidad del mercado, dado que estas agencias tienen la molesta tendencia de incurrir en pifias colosales, como en 2001 cuando siguieron aconsejando a los inversores que compraran acciones de la corporación energética Enron, que quebró en diciembre de ese año y provocó la pérdida de diez mil millones de dólares, el despido de 29.000 empleados y la pérdida total de pensión para 20.000 de ellos. El error se repitió, y aún más macroscópico, en 2008, cuando sus imprudentes triples AAA llevaron al mundo al borde de la bancarrota planetaria. Como escribió Paul Krugman dos años más tarde en su columna del *New York Times,* las agencias calificadoras «otorgaron valoraciones de triple AAA a inversiones dudosas por un valor de cientos de miles de millones de dólares, y casi todas acabaron revelándose como activos tóxicos. Y no es una hipérbole: de los derivados sobre hipotecas *subprime* emitidos

---

tasas de interés dependen de estas calificaciones, para permitir una mayor precisión en la evaluación, la letra única se reemplaza con tres letras, diferenciadas a su vez mediante + y - por Standard & Poor's y para Fitch, y mediante letras mayúsculas y letras minúsculas con números por Moody's: en lo más alto están los países de máxima valoración (solo nueve en el mundo) con una triple AAA, seguidos por los países con AA+, AA, AA-, A+, A, A-, BBB+, BBB, BBB-, BB+, BB, BB-, B+, B, B-. Solo hay un país con una CCC+ (Barbados) y solo uno con una CCC (Argentina). En 2019, por ejemplo, Italia fue valorada como Baa3 por parte de Moody's.

en 2006 con una calificación de AAA, el 93 % –el ¡93 %!– ha sido degradado ahora a títulos basura [...]. Las agencias de calificación surgieron como analistas de mercado que vendían evaluaciones de deudas societarias corporativas a personas que se planteaban si comprar esas deudas. Pero al final se metamorfosearon en algo bastante diferente: en empresas contratadas por personas que venden deudas para dar a esas deudas un sello de aprobación».[1]

He aquí un primer corolario de la privatización del mundo: la extraordinaria indulgencia de la que hacen gala las agencias de calificación respecto a corporaciones, bancos y compañías de seguros privadas, comparada con la draconiana severidad con la que juzgan a los Estados y a las empresas públicas.

Hay, con todo, una vertiente aún más dramática. Cuando las agencias *degradan* (en el sentido en el que se degrada a un militar) la deuda de un Estado, para obtener dinero en préstamo, este último debe pagar intereses más altos y las sumas desembolsadas por este oneroso servicio de deuda deben compensarse recortando los servicios sociales, los fondos para la educación, la sanidad, las pensiones, podando el número de funcionarios y sus sueldos. En última instancia, el que yo consiga que me operen, el que tú puedas mandar a tu hijo a la escuela, el que ella disponga de una pensión digna, todo esto depende de la calificación otorgada por estas tres agencias privadas. Fitch es propiedad del conglomerado mediático Hearst Communication, que lleva el nombre del magnate del periodismo William Randolph Hearst (1863-1951), quien inspiró a Orson Welles en 1941

---

1. Paul Krugman, «Berating the Raters», en *The New York Times*, 25 de abril de 2010, https://www.nytimes.com/2010/04/26/opinion/26krugman.html.

la película *Ciudadano Kane* (traducida en italiano como *Il quarto potere*).[1] En cambio, los dos mayores accionistas de Standard & Poor's son (con el 8,63 % de las acciones) el Vanguard Group, un fondo de inversión que tiene activos por 5,3 billones de dólares (el PIB de Alemania y España combinados) y (con el 7,06 % de las acciones) Black Rock, otro fondo de inversión que tiene activos por 6,84 billones de dólares (el PIB de Alemania y Francia juntos). Es decir, dos de los mayores inversores del mundo otorgan las calificaciones que dicen a los inversores dónde invertir. Moody's, por su parte, está controlada por Berkshire Hathaway (13,07 % de las acciones), Vanguard (6,61 %) y Black Rock (5,50 %). El accionista mayoritario es, por lo tanto, Berkshire Hathaway, un conglomerado con unos beneficios anuales de 247.000 millones de dólares y 389.000 empleados (2018), cuya sede central está en Omaha, Nebraska, y que es esencialmente propiedad de una persona, Warren Buffett, que posee el 30 % de su capital social y que es uno de los hombres más ricos del mundo.[2] En otras palabras: si tú, en Valencia o en Salónica o en Nápoles, no puedes hospitalizarte, es porque así lo ha decidido algún analista de Warren Buffett en Omaha, Nebraska.

Eso es lo que implica la privatización de nuestras vidas. Por lo tanto, la deuda no es solo una relación económica y financiera. La deuda establece, más incluso que la explotación económica, una forma de dominación, define una relación de poder. Es una forma de vasallaje económico sin

---

1. Sigue siendo legendario el telegrama que Hearst envió en 1898 a su ilustrador en Cuba: «Tú proporcióname las imágenes que yo te proporcionaré la guerra.»
2. Las cifras sobre acciones y activos se refieren a los balances financieros publicados a 30 de septiembre de 2019.

posibilidad alguna de emancipación. De esta manera, la deuda se revela como la herramienta más eficaz para «no desperdiciar una crisis», para utilizar recesiones y pandemias con el fin de apretar las riendas, de disciplinar literalmente a los Estados individuales. De hecho, con cada recesión, los Estados deudores se ven obligados a endeudarse más, de modo que se aleja para siempre la posibilidad de liberarse del yugo.

El caso italiano es ejemplar. En 1992 la deuda pública de Italia era igual a su producto interior bruto. Desde entonces, durante veintiocho años, la balanza de pagos del Estado italiano ha ofrecido un saldo primario positivo (a excepción de 2009, el año de la gran crisis, en el que hubo un déficit primario de 0,9 %).[1] Como puede verse, en los últimos veintiocho años, la balanza de pagos siempre ha sido positiva, con picos de más del 6 % incluso. El promedio del superávit es del 2,28 % (incluyendo también el año deficitario y el año de equilibrio). Eso significa que cada año, durante los últimos veintiocho años, el Estado italiano ha

---

1. El saldo primario de la balanza de pagos estatal es la diferencia entre los ingresos y los gastos, independientemente de la deuda (pago de intereses y amortización del principal). Estas son las cifras del saldo primario italiano: 1992: +1,9 %; 1993: +2,1 %; 1994: +1,5 %; 1995: +3,9 %; 1996: +4,4 %; 1997: +6,2 %; 1998: +4,8 %; 1999: +4,6 %; 2000: +4,8 %; 2001: +2,7 %; 2002: +2,4 %; 2003: +1,6 %; 2004: +1 %; 2005: +0,3 %; 2006: +0,9 %; 2007: +3,2 %; 2008: +2,2 %; 2009: -0,9 %; 2010: 0,0 %; 2011: +1,2 %; 2012: +2,2 %; 2013: +2,0 %; 2014: +2,2 %; 2015: +2,0 %; 2016: +1,5 %; 2017: +1,4 %; 2018: +1,5 %; 2019: +1,7 %. Datos de «Evoluzione del saldo primario italiano», en *Scenarieconomici.it*, 18 de abril de 2017, https://scenarieconomici.it/evoluzione-del-saldo-primario-italiano/, y datos del ISTAT (Instituto Nacional de Estadística Italiano) para los últimos tres años.

quitado a los ciudadanos más del 2 % de su balanza de pagos: resulta clara la razón por la que Italia, en los últimos veintiocho años, ha estado en perpetua recesión (por cierto, 1992 es el año siguiente a la disolución de la Unión Soviética). Sin embargo, la deuda pública italiana ha aumentado mientras tanto: si en 1992 era igual al 100 % del producto interior bruto, antes de la pandemia de 2020 superó el 130 % y ahora está por encima del 160 %.

Eso significa que el Estado italiano nunca podrá sacudirse de encima la deuda. Dentro de trescientos años los bisnietos de nuestros bisnietos no podrán construir una guardería ni un hospital porque las obligaciones de la deuda no se lo permitirán. Como dice Lazzarato, «la deuda del capitalismo contemporáneo es impagable, no es reembolsable, es infinita. (Kafka, Josef K.) La forma de la deuda contemporánea se asemeja a la vez a un "saldo aparente" (pasamos de una deuda a otra, suscribimos un crédito para saldar el anterior y así sucesivamente) y a una "dilación ilimitada" en la que estamos continuamente endeudados y la prima de riesgo nos informa del alcance de las fluctuaciones en tiempo real. Las variaciones de la deuda pública, a su vez, hacen que varíen de manera continua nuestros salarios, nuestros ingresos, nuestros servicios sociales, pero siempre en la misma dirección, a la baja; de la misma manera, la deuda hace que varíen de manera continua nuestros impuestos, pero siempre en la misma dirección, al alza».[1]

Está claro, sin embargo, que esa condición impagable de la deuda depende de la relación de poder: el sujeto permanece sometido mientras no se restablezca el equilibrio de fuerzas. La deuda encadena a los sujetos. Y los encadena

---

1. Maurizio Lazzarato, *Gouverner par la dette, op. cit.*, pág. 71.

de la forma más eficaz, por ser más invisible: no tiene ninguna necesidad de imponer medidas por la fuerza, de enviar ejércitos, de imponer la represión, de *coaccionar*. Son los propios súbditos los que se ven obligados a la autodisciplina, a comportarse como «buenos deudores», es decir, «solventes», a reprimirse a sí mismos. La deuda instaura una servidumbre cuya redención se sitúa a un nivel demasiado alto para poder ser saldada en el curso —no digo de una vida humana— sino de cualquier horizonte histórico concebible. Por tal motivo, el régimen capitalista actual no prevé ninguna forma cíclica de cancelación de la deuda, como estaba establecido en muchas otras sociedades, por ejemplo en el reino de Israel, dado que el Antiguo Testamento establecía que cada cincuenta años (con ocasión del Jubileo) las tierras confiscadas por los acreedores fueran devueltas a los deudores (Levítico 25,8).[1]

Que la deuda es la forma financiera con la que se ejerce la violencia simbólica del dominio se aprecia claramente por la doble y opuesta configuración que esta asume si los que se endeudan son los Estados súbditos o el Estado dominante. En los Estados súbditos, la deuda se impone como culpa que ha de ser expiada: nos han recordado hasta la saciedad que en alemán «la deuda» y «la culpa» se designan con el mismo vocablo, *die Schuld*. De hecho, por parte de los medios de comunicación y de los gobiernos técnicos (o bipartidistas o *Große Koalition*) se han gastado enormes energías, se han destinado inmensos recursos para «conseguir que las poblaciones europeas se sientan culpables de una deuda que nunca han contraído y hacerlos responsables, por lo tanto, de culpas que nunca han cometido. En el corazón de la crisis, los

---

1. La restitución de tierras era válida solo en las tierras de Israel y por lo tanto esta costumbre terminó con la diáspora.

gobiernos técnicos se afanan en construir una memoria de la deuda, no en los individuos, sino entre pueblos enteros».[1]

Por otro lado, la culpabilización del deudor tiene algo de extravagante: sin deudores no habría acreedores, es decir, no habría bancos, el capitalismo financiero desaparecería. Es descubrir el Mediterráneo decir que el capitalismo se basa en el crédito (es decir, en la deuda) y que las empresas crecen e invierten gracias a los créditos (es decir, a las deudas). De hecho, la deuda se fomenta a nivel mundial. La deuda total de las empresas estadounidenses asciende a diecisiete billones de dólares.[2] Y las empresas fracasan a menudo bajo el peso insoportable de la deuda acumulada, pero nadie les lanza improperios, no hay estigmas de indignidad, al contrario de lo que ocurre con los individuos y los Estados. Todo se hace para que las personas y los gobiernos se endeuden, y luego además se les culpabiliza.

Muy diferente es el estatus de la deuda en el país dominante, es decir, en los Estados Unidos. Antes de la epidemia de la COVID-19, la deuda pública estadounidense era enorme en términos absolutos, 25,75 billones de dólares, si bien un poco menos preocupante respecto al producto interior bruto, con una ratio de 107 % entre deuda y PIB. También en este caso la deuda resulta impagable, pero por una razón opuesta a la de los súbditos europeos, asiáticos o del tercer mundo: porque nadie está en condiciones de llamar a Washington y decirle a los Estados Unidos: «Devolvedme mi dinero.» Y ello por dos razones: porque nadie tiene la fuerza

---

1. Maurizio Lazzarato, *Gouverner par la dette, op. cit.*, pág. 34.
2. Mark Vandevelde, «The leveraging of America: how companies became addicted to debt», en *Financial Times,* 10 de julio de 2020, https://www.ft.com/content/c732fded-5252-4333-a3f8-80b767508bbc.

—militar ni política— para imponer el reembolso, y porque, si los Estados Unidos se ajustaran el cinturón para devolver la deuda, la economía mundial se derrumbaría. Sin contar con que la deuda estadounidense se contrata en dólares, es decir, en la divisa estadounidense que Washington puede devaluar o revalorizar a su voluntad respecto a las otras monedas: es decir, puede determinar por sí mismo cuánto adeuda a otros en otras divisas. La deuda de los Estados Unidos se configura, por lo tanto, como un *tributo* (bajo otro nombre) que el imperio exige a sus súbditos o, en el caso de China, como tasas de entrada, un impuesto que exige el imperio para permitir que China participe en el mercado mundial y consentirle el acceso al propio mercado estadounidense.[1] Por lo tanto, incluso para los Estados Unidos, la deuda es un instrumento y, al mismo tiempo, una configuración del dominio, solo que aquí es el deudor el que emplea el arma de la deuda, no el acreedor. En el lenguaje financiero italiano los créditos que no pueden cobrarse se definen como «en sufrimiento»: pues bien, mientras que en el caso de los súbditos son los países deudores los que sufren, en el caso de la deuda imperial son los acreedores, es decir, los súbditos, en cualquier caso.

Corolario financiero

La relación de poder se estructura, por lo tanto, como una conjunción asimétrica crédito/deuda, en el sentido de que no siempre el poder se halla del lado del acreedor, si-

---

1. Richard Vague, «The Private Debt Crisis», en *Democracy. A Journal of Ideas,* otoño de 2016, https://democracyjournal.org/magazine/42/the-private-debt-crisis/.

no que, todo lo contrario –como hemos visto en el caso de los Estados Unidos–, el poder puede estar del lado del deudor cuando su fuerza le consiente ser perpetuamente insolvente. La relación deuda/crédito es una estructura de poder, pero en el sentido de que actúa como un instrumento de poder, ejerce una fuerza y al mismo tiempo es en sí misma expresión de una relación de fuerza.

Pero si la forma dominante de poder pasa de la disciplinaria a la de control, y lo hace a través de la relación deuda/crédito, entonces el sector impulsor pasa de la manufactura, de la industria, a las finanzas. No es que la industria desaparezca, de la misma manera que en los siglos XIX-XX la revolución industrial no hizo desaparecer la agricultura, sino que la suplantó como fuerza impulsora y dominante de la economía y, es más, llegó a revolucionar a la propia agricultura industrializándola. Hoy ocurre lo mismo: la industria sigue existiendo, produce de hecho un volumen de mercancías cada vez mayor (exactamente como la agricultura produce un volumen infinitamente superior de alimentos que hace un siglo), pero ya no es el sector que define la economía de nuestra época. Este sector son las finanzas, que han dado un sesgo financiero a la industria, al igual que la industria le dio un sesgo industrial a la agricultura.

Las finanzas son asimismo el sector dominante porque es el que mejor encaja con la revolución informática. Hay una palabra, en efecto, que se repite bajo distintas formas en los textos que se utilizan aquí. La palabra *indiferencia*. Así se expresa Lazzarato: «Las finanzas y sus mecanismos contables expresan mejor que el capital industrial la naturaleza del capital, porque son *radicalmente indiferentes* al carácter de la producción (de automóviles, de conocimiento, de yogures, de software, de subjetividad, de sexo...). Los flujos financieros también son *indiferentes* al carácter del trabajo (industrial, cognitivo, de servicios, doméstico, sexual, mediático): lo único que les interesa es extraer de estas diferentes modalidades de producción y de trabajo un superávit expresado en cantidades abstractas de dinero. Esta *indiferencia* se afirma radicalmente porque las finanzas no tienen más objetivo que la apropiación de un superávit monetario independientemente de la naturaleza de la producción y del trabajo.»[1]

Wendy Brown describió la misma realidad al hablar de las buenas prácticas y del *benchmarking:* «Una premisa central [del *benchmarking*] es que se pueden exportar las mejores prácticas de una industria o sector a otro y que algunas de las reformas más valiosas sucederán mediante la adaptación creativa de prácticas en un campo u otro [...]. El supuesto carácter intercambiable de los procesos y las prácticas entre industrias y sectores, así como la consolidación de las mejores prácticas extraídas de muchas fuentes distintas tienen varias implicaciones [...]. En primer lugar, en el *benchmarking,* las prácticas se separan de los productos. [...] Lo anterior permite que prácticas del sector privado se transfieran rápidamente al sector público; permite, por ejemplo, que las instituciones educativas o de salud se transformen a través de prácticas desarrolladas en aerolíneas o en la industria computacional.»[2]

La conjunción de los dos fragmentos nos permite entender que las buenas prácticas son, efectivamente, prácticas industriales, pero generadas por una lógica financiera que entiende la obtención de ganancias en términos puramente monetarios, independientemente de la naturaleza del producto que genera esas ganancias.

---

1. Maurizio Lazzarato, *Gouverner par la dette, op. cit.,* pág. 116 (las cursivas son mías).
2. Wendy Brown, *Undoing the Demos, op. cit.,* pág. 137. [Trad. esp.: *op. cit.,* págs. 183-184.]

Esta «indiferencia radical» por la naturaleza del producto, sin embargo, no solo es inherente a la lógica financiera, sino que está implícita en la propia naturaleza de la revolución informática basada en el concepto de algoritmo. Ahora bien, ¿cuál es la propiedad fundamental de un algoritmo? La de ser independiente del objeto al que se aplica. Un algoritmo construido para minimizar los tiempos del trayecto de un viaje (o de un conjunto de recorridos) actúa de la misma manera, ya sea que se aplique a la entrega de pizzas a domicilio, o sirva para racionalizar la logística de suministros de un ejército invasor, o para hacer más rápida la huida de los ladrones de un banco. No es casual que la especulación financiera se rija cada vez más por algoritmos, independientes a menudo de la voluntad de los especuladores.

Y resulta significativo que Shoshana Zuboff insista tanto en la *indiferencia radical:* según Zuboff, esta nueva forma de poder «cultiva un inusual "modo de conocimiento" [*way of knowing*] que compagina la "indiferencia formal" de la cosmovisión neoliberal del mundo con la perspectiva observacional del conductismo [*behaviorism*] radical [...] reduce la experiencia humana a comportamientos observables y medibles, sin dejar de mantenerse absolutamente indiferente al significado de esa experiencia. Llamo a esta nueva forma de conocer *indiferencia radical*». Si el estilo ideológico del totalitarismo era la «religión política», dice Zuboff, el estilo de este nuevo poder es la «indiferencia radical».[1] «Otra manera de decirlo es que Google es "formalmente indiferente" a lo que sus usuarios digan o hagan, siempre que lo digan y lo hagan de manera que Google pueda captarlo y convertirlo en datos.»[2]

---

1. Shoshana Zuboff, *The Age of Surveillance Capitalism, op. cit.*, págs. 376-377, 397. [Trad. esp.: *op. cit.*, págs. 504-505, 529.]
2. Shoshana Zuboff, «Big Other: Surveillance Capitalism and

Dado que los hechos de nuestra vida son la materia prima que Google «manufactura», confecciona y vende, la indiferencia hacia esa materia prima es la misma de la que hablan Lazzarato y Brown, en el sentido de que Google se comporta con nuestros *exhaust data* con la misma consideración de las finanzas por los productos de los que obtienen beneficios.

Por tanto, la revolución neolib, deuda, finanzas y revolución informática forman las distintas teselas de la nueva configuración del poder, un poder infinitamente mayor que el que se ejercía hace un siglo, por más que en modalidades completamente diferentes y por mucho que aparentemente resulte más discreto, salvo cuando alguien lo cuestiona: sin remontarnos a cómo se reformó (en el sentido de reformatorio) en 1973 el Chile que se había atrevido a oponerse al *«Washington consensus»*, basta con recordar el tratamiento reservado en 2015 a Grecia y su pueblo, y al dictamen que expresó en un referéndum, descartado como papelote.

Encontramos aquí un excelente ejemplo de *consecuencias no deseadas (unintended)*, típicas de todos los procesos de retroalimentación *(feedback)*, y no tardaremos en tropezarnos con otros. Los magnates que financiaron la contrarrevolución neolib se habían enriquecido en los sectores más clásicos de la industria: armas y procesos químicos (Olin), componentes eléctricos (Bradley), petróleo y aluminio (Mellon Scaife), pomadas (Vicks VapoRub, Smith Richardson), infraestructuras petroleras (los Koch), cerveza (Coors), pero con sus financiamientos terminaron por favorecer la transición de un capitalismo predominantemente industrial a un capitalismo predominantemente financiero.

---

the Prospects of an Information Civilization», en *Journal of Information Technology,* 2015, vol. 30, págs. 75-89, pág. 79, véase https://papers.ssrn.com/sol3/papers.cfm?abstract_id=2594754.

La segunda observación es que son absolutamente inútiles, y no pasan de quejumbrosas, las jeremiadas sobre la «deriva financiera de la economía» que reclaman el regreso a una mitificada economía industrial del pasado, como si eso fuera posible: las finanzas son simplemente la fase actual del capitalismo. Tales lamentos equivalen a cualquier queja en el siglo XIX acerca de la imposición de la industria sobre la agricultura: un partido perdido desde el principio.

La tercera consecuencia es que la nueva estructura de dominio, basada en el control, nos anonimiza a todos de una manera diferente a la filmada por Charlie Chaplin en *Tiempos modernos,* cuando la multitud que sale del metro por la mañana para ir al trabajo se asimila a la salida de un rebaño de ovejas del redil. Aquel era el anonimato del obrero de la fábrica, del oficinista, anónimo agente de la cadena de montaje o de la maquinaria burocrática. En cambio, esta nueva configuración del dominio nos hace a todos «equivalentes sin igualdad» (Zuboff), reducidos a nuestro común denominador de «organismos que se comportan», de deudores que expían la culpa *(die Schuld),* de agentes intercambiables en procesos productivos intercambiables.

10. Y VIVIERON TODOS TERMITAS Y CONTENTOS

David Graeber comete un error de ingenuidad cuando se sorprende incrédulo de que «se le ha hecho creer a la gente que esta época de progreso tecnológico y de mayor complejidad social ha tenido el efecto de reducir nuestras posibilidades políticas, económicas y sociales, en lugar de expandirlas»:[1] ¡pues claro, a la fuerza! Acabamos de ver que el avance de las tecnologías del poder y el cambio de paradigma de la disciplina al control provocan que se ejerza un mayor poder sobre cada uno de nosotros y, en consecuencia, nuestro margen de maniobra personal, individual, el espacio de nuestras posibilidades, se contrae, como piel de zapa.

Al mismo tiempo, la propia configuración del poder se ha vuelto más brumosa, más borrosa, cada vez más opresiva e indefinida. Tomar al asalto la Bastilla y el Palacio de Invierno fue posible. Hoy en día, a ningún revolucionario se le ocurriría siquiera atacar la sede del Banco Central Europeo en Fráncfort o, en un arrebato de ira popular, devastar el cuartel general de Coca-Cola en Atlanta, o tal vez el campus

---

1. David Graeber, *Debt, op. cit.*, pág. 393.

de Apple en Cupertino (los últimos que tuvieron una idea comparable a la destrucción de la Bastilla fueron los islamistas que en 2001 arrasaron las Torres Gemelas del World Trade Center en Nueva York, que era para el capitalismo occidental lo que San Pedro para el catolicismo): dado que está en todas partes, el *Capital sive Natura* no se encuentra en ninguna parte.

Todo ello es cierto. *Et pourtant*... No es que al comienzo de la revolución industrial la relación de dominio fuera a fin de cuentas especialmente idílica y cortés. Era más ruda, pero también más brutal. La alternativa era más neta, entre la sumisión y la muerte. Las manifestaciones se reprimían a tiros, cuando no a cañonazos. Ya hemos visto, todavía a principios del siglo pasado, el tratamiento que recibieron los obreros de las acererías de Carnegie y los mineros de Rockefeller. Pero la lista sería interminable, desde la masacre de Peterloo (1819) a la represión de los *canuts* (obreros textiles) de Lyon (1831) o la matanza de Bava Beccaris en Milán (1898).

Contra los dominadores, los dominados no pueden competir en el terreno del propio dominio. Solo en situaciones especiales son capaces los súbditos de arrebatar (¡y a qué precio!) el poder a los poderosos. El enfrentamiento se produce, sin embargo, y se ha producido, en muchos otros terrenos, de lo contrario nada se habría alterado jamás y los dominadores de determinado momento habrían seguido manteniendo su dominio para siempre. No estamos hablando de alternancias en el poder en el seno de un mismo estrato social, una familia de poderosos que reemplaza a otra, el predominio de un área geográfica que reemplaza al de otra región. No. A lo largo de la historia, ha habido clases sociales enteras que han perdido su posición en beneficio de otras clases, en un principio claramente desfavorecidas: basta pensar en cuántos peldaños han ascendido los comerciantes en la escala social, desde que eran una clase subalterna, atormentada por impuestos, aranceles y gabelas, siempre sujeta a expropiaciones y requisas. O, por el contrario, cómo las castas de sacerdotes han perdido el inmenso poder del que gozaban. Por no hablar del auténtico derrumbe de las aristocracias y de las clases nobles por doquier en el mundo.

Y no debemos olvidar, además, que a fin de cuentas el cinismo hiperrealista de Iósif Stalin acabó demostrándose casi ingenuo cuando, a quienes le pedían que tuviera más en cuenta a los católicos, les respondía con la irónica pregunta: «¿Cuántas divisiones tiene el Vaticano?» No vivió lo suficiente para asistir al mazazo decisivo que asestó el pontífice Karol Wojtyla al vacilante sistema soviético en la Polonia de los años ochenta. Si hasta un antiguo secretario del Tesoro estadounidense, William Simon, es decir, el maestro de ceremonias de la capital del imperio capitalista mundial, afirmaba que «las ideas son armas, las únicas armas con las que se puede luchar contra otras ideas», algo querrá decir.

Como es lógico, la tentación de quedar deslumbrados, aturdidos por el inconmensurable poder al que nos enfrentamos es fuerte: tanto que muchos, cegados por el capital, siguieron el ejemplo de Saulo de Tarso en el camino de Damasco y se convirtieron al neoliberalismo (muchos *neocons* estadounidenses fueron trotskistas en su juventud, mientras que en Italia numerosos funcionarios berlusconianos procedían de las filas del PCI y de la nueva izquierda). Pero incluso para quienes no cambian de bando, refocilarse en la invencibilidad de sus adversarios no es más que una simple coartada para desistir, para desertar incluso antes de alistarse (si queremos usar la metáfora bélica tan grata a la *counterintellighentsia*).

Sin embargo, razones por las que luchar las hay a espuertas: el mundo que el neoliberalismo nos promete y nos impone no es tan fantástico. Casi recordamos con ternura la época de la primera revolución industrial, cuando la burguesía sintió el deber de prometerse a sí misma y a la humanidad un futuro radiante de «magníficas suertes progresivas».[1] Hoy ya nadie promete nada. Si hay una categoría que falta al pasar lista, es la del *progreso*. Hubo un tiempo, no muy lejano, en que era signo de refinamiento criticar la idea de progreso y burlarse de los «progresistas». Es indudable que, en muchos sentidos, ese progreso no progresaba en absoluto, sino que retrocedía. Lo más insoportable en la retórica de la época eran los «costes del progreso», la idea de que para progresar había que «pagar un precio». Y, misteriosamente, nunca eran los cantores del progresismo quienes lo pagaban, sino siempre los demás, el tercer mundo, los proletarios, el género femenino, el ecosistema. Es indudable que resultaba hasta sardónico el lirismo progresista en boca de aquellos gobernantes que crearon de la nada los «holocaustos tardovictorianos» (como los ha llamado Mike Davis) que en Asia, África y Latinoamérica acabaron en el siglo XIX con las vidas de decenas de millones de personas «asesinadas por la teológica aplicación de los sagrados principios de Smith, Bentham y Mill».[2] Fue entonces cuando se creó el «tercer mundo», si es cierto que «el consumo medio de alimentos en el imperio Akbar [siglo XVI] era significativamente más alto que en la India de principios de la década de 1960».[3]

---

1. Esta expresión, convertida en proverbial, fue acuñada con intención irónica por el poeta Giacomo Leopardi en 1836 en su poema «La ginestra».
2. Mike Davis, *Late Victorian Holocausts: El Niño Famines and the Making of the Third World*, Verso, Londres, 2001, pág. 9.
3. La estimación es de Ashok Desai, citado por Mike Davis, *Late Victorian Holocausts, op. cit.*, págs. 285-286.

En nombre del progreso, se han cometido crímenes atroces, en una variante de lo que Adorno y Horkheimer llamaron la «dialéctica de la Ilustración». ¿Qué debemos decir pues cuando se cometen los mismos crímenes sin invocar siquiera el progreso? La aspiración a una vida mejor, a que nuestros hijos disfruten de mayores oportunidades, a mandarlos al colegio, ha sido una de las fuerzas más poderosas para cambiar la historia humana. ¿Qué reivindicaba, en efecto, el movimiento obrero más que un *progreso* en las condiciones de vida de los trabajadores? ¿Qué hay de erróneo en pensar que la acción política debería tender a asegurar que mañana estemos todos un poco mejor que como vivíamos ayer? Como es lógico, debemos ponernos de acuerdo en lo que significa «mejor», si poder beber más Coca-Cola y comer más hamburguesas, o bien disfrutar de mayor bienestar y de más tiempo para uno mismo y para nuestros seres queridos.

Bajo el yugo de un poder disciplinario, los trabajadores podían confiar en «quebrar las cadenas» (como cantaban en sus coros de la época). En cambio, con la correa de la deuda al cuello, bajo una vigilancia constante, al deudor no le cabe otra que no caer en la insolvencia, no convertirse en moroso: su única, inaudita esperanza solo puede ser la de seguir siendo de por vida un deudor fiel y puntual; en el mejor de los casos, puede esperar, no ya librarse de la correa, sino que la correa no le apriete demasiado. Y, de hecho, desde hace una treintena de años, a nadie se le dice ya «Si actúas como te pido, mañana estarás mejor». En cambio, se nos administra una amenaza continua: «Si no haces lo que yo pretendo, estarás mucho peor», fracasarás, caerás en la miseria, te verás abandonado en tu vejez y no se te curará cuando caigas enfermo. Ya no existe «el palo y la zanahoria» del poder disciplinario (castigos y premios de producción en fábrica);

solo queda el chantaje o el «son lentejas, las tomas o las dejas»: si no respetas el horario de entregas vete buscándote otro trabajo, se le dice al mensajero, al repartidor de pizzas a domicilio. De hecho, la relación laboral ideal para el neoliberalismo es la del conductor de Uber que se explota a sí mismo. Admirable ejemplo de autocapitalista.

La deuda con el planeta: o la catástrofe óptima

Pero si no nos prometen el progreso, ¿qué futuro traza para la especie humana y el planeta el poder neolib? La terrible respuesta es que no hay futuro. De hecho, no se contempla el futuro.

Es inútil y redundante repetir aquí la lista detallada de los desastres ambientales que este modo de producción y este sistema económico están acarreando a nuestro planeta. No se trata tan solo del calentamiento global, del aumento del nivel de los océanos, del agujero de ozono, de la desertificación de zonas cada vez mayores de las tierras emergidas, de la cementación, de la deforestación, de la contaminación del aire y del envenenamiento del mar, de la invasión de plásticos y microplásticos, sino también de la acelerada desaparición de especies vivas, hasta el extremo de que se habla de la «sexta extinción en masa».

La pregunta que todos se hacen es: pero de este innegable, exponencial deterioro ambiental ¿es responsable la revolución industrial? ¿O el sistema capitalista de mercado? ¿O ambos? En la actualidad, hay en el mundo alrededor de 1.300 millones de vehículos de motor (excluidas las motocicletas), en 2018 el número de pasajeros aéreos superó los 4.400 millones en cuarenta millones de vuelos, cifras todas ellas que multiplican por más de 120 las de los años cincuenta. Menos, en todo caso, que la producción de plástico (anual), que desde 1950 ha aumentado de 1,5 a 359 millones de toneladas (2018),[1] lo que significa, por lo tanto, que se ha multiplicado por 240, mientras que en el mismo periodo la población humana simplemente se ha triplicado, pasando de los 2.500 a los 7.700 millones de personas: eso quiere decir que el número de vehículos y el número de vuelos ha aumentado más de cuarenta veces per cápita, mientras que la producción de plástico ha aumentado ochenta veces per cápita. Incluso un niño entendería que el aumento no puede continuar a este ritmo y que dentro de setenta años no podremos consumir ochenta veces más plástico per cápita del que consumimos hoy (que ya es ochenta veces más de lo que se consumía en 1950), ni tener cuarenta veces más vehículos per cápita y así sucesivamente: a este ritmo, en 2090, cada uno de nosotros, los seres humanos de la Tierra, incluidos recién nacidos y venerables ancianos, consumiría dos toneladas de plástico al año y poseería siete vehículos.

Sencillamente, ralentizar la velocidad de crecimiento quiere decir invertir la aceleración (desacelerar), por ejemplo, desacelerando la producción, el consumo. El capitalismo, sin embargo, como ya lo describió Marx, no podía concebir límites para sí mismo: mientras que un antiguo herrador podía vivir toda su vida en paz fundiendo y martillando el mismo número de herraduras sin sentir necesidad de agrandar su forja, en el sistema capitalista quien se queda quieto muere: si la producción de una fábrica de neumáticos no aumenta, si el mercado no se expande, si las ventas no crecen, se atasca

---

1. https://www.statista.com/statistics/282732/global-production-of-plastics-since-1950/; 359 millones de toneladas para 7.500 millones de seres humanos en 2018 significan 48 kilos de plástico por cabeza al año.

todo el sistema de crédito / inversión / amortización / deuda / beneficio / reinversión. El capitalismo no solo no concibe un estado estacionario (por más que toda la teoría económica neoclásica se base en la noción de equilibrio del mercado), sino que siente auténtico pavor ante la desaceleración del crecimiento en un estado no estacionario.

El problema original del capitalismo estriba en que está concebido como un sistema de expansión ilimitado, cuando la Tierra es redonda y finita: entre paréntesis, esta es la razón ideológica que empuja no solo a muchos gobiernos, sino también a muchos magnates a relanzar la carrera espacial, que se nos propone una y otra vez por más que resulte claramente irrealizable. No es solo la curiosidad de Ulises, que desea saber qué hay más allá de las Columnas de Hércules, lo que da «alas para el loco vuelo» (por más que este factor cuente); lo que la impulsa es la idea de que hay todo un universo para explotar, miles y miles de millones de planetas que sondear, perforar, colonizar, por lo que, incluso si esta pequeña Tierra de origen se envenena y se vuelve inhabitable, puede ser abandonada, como basura insignificante en el cosmos, por otros pastos, más ricos, del cielo. El capitalismo no puede dejar de sentir la redondez de nuestro planeta como una insoportable jaula, una prisión de la que evadirse. No falta incluso quien habla ya de la «era del capitalismo multiplanetario», advirtiéndonos, acaso con cierto apresuramiento, de que «las élites económicas del *New Space*, y los Estados que las legitiman y las arman, ya nos han sustraído definitivamente el derecho al libre acceso al espacio estratosférico, dejando claro que allá fuera solo irán quienes cumplan las reglas del capital».[1]

---

1. Cobol Pongide, *Marte oltre Marte. L'era del capitalismo multiplanetario,* DeriveApprodi, Roma, 2019, pág. 172.

Causa cierta impresión comprobar que cuando los bípedos humanos ni siquiera habían sacado la cabecita de su atmósfera, y acababan de dar un salto de pulga alrededor de su planeta, ya se estaban firmando tratados sobre la explotación del espacio y del cosmos que codificaban un derecho del espacio en el que se sancionaba el principio de *libertad de explotación de los planetas y cuerpos celestes* (¡¡!!): así reza el título completo del documento conocido como *Outer Space Treaty*, aprobado por las Naciones Unidas en 1967 (y ratificado hasta la fecha por noventa y ocho Estados –entre ellos los Estados Unidos y, en ese momento, la URSS–, y firmado por otros veintisiete), y cuyo nombre completo es *Treaty on Principles Governing the Activities of States in the Exploration and Use of Outer Space, including the Moon and Other Celestial Bodies*.[1] ¡Ya en fecha tan temprana estábamos discutiendo los humanos acerca de a quién correspondería explotar los planetas de la galaxia!

A esta lógica de expansionismo ilimitado el neoliberalismo añadió mucho de su cosecha. Primero, imponiendo el dogma de la infalibilidad de los mercados. Nos topamos aquí, curiosamente, con una suerte de fatalismo. Si los mercados siempre tienen razón, basta con dejarlos actuar y nunca habrá nada de lo que preocuparse. Se trata del lado «providencial» de la «mano invisible» de Adam Smith. Es imposible admitir que la economía de mercado produce

---

1. Una comisión especial de las Naciones Unidas dedicada al tema, sin embargo, ya había empezado a reunirse en 1959, ni dos años siquiera después del primer aullido lanzado por la perrita Laika desde un satélite artificial en órbita terrestre, y *dos años antes* de que Yuri Gagarin fuera el primer humano en seguirla al espacio. Matteo Vegetti, *L'invenzione del globo, op. cit.*, pág. 190, nota 10, y también págs. 80-83.

daños ambientales irreversibles, sería una blasfemia: el dogma de la infalibilidad dejaría de ser válido. Esta es la razón, de otro modo incomprensible, por la que los grandes capitalistas (y todas las fundaciones mencionadas hasta aquí) se obstinan tanto en negar el calentamiento global. Nosotros, ingenuamente, nos preguntamos: ¿qué daño les haría admitirlo? Claro, a breve plazo perderían algo porque se comerciarían menos combustibles fósiles, pero por otro lado se abriría un nuevo mercado, el del enfriamiento global, y de todos modos se beneficiarían de ello. Pero no: admitirlo significaría reconocer que el mercado ha de ser corregido *(¡sic!),* que el mercado se equivoca, que dejar que actúe por sí mismo nos lleva a la ruina o a la extinción.

Esta es la única forma de entender el fanatismo con el que los Koch, el Mercatus Center, la George Mason University y todas las distintas fábricas de ideas de derechas niegan a ultranza algo que está ante los ojos y la piel de todos. Es interesante que, a pesar de todos los esfuerzos, desde hace más de treinta años, por encontrar una solución de mercado al problema del medioambiente, es decir, por crear un mercado ambiental (la famosa bolsa de derechos de contaminación, que se tratarían como cualquier otra obligación), tal mercado nunca llegue a ver la luz, simplemente porque para hacer cumplir las reglas de este mercado resulta neurálgico el papel (y la voluntad) de los Estados: la demostración de que el mercado ambiental no puede confiarse únicamente al mercado es (de nuevo) una herejía.[1]

Es más probable que la solución de mercado para la contaminación del aire sea, por ejemplo, la de vender a espuertas

---

1. Igualmente contradictorio resulta el entusiasmo por la economía verde como factor de «crecimiento»: solución de desarrollo capitalista para los daños creados por el desarrollo capitalista.

unos estupendos purificadores de aire para las casas (ya anunciados en televisión) y llenar las calles y las plazas de la ciudad con quioscos que vendan bombonas de aire puro, naturalmente con aire de diferente calidad según la cartera de los compradores. No es una broma. Ya hay bombonas de aire a la venta. Y el mercado chino es particularmente prometedor (esto también forma parte del «modelo China»): empresarios australianos venden aire puro de Yarra Valley por 18,80 dólares *(The Sydney Morning Herald)*.[1] Por su parte, la empresa Vitality vende aire canadiense en bombonas de ocho litros por 32 dólares (unas 160 inspiraciones: cada uno de nosotros respira unos seis litros de aire por minuto). Hay imitadores que venden bombonas de aire de los Alpes suizos. Un inglés que ha sido el primero en acuñar la expresión *air farming* vende un aire de superlujo de las colinas de Dorset, comercializado como Aether, a ochenta libras (104 dólares) por un tazón de medio litro (580 ml): «Ahora hay un aire de lujo, aire comprimido en frío, un aire 100 % de montaña. Aire embotellado en beneficio de las madres ("Anímate y arregla la casa de forma natural"). Hay aire para el trabajo. Aire para los niños. Aire para los abuelos»[2] *(The Guardian)*. Tal vez lleguemos a ver *aeromats* que sirvan aire en bombonas como antes teníamos fuentes de agua (gratis) y ahora cajeros automáticos («fuentes de dinero»).

Una versión imaginativa de este planteamiento, más cercana a la perspectiva de Ronald Coase, fue propuesta

---

1. Craig Butt, «Australian Entrepreneurs sell cans of clean Australian air to China», 2 de mayo de 2016, https://www.smh.com.au/business/small-business/australian-entrepreneurs-sell-cans-of-clean-australian-air-to-china-20160502-gojw1x.html.

2. Alex Moshakis, «Fresh air for sale», 21 de enero de 2018, https://www.theguardian.com/global/2018/jan/21/fresh-air-for-sale.

en 1991 por la estrella ascendente de la economía Larry Summers, entonces economista jefe del Banco Mundial (más tarde secretario del Tesoro con Bill Clinton y después rector de la Universidad de Harvard), quien firmó un memorando confidencial en el que proponía instalar las industrias contaminantes en los países pobres: «"Industrias sucias": dicho en confianza, ¿no debería fomentar el Banco Mundial MÁS migraciones de las industrias sucias hacia los países menos desarrollados? [...] La medición de los costes de la contaminación nociva para la salud depende de las ganancias derivadas del aumento de la morbilidad y de la mortalidad. Desde este punto de vista, una cierta cantidad de contaminación nociva para la salud debería realizarse en el país con los costes más bajos, que será el país con salarios más bajos. Creo que detrás de la descarga de desechos tóxicos en el país con el salario más bajo hay una lógica económica impecable y que deberíamos tenerlo en cuenta.» Y este era solo el primero de los tres argumentos a favor de su propuesta para aliviar la pobreza de los países atrasados empleándolos como basureros de los países ricos.[1]

---

[1]. Larry Summers se defendió más tarde diciendo que el memorando tenía una intención sarcástica, como respuesta a otras propuestas del Banco Mundial: el hecho es que, cualquiera que fuera su intención, desde un punto de vista puramente neolib, su razonamiento era impecable. De hecho, fue en estos términos como los investigadores del Cato Institute (el de los hermanos Koch) lo defendieron quince años después: Jay Johnson, Gary Pecquet, Leon Taylor «Potential Gains from Trade in Dirty Industries: Revisiting Lawrence Summers' Memo», en *Cato Journal,* vol. 27, n.º 3, verano de 2007, págs. 397-410. El texto del memorando está disponible en línea en muchas webs, por ejemplo: https://www.uio.no/studier/emner/sv/oekonomi/ECON 2920/v20/pensumliste/summers-memo-1991-%2B-ytimes.pdf.

Hasta ahora nos mantenemos en el terreno clásico, por decirlo así, de la relación entre la economía de mercado y el problema medioambiental. Ronald Coase propone, en cambio, tener en cuenta otro factor y es que el mecanismo de la oferta y la demanda tal vez no sea infalible, pero en todo caso se autocorrige. A medida que, a causa de una fábrica adyacente, los peces de un río corren cada vez más riesgo de extinguirse, se volvería menos conveniente la producción de los bienes que provocan su desaparición. Y eso evitaría su extinción. Por tanto, Coase puede hablar de «nivel óptimo de contaminación».

El caso es que, desde Galileo y Newton hasta Max Planck y Bohr, la ciencia siempre ha querido ser experimental. Y la experiencia dice que la economía de mercado está extinguiendo especies vivas a espuertas, aniquilándolas a granel. Es decir, a este respecto, el mercado no se autocorrige en absoluto. A la cuestión de la irreversibilidad le cuesta un esfuerzo inmenso entrar en la teoría económica, y ello puede verse en la metáfora física que utilizan los neoclásicos, la mecánica clásica (cuyas ecuaciones son simétricas con respecto al tiempo), cuando, por el contrario, se diría que es la termodinámica estadística el modelo más adecuado, dado que los datos macroeconómicos son la resultante estadística de los comportamientos microeconómicos singulares, exactamente como las leyes de los gases reflejan las estadísticas de los movimientos de las moléculas que los componen: es el movimiento browniano de nuestros miles de millones de intereses individuales lo que, si Adam Smith tuviera razón, debería dar como resultado el bienestar general.

Pero el problema de la irreversibilidad (como en la termodinámica) no puede incorporarse a la teoría económica neoclásica porque plantear este problema implica dar una dirección a la flecha del tiempo, implica, por lo tanto, en última instancia, una *historia*. Y todo el andamiaje neolib se basa en «un conjunto de doctrinas filosóficas [...] a base de cientificismo, conductismo, operacionalización».[1] El decisor racional de Becker y Stigler es en todo momento una *tabula rasa* que sopesa hoy los costes y los beneficios de su decisión, con la misma racionalidad y los mismos criterios que anteayer o de pasado mañana, independientemente de cualquier experiencia histórica del pasado, traumas, éxodos, persecuciones.

Ahondando más aún, existe una relación difícil entre el capitalismo de carácter financiero, por un lado, y el futuro, por otro. El capitalismo industrial tiene en cuenta los prolongados plazos que conllevan la planificación y construcción de una fábrica, equiparla con la infraestructura necesaria, hacerse con las materias primas adecuadas y mano de obra formada, el inicio de la producción, la construcción de redes de distribución de productos, y por lo tanto razona a medio y largo plazo. En cambio, al comprar acciones de una empresa, el fondo de inversión reclama un rendimiento inmediato y sus inversores exigen cupones trimestrales: el horizonte de la propia inversión se aproxima espantosamente, se ve aplastado por el próximo trimestre, o más bien por el próximo mes. Si la rentabilidad de una empresa mengua durante unos trimestres, empieza a plantearse de inmediato la posibilidad de desmembrarla, de convertirla en estofado, para venderla a trozos, recortar costes (despidos, reducciones salariales). Al inversor financiero no le importa si la empresa de la que ha comprado un paquete de acciones produce teléfonos móviles, planchas o medias

---

1. Deirdre McCloskey, *The Rhetoric of Economics, op. cit.*, pág. 140.

de nailon. Como ya hemos visto, lo que lo caracteriza es la *indiferencia* a la especificidad de la producción. De ahí su desinterés por el largo plazo.

Pero hay inversiones esenciales que deben concebirse en términos de años, cuando no de décadas. Construir un ferrocarril, y en general una gran infraestructura (un sistema de alcantarillado eficiente, el cableado de un continente), lleva años y no pueden conseguirse dividendos inmediatos. De ahí parte de la fascinación, una envidia mezclada con temor y repudio, que el modelo chino ejerce sobre los neolib:[1] en unas pocas décadas, el capitalismo de Estado chino ha conseguido dotar a ese inmenso país de infraestructuras impensables en Occidente, dotándolo de instituciones universitarias y de investigación con las que muchos países europeos no se atreven a soñar. (El modelo chino ejerce además una gran atracción sobre los neolib por otra razón a la que volveremos.)

La segunda dificultad de su relación con el futuro depende de la mentalidad de la deuda. Y es que, a fuerza de usarla, la deuda se convierte en una categoría mental que conforma todo nuestro razonamiento. La propia contaminación ambiental acaba siendo vista no como un daño que nosotros infligimos al planeta y a nosotros mismos, sino como una deuda que contraemos con la «Naturaleza», una deuda que no podemos o no queremos pagar pero que, con

---

1. Véase el dosier publicado por el semanario *The Economist* el 21 de enero de 2012: *Emerging-market multinationals: The rise of state capitalism*, https://www.economist.com/leaders/2012/01/21/the-rise-of-state-capitalism. Debe recordarse que *The Economist* fue fundado en 1843 como la voz de la escuela de Manchester, defensora de la libertad de mercados pura y dura, y que en casi ciento ochenta años no se ha apartado nunca de esa línea.

suerte, podemos transferir, aplazar, posponer de mañana a pasado mañana. Es esta concepción del daño ambiental como deuda que se saldará *en el futuro,* y nunca como una tragedia *presente,* lo que explica por qué un problema tan grave y urgente suscita reacciones tan débiles, en definitiva. El problema afecta a toda la humanidad, pero para afrontarlo solo actúa una exigua, indefensa (e inofensiva) minoría. Que las cosas están así se demuestra con prueba al revés: el único momento en el que el problema medioambiental adquiere prioridad es el de la catástrofe. Porque ese es el momento en que la deuda se «protesta», y la catástrofe supone la quiebra del deudor. El desastre es para el ambientalismo lo que la revolución para el comunismo.

El festival de las consecuencias no deseadas

La cancelación del futuro no concierne tan solo al futuro de nuestro planeta y de las especies vivientes. Nos afecta mucho más de cerca también a nosotros como personas, a nosotros individuos de carne y hueso, por más que «eso que llamamos sociedad no exista». En un mundo en el que la deuda manda, el futuro queda cancelado a causa de la hipoteca de la deuda contraída. Si para reembolsar la deuda se recortan los fondos para la educación, generaciones enteras de jóvenes no podrán asistir a la universidad o –si tienen la extraordinaria suerte de conseguirlo– no podrán encontrar después un trabajo a la altura. Más en general, la «frugalidad» del Estado es solo el anuncio de una más drástica dieta de adelgazamiento extendida a toda la sociedad, por la que poco a poco van erosionándose gradualmente los salarios, hasta que las retribuciones no alcanzan ni siquiera el salario de reproducción (ese umbral mínimo de remuneración que permite a la fuerza de trabajo reproducirse, es decir, procrear y criar a sus hijos): de ahí el desplome de la natalidad en todos los países industrializados sometidos al régimen neolib. Generaciones enteras han sido –y siguen siendo– sacrificadas en el altar del neoliberalismo: en este caso es literalmente cierto que la culpa *(die Schulden* - las deudas) recae no solo sobre los hijos, sino también sobre los nietos y bisnietos. Uno se pregunta si no estaremos asistiendo al más gigantesco experimento en tiempo real de retroalimentación en la producción de consecuencias no deseadas.

[Para entender lo que significa la retroalimentación: las potencias colonialistas europeas construyeron imperios, Inglaterra conquistó la India, Francia conquistó África; hoy, sin embargo, no hay prácticamente ningún francés en África, y sí, por el contrario, siete millones de africanos (entre magrebíes y subsaharianos) de primera y segunda generación en Francia; no hay ingleses en la India, pero en Gran Bretaña hay más de tres millones de ingleses de origen «subcontinental» (es decir, indio, pakistaní y bangladesí): en eso consiste el *feedback* o retroalimentación.]

Para empezar: toda la contrarrevolución neolib se libró para conseguir que el Estado fuera más frugal, para «matar de hambre a la fiera». El resultado, sin embargo, es sorprendente: tras cincuenta años de neoliberalismo desenfrenado, el resultado es que el Estado es más importante que nunca. Como escribía *The Economist* en su dosier, «las diez primeras empresas petroleras y de gas del mundo, medidas por sus reservas, son todas de propiedad de Estados». Sociedades estatales que se comportan como empresas privadas, pero cuyas palancas de mando siguen estando en manos de los políticos. Y es a los Estados a los que las finanzas recurren para imponer las «reformas estructurales» exigidas por los acreedores a los países deudores, es decir, para imponer privaciones a sus propios ciudadanos. Son los Estados, y no los mercados, los que gestionan las recesiones, las pandemias y las crisis sociales.

Y en una época que tiene una fe ciega en la capacidad de los mercados para autorregularse, se siente de forma continua la necesidad de tratados comerciales, codificados meticulosamente en miles de cláusulas, codicilos, en miles de páginas, para «garantizar la libre competencia».[1]

Y no solo eso: en la época en la que más se ensalza la libertad de comercio, la abolición de las fronteras, ¿mira quién está de vuelta? *Las guerras comerciales entre Estados.* ¿Qué es, sino una guerra comercial, en el más puro espíritu mercantilista, el tira y afloja de los aranceles y las tarifas proteccionistas desencadenado entre los Estados Unidos y China en los últimos años?

En la fase más avanzada de la evolución de un sistema económico definitivamente basado en las finanzas y en la

---

1. Solo por mencionar algunas de las maravillosas y barrocas siglas de estos tratados: además del histórico MEC (Mercado Común Europeo), tenemos el TLCAN (Tratado de Libre Comercio de América del Norte, NAFTA por sus siglas en inglés) entre los Estados Unidos, México y Canadá; el EACU (Eurasian Custom Union) entre Armenia, Bielorrusia, Kazajistán, Kirguistán y Rusia; el RECEP (Regional Comprehensive Economic Partnership) entre diez Estados miembros de la ASEAN, Asociación de Naciones del Sudeste Asiático (Brunéi, Camboya, Indonesia, Laos, Malasia, Birmania, Filipinas, Singapur, Tailandia y Vietnam) y sus cinco socios del TLC (Tratado de Libre Comercio): Australia, China, Japón, Nueva Zelanda y Corea del Sur; el CETA (Comprehensive Economic and Trade Agreement) entre la Unión Europea y Canadá; la propuesta de ATCI (Asociación Transatlántica para el Comercio y la Inversión, TTIP por sus siglas en inglés) entre los Estados Unidos y la Unión Europea, aún en negociación.

conexión global, hemos vuelto a Colbert, ministro de Finanzas de Luis XIV, y, antes incluso, a los galeones a vela del siglo XVII: en 1614 el gobernador general de la Compañía Holandesa de las Indias Orientales, Jan Pieterszoon Coen, escribió desde Bantam a los Heeren XVII (el consejo de administración) estas inmortales palabras: «Vuestras Excelencias deberían saber por experiencia que el comercio en Asia debe ser activado y mantenido bajo la protección y el favor de las armas de vuestras Excelencias, y que dichas armas deben ser pagadas con los beneficios del comercio, razón por lo cual *no puede haber comercio sin guerra ni guerra sin comercio.*»[1]

Por lo demás, los neolib no tienen el menor escrúpulo en imponer su forma de orden mediante la fuerza más brutal: la demostración más flagrante de ello nos la ofrecen las *Bremer Orders,* emitidas a principios de 2004 por el procónsul estadounidense en Bagdad, Paul Bremer, cuya promulgación en el Irak ocupado e invadido por los Estados Unidos supuso «la liquidación ordenada de varios cientos de empresas administradas por el Estado y permitía derechos de propiedad completos sobre negocios iraquíes y la completa repatriación de utilidades a empresas extranjeras, abrió los bancos iraquíes a la posesión y el control extranjeros y eliminó los aranceles. [...] Los decretos de Bremer volvían ilegales las huelgas y eliminaban el derecho a formar sindicatos en la mayoría de los sectores, mandaban un impuesto regresivo a tasa única sobre los ingresos, reducían el impuesto de sociedades al 15 por ciento y eliminaban los impuestos sobre ganancias repatriadas a negocios

---

1. Citado en Charles Ralph Boxer, *The Dutch Seaborne Empire 1600-1800* (1965), Penguin, Londres, 1973, pág. 107 (las cursivas son mías). Coen (1587-1629) fue el fundador de Batavia, actual Yakarta.

extranjeros».[1] Entre las corporaciones a las que se les dio libre acceso estaban los gigantes agroalimentarios, que impusieron el uso de semillas genéticamente modificadas (el primer saco se ofreció gratuitamente), tras la destrucción del Banco Nacional de Semillas iraquí (para tiempos de hambruna) con sede en Abu Ghraib, que desde ese momento los Estados Unidos utilizaron como prisión, donde se realizaron las más atroces torturas.

Para ser defensores del Estado mínimo, los neolib sienten una perversa pasión por el Estado fuerte: ya lo habían demostrado con el general Pinochet en Chile, y lo reafirmaron en Irak con Bremer. El Estado fuerte tiene la ventaja de «eliminar los costes de intermediación de la política», haciendo superfluo el proceso electoral y ahorrando así los gastos de los grupos de presión. Esta es la segunda razón del atractivo del modelo chino: demuestra que una economía capitalista puede crecer con todo vigor en una completa carencia de democracia. Hasta ahora, las élites habían aceptado el pluralismo político y una condición de relativa libertad porque, por lo menos así lo afirmaba la teoría más común, era ese el régimen que garantizaba el ecosistema social más favorable para la economía capitalista. Pero si ahora se demuestra que el capitalismo florece lozano en ausencia total de libertad, puede surgir una pequeña tentación de imitar el modelo chino, por lo menos en ese aspecto.

Nos hallamos, por lo tanto, en pleno reino de la perversidad, ese del que hablaba Hirschman: de la misma manera que Murray y sus émulos defendían que todas las medidas para reducir la pobreza habían hecho que esta creciera, que

---

1. Wendy Brown, *Undoing the Demos, op. cit.*, pág. 142 (sobre los decretos de Bremer, véanse de la página 142 a la 150). [En la Trad. esp.: *op. cit.*, págs. 190-191, y véanse las págs. 190-202.]

todos los esfuerzos por educar habían hecho aumentar el analfabetismo y que todos los recursos dedicados a mejorar la salud pública acortan la duración media de la vida, tal vez podríamos demostrar nosotros con mayor razón que los neolib querían menos Estado y han obtenido más Estado, querían un comercio sin fronteras y han obtenido guerras comerciales.

Y no solo eso. Este Estado, más fuerte y autoritario, se muestra también más vigilante, más metomentodo. El aparato informático-militar no nos deja escapatoria. Así que, ironía de la historia, son los regímenes neoliberales los que han suprimido definitiva y completamente la esfera que debería ser más sagrada para los defensores de lo privado, la de la privacidad. La privacidad ya no existe cuando cada uno de nuestros correos electrónicos, tuits o mensajes de texto son en realidad una postal abierta, cuando nuestro televisor refiere qué programas estamos viendo, y durante cuánto tiempo y cómo (si nos levantamos, hablamos por teléfono o no estamos prestando atención), cuando cada uno de nuestros desplazamientos es localizado, registrado y almacenado por nuestro teléfono móvil. Cuando somos espiados, constantemente y en todas partes, por los instrumentos que usamos, y no podemos dejar de usar: nos vigila incluso nuestra propia casa. No se ha prestado la suficiente atención a los efectos a largo plazo de la desaparición de toda privacidad de la existencia humana: un «Gran Hermano» como *reality show* en un sentido más general, y más perverso. Uno se pregunta a qué clase de privado se refieren los neoliberales cuando cantan las alabanzas de lo privado frente a lo público. Quizá se refieran al origen etimológico de la palabra «privado», que tanto en italiano como en español es el participio pasado del verbo «privar»: privado en el sentido de que carece de algo, de que se le ha quitado algo, de que se le ha privado de.

Y por ahondar más: los ordoliberalistas alemanes estaban obsesionados con la idea de que en el futuro nuestra sociedad humana pudiera convertirse en un termitero, o, mejor dicho, en un *Termitenstaat*. En 1944 Wilhelm Röpke escribía: «Tenemos derecho a hablar del Colectivismo como el peligro fundamental y mortal para Occidente y a describirlo nada menos que como una tiranía política y económica, que implica la regimentación, la centralización, la organización despótica de todos los ámbitos de la vida, la destrucción de la personalidad, el totalitarismo y la mecanización rígida de la sociedad humana. Y puedo contar con el consenso general cuando digo que este Estado-termitero no solo destruirá todos los valores e instituciones que después de tres mil años de desarrollo han producido lo que con orgullo y con la conciencia de su condición insustituible e insuperable llamamos civilización occidental [...] pero, sobre todo, priva a la vida del individuo de su verdadero sentido, que solo puede hallarse en la libertad.»[1]

Cuatro años más tarde, una vez finalizada la Segunda Guerra Mundial, el responsable de la política económica alemana, Ludwig Erhard, reiteraba: «Ni la anarquía ni el *Termitenstaat* son formas de vida adecuadas para el hombre.»[2]

La imagen de los comunistas colectivistas con aspecto

---

1. Wilhelm Röpke, *Civitas Humana. Grundfragen der Gesellschafts- und Wirtschaftsreform*, Erlenbach, Zúrich, 1944.
2. Discurso ante la Asamblea General del Consejo Científico de Economistas (Vollversammlung des Wirtschaftsrates des Vereinigten) celebrada en Fráncfort del Meno el 21 de abril de 1948. Consultable, por ejemplo, en https://www.1000dokumente.de/index.html?c=dokument_de&dokument=0010_erh&object=context&l=de.

de insecto no solo era propia de los ordoliberales alemanes, sino que resultaba familiar para todos los lectores de la ciencia ficción popular y de los fanzines de la época: dado que tienen una organización social compleja y articulada, pero completamente diferente de los seres humanos, hormigas, abejas y termitas (todas las especies «eusociales») han sido utilizadas desde los albores de la ciencia ficción como prototipo de los alienígenas, de los extraterrestres, empezando por *El imperio de las hormigas* (1905) de H. G. Wells. Sin embargo, tras la victoria de la Revolución de Octubre en 1917, hormigas y termitas se convirtieron en metáforas de mayor utilidad aún para el «colectivismo», es decir, para situaciones en las que los individuos están vinculados entre sí de manera tal que el conjunto se vuelve dominante sobre sus distintas partes. El hormiguero es, de esta manera, una forma de expresar «la destrucción de la libertad individual por parte de una sociedad colectivista» (así se expresaba la propaganda anticomunista de la época). Por esta razón, desde los años veinte hasta los sesenta, en innumerables novelas y relatos cortos, hormigas gigantes y avispas son prototipos omnipresentes de la amenaza que se cierne sobre los *individuos* humanos. Nos limitamos a citar unos cuantos títulos: *The Green Machine* (1929) de Frank Ridley, *The Demigods* (1939) de Alfred Gordon Bennett, *The Furies* (1966) de Keith Roberts.[1]

Con todo, el mejor ejemplo de novela de la Guerra Fría es *Tropas del espacio* (1959), de Robert Heinlein, en la que

---

1. Cabe mencionar, sin embargo, la novela contracorriente *El cerebro verde* (1966), en la que Frank Herbert imagina un hormiguero de insectos de múltiples especies que evolucionan para proteger el equilibrio ecológico del planeta Tierra contra las miopes políticas de la humanidad.

los humanos, libres e individualistas, libran una lucha sin cuartel por la supervivencia contra unos extraterrestres aracnoides y colectivistas (y desprovistos de sentimientos): «Sí, estoy de acuerdo en que el planeta de las Chinches [*Bugs*] podía haber sido aplastado con bombas H hasta que quedara cubierto de cristal radiactivo. Pero ¿habría ganado eso la guerra? Las Chinches no son como nosotros. Esos seudoarácnidos no son siquiera como las arañas. Son artrópodos que, por casualidad, se parecen a la idea que tendría un loco de una araña gigante e inteligente, pero su organización, psicológica y económica, es más semejante a la de las termitas. Son entidades comunales [*communal*], *la dictadura definitiva de la colmena*. Asolar la superficie de su planeta habría matado soldados y obreros, pero no habría matado a la casta de los cerebros y de las reinas [*brain caste*].»[1]

El año anterior, Heinlein ya había transferido a nivel galáctico el síndrome, tan querido por el macartismo, de la manipulación de la mente por parte de los rojos con *Los hijos de Matusalén,* en el que inteligencias extraterrestres logran apoderarse de las mentes humanas. Está claro ahora por qué la metáfora de las termitas resultaba tan atractiva para los ordoliberales alemanes.

Hay una doble ironía, sin embargo, en esta fascinación por los insectos eusociales. La primera consiste en que las hormigas representan realmente un buen modelo del cerebro humano, estructurado por un proceso de autoorganización parecido al de los termiteros o las colmenas, al menos según

---

1. Robert Heinlein, *Starship Troopers* (1958), Hodder, Londres, 2015, págs. 140-141 (cursiva mía). [Se cita por la traducción de Amparo García Burgos, *Tropas del espacio,* Martínez Roca, Barcelona, 1989, pág. 127.]

el famoso diálogo «*Aunt Hillary*» de Douglas R. Hofstadter:[1] lo que contradiría la presunción de Erhard.

La segunda ironía radica en las características que Röpke encuentra odiosas y lo empujan a asimilar el colectivismo al *Termitenstaat:* «Si ahora se oye decir que organizar la sociedad de forma socialista y con una economía planificada es moldearla científicamente, eso significa: vitaminas, microscopios, logaritmos, reglas de cálculo, fisión atómica, psicoanálisis, fisiología, estadística matemática, hormonas. [...] En esta concepción del mundo, los hombres ocupan un lugar no más elevado que el de los perros con los que el fisiólogo Pavlov realizó sus famosos experimentos sobre los "reflejos condicionados", y la cuestión social se convierte así en una especie de bacilo, que solo aguarda a ser descubierto utilizando los "exactos" métodos de la estadística matemática: los métodos de la "correlación múltiple", los coeficientes de elasticidad de la oferta y la demanda, y demás, de modo que, en un congreso científico mundial –cuantos más participantes, mejor–, se encuentra la apropiada panacea. *Los seres humanos se catalogan y encaminan en cada situación y en cada fase de su desarrollo mediante pruebas y contrapruebas realizadas siguiendo procedimientos de control muy estrictos; la previsibilidad de sus opiniones se investiga minuciosamente para deducir predicciones sobre su comportamiento futuro y, en última instancia, se desarrollan métodos "científicos" para formar y moldear al hombre de acuerdo con una imagen que ha sido prescrita a su vez por la "ciencia".*»[2]

---

1. Douglas R. Hofstadter, *Gödel, Escher, Bach: an Eternal Golden Braid* (1979), Basic Books, Nueva York, 2008; trad. it. *Gödel, Escher, Bach: un'Eterna Ghirlanda Brillante*, Adelphi, Milán, 1984, págs. 337-364. En la traducción italiana el diálogo se titula «Mirmecofuga» [en castellano, «Fuga hormiguesca»].

2. Wilhelm Röpke, *Die Gesellschaftskrisis der Gegenwart* (1942),

¡Es extraordinario! Parece como si Röpke estuviera describiendo textualmente los mecanismos de los que habla por extenso Shoshana Zuboff, mediante la recolección de datos por parte de Google, Facebook y compañía para poder delinear patrones de comportamiento y, en última instancia, moldearlos. Por otro lado, ¿quién ha contribuido más que nadie a matematizar la economía –con los «métodos de la "correlación múltiple", de los coeficientes de elasticidad de la demanda»– si no los economistas neoclásicos? Nos topamos aquí con otra consecuencia no deseada: en su furiosa batalla contra el *Termitenstaat,* el neoliberalismo nos ha llevado a todos a convertirnos en termitas, al menos en el sentido de Röpke. Y quién sabe en qué grado contribuirán internet y los nuevos medios de comunicación, cada vez más incorporados a nuestra vida y a nuestra persona, a hacer más eusocial la especie humana (o, por decirlo con el Marx del célebre «Fragmento sobre las máquinas», no alimentarán la *«general intellect»).*[1] De la misma manera que la cibervi-

---

Haupt Verlag, Berna, 1979, trad. inglesa: *The Social Crisis of Our Time,* Universidad de Chicago Press, Chicago, 1950, págs. 157-158 (cursiva mía).
1. «La naturaleza no construye máquinas, ni locomotoras, ferrocarriles, *electric telegraphs, selfacting mules,* etc. Son estos, productos de la industria humana: material natural, transformado en órganos de la voluntad humana sobre la naturaleza o de su actuación en la naturaleza. Son órganos del cerebro humano creados por la mano humana; fuerza objetivada del conocimiento. El desarrollo del capital *fixe* revela hasta qué punto el conocimiento o *knowledge* social general se ha convertido en fuerza productiva inmediata, y, por lo tanto, hasta qué punto las condiciones del proceso de la vida social misma han entrado bajo los controles del *general intellect* y han sido remodeladas conforme al mismo.» Karl Marx, *Grundrisse der Kritik der politischen Ökonomie (Rohentwurf). 1857-1858,* Dietz Verlag, Berlín, 1953, trad. it.: *Lineamenti fondamentali della critica dell'economia politica,* La Nuova Italia, Florencia,

gilancia reproduce a la enésima potencia ese Gran Hermano que George Orwell tanto temía en la sociedad comunista, la organización social que emerge de la contrarrevolución neolib hace empalidecer ese *Termitenstaat* que tanto aborrecían los ideólogos de la Guerra Fría.

Para concluir, hay una *unintended consequence* que resulta la más paradójica de todas. El que, en nombre de la libertad, se haya hecho de la libertad un bien tan caro. Para empezar, sin privacidad, bajo vigilancia constante, con la correa de la deuda, ¿qué libertad nos queda? Solo una, de lo más emocionante, la de poder elegir entre una Pepsi y una Coca-Cola, entre Burger King y McDonald's. En la sociedad que se nos propone la única idea de libertad que se nos consiente es la libertad-menú: el ejercicio más doloroso, más sufrido de libertad es poder, tener que elegir entre una lubina a la plancha y un *tournedos* a la Rossini (siempre que uno pueda permitírselo). Un menú, pues, o más bien un *salad bar,* donde eres libre de decidir qué ingredientes (rábanos, tomates, ensalada, maíz...) añadir al plato y en qué dosis, en qué proporciones recíprocas. Como es natural, lo que nunca podrás añadir a tu plato será un ingrediente que te apetezca, pero que no esté en el mostrador. Esta idea de libertad satisface la irónica tesis del físico atómico Leó Szilárd (1898-1964): «Incluso cuando las cosas empeoraban, la mayoría de los estadounidenses tenían la libertad de decir lo que pensaban, por la sencilla razón de que nunca pensaban lo que no eran libres de decir.»[1]

1968-1970, vol. II, págs. 402-403 (el «Fragmento sobre las máquinas» entre las págs. 380-403). [Se cita por la traducción de Pedro Scaron, *Elementos fundamentales para la crítica de la economía política (Grundrisse) 1857-1858,* vol., 2, México, Siglo XXI, 1972, págs. 216-230.]

1. Helen S. Hawkins, G. Allen Greb, Gertrud Weiss Szilárd (eds.), *Toward a Livable World: Leo Szilárd and the Crusade for Nu-*

Como es natural, la gama de elección se amplía si uno puede pagar más. La libertad no consiste en estar libre *del* dinero, sino en ser libre solo *a través* del dinero. Examinemos la libertad cuya privación ha sido considerada como la más opresiva forma de totalitarismo, la libertad de movimiento. Es interesante ver cómo se ha transformado a lo largo del tiempo. Hace cuarenta años, uno iba a la estación y compraba un billete: pero ¿qué estaba comprando? *Un viaje desde el punto X (Berlín) hasta el punto Y (Atenas) en determinada clase (segunda).* Miraba el panel de los horarios y veía que había dos trenes, uno por la tarde y otro por la mañana, y podía elegir o, si llegaba tarde, tomar el siguiente. Esto significaba que no tenía que programar el futuro hasta en sus más mínimos detalles. Hoy, si uno va a la estación y compra un billete, ¿qué está comprando? Compra *ese* viaje, y nada más que ese, a esa hora concreta. Y si llega tarde, ese billete ya no será válido (a menos que compre un billete abierto que es mucho, mucho más caro) y no podrá montar en el siguiente tren, a menos que pague una barbaridad, incluso aunque ese tren vaya prácticamente vacío. Eso significa que la libertad de cambiar de opinión (prefiero tomar el tren siguiente) se ve sistemáticamente desalentada y, sobre todo, que tiene un precio. Nos presionan, casi nos obligan a planificar, a programar nuestra vida con meses de antelación: cuanto antes planifiquemos, menor será el precio del billete de avión, del tren, de la habitación del hotel. En resumen, nos vemos obligados a hacernos predecibles, a actuar de manera que los poderes de control y vigilancia no solo sepan lo que estamos haciendo ahora, sino que conozcan de antemano lo que haremos en el futuro, preferiblemente cada vez más lejano.

---

clear Arms Control (vol. III de los *Collected Works of Leo Szilárd),* Mit Press, Cambridge (MA), 1987, pág. 164.

Siempre recordaré lo que me dijo en 1992 (acababa de producirse la caída de la URSS) un físico ruso que emigró a Cornell: «En la Unión Soviética decíamos que nuestra economía estaba planificada, pero yo no fui consciente de lo que era la planificación hasta que llegué a los Estados Unidos: en nuestro país te acercabas a casa de una persona y le preguntabas: "¿Te parece que cenemos juntos?" Aquí en los Estados Unidos tienes que llamar con un mes de adelanto para quedar con alguien: la auténtica planificación de la vida es la de los Estados Unidos.»

Graeber tiene razón cuando dice que «la libertad económica se redujo, para la mayoría de nosotros, a comprar un pedacito de nuestra permanente subordinación económica».[1]

---

1. David Graeber, *Debt*, *op. cit.*, pág. 383. [Trad. esp.: *op. cit.*, pág. 505.]

11. «PORNOGRAFÍA SOCIAL»

¿En qué clase de mundo quieren vivir y hacer que vivamos? Uno se pregunta qué pasaría si todas sus aspiraciones, todos sus ideales se hicieran realidad y cayéramos rodando en el paraíso que imaginan para ellos y para nosotros. Un mundo contaminado, cubierto de plásticos, con ciudades sumergidas por el agua de los océanos a causa del hielo derretido por el calentamiento global, metrópolis envenenadas por las partículas contaminantes y el smog, en las que solo se podrá sobrevivir a fuerza de comprar una y otra vez bombonas de aire puro.

Un mundo en el que prácticamente nadie pagaría impuestos excepto para el ejército y la policía (aunque tal vez incluso estas fuerzas podrían ser subcontratadas a los *contractors*). Una sociedad donde los pocos que tienen tendrían que cuidarse de los muchos que no tienen, encerrándose en urbanizaciones fortificadas *(gated communities),* defendidas por guardas jurados, así como por alambradas de púas y rottweilers. Hace treinta años, los europeos que viajábamos al subcontinente indio nos enervábamos ante la miseria abominable que flanqueaba las mansiones de los poderosos, por los desamparados que agonizaban en las aceras junto a las joyerías de Bombay o Karachi. Nos preguntábamos cómo podían vivir los ricos de esos lugares sin ver lo que los rodeaba. Ahora nosotros también nos hemos quedado ciegos y este espectáculo se ha vuelto familiar en las metrópolis más ricas de las «economías avanzadas», y en París los campamentos de los sintecho se plantan junto a los *faubourgs* del *dernier cri* de la moda. Porque a fuerza de no pagar impuestos no acabaremos pareciéndonos a Suecia sino a Pakistán. O a Brasil, donde me pareció catar el futuro cuando vi desde la acera a familias acomodadas pasar la tarde en el patio de su casa rodeadas de rejas, literalmente «entre barrotes», prisioneras de sí mismas y de su propio miedo, el que les inspira la sociedad que en teoría dominan.

En esta perspectiva, la esperanza de vida disminuiría drásticamente, dado que serían pocos los que podrían permitirse la atención médica: y así se haría realidad en el futuro, para la mayoría de las personas humanas, ese Estado que Thomas Hobbes (1588-1679) planteó en sus inicios: el Estado en el que no hay «ni artes, ni letras, ni sociedad; y lo que es peor de todo, existe continuo temor y peligro de muerte violenta; y la vida del hombre es solitaria, pobre, tosca, embrutecida y breve».[1]

Un mundo que pusiera en práctica, aunque solo fuera en parte, la afirmación de Nozick, esa de que «los impuestos

---

1. Thomas Hobbes, *Leviathan: Or the Matter, Forme and Power of a Commonwealth, Ecclesiastic and Civil* (1651), GlobalGreyebooks.com, 2019, pág. 103; trad. it.: *Leviatano*, Laterza, Roma-Bari, 1974, vol. I, págs. 109-110: he modificado ligeramente la traducción. Por lo general, solo se citan las últimas palabras de este texto, pero tomado en su totalidad muestra que el Estado salvaje descrito por Hobbes corresponde al Estado futuro deseado por Margaret Thatcher: «There is no such thing as society.» [Se cita por la traducción de M. Sánchez Sarto, *Leviatán*, Sarpe, Madrid, 1985, tomo 1, pág. 136.]

sobre la renta del trabajo equivalen a trabajos forzados»,[1] no podría, o mejor dicho *no debería* garantizar la educación pública universal a todos sus ciudadanos (entre otras cosas porque los ciudadanos lo son de un Estado, y en ese mundo ya no habría ciudadanos): y por lo tanto la mayor parte de los súbditos no iría al colegio en absoluto o iría a escuelas improvisadas gracias a vales (que se supone que no serían generosos, ya que «la fiera vive hambrienta»). En esta sociedad reducida a vulgo, los dominadores se sentirían legitimados para reclamar el derecho a la rebelión de los poderosos contra el vulgo. Por otro lado, ya lo hacen, si es cierto que, en 2016, la muy prestigiosa *Foreign Policy* tituló: «Es hora de que las élites se levanten contra las masas ignorantes.»[2] Vale la pena señalar que esta revista fue fundada en 1970 por Samuel Huntington, con quien nos hemos topado con tanta frecuencia en nuestro recorrido.

El pueblo queda, pues, reducido a *plebe,* a esa *multitud* que Rousseau opone a la *sociedad:* «Siempre habrá una gran diferencia entre someter a una multitud y regir una sociedad. Que hombres dispersos sean subyugados sucesivamente a uno solo, cualquiera que sea el número en que se encuentren, no por esto dejamos de hallarnos ante un señor y esclavos, mas no ante un pueblo y su jefe; es, si se quiere, una agregación, pero no una asociación; no hay en ello ni bien público ni cuerpo político.»[3]

1. Robert Nozick, *Anarchy, State, and Utopia, op. cit.,* pág. 169.
2. James Traub, «It's Time for the Elites to Rise Up Against the Ignorant Masses», en *Foreign Policy,* 28 de junio de 2016, foreignpolicy.com/2016/06/28/its-time-for-the-elites-to-rise-up-against-ignorant-masses-trump-2016-brexit/.
3. Jean-Jacques Rousseau, *Du Contrat Social. Ou Principes du droit publique* (1762), en *Collection complète des œuvres,* Ginebra, 1780-1789, vol. 1, pág. 201, disponible en línea en https://www.rous

Dado que se trata de una concepción del mundo en la que «no hay valores, sino solo el valor» (Lazzarato), el único criterio es el lucro dinerario. En este futuro que nos prometen, el verbo «venderse» ya no tiene nada de indecente, no hay nada de lo que avergonzarse, al contrario, es una actividad comercial encomiable, una meritoria inclinación a rentabilizar el propio capital humano, de modo que la perspectiva esbozada por Jean-Claude Michéa resulta paradójica solo hasta cierto punto: «En Alemania [...] algunas obreras despedidas por el capital han visto como la agencia de empleo local les ofrecía lógicamente, como parte de su reconversión laboral, el puesto de señoritas de compañía en los nuevos Eros Centers. Esta forma de resolver el problema del desempleo juvenil constituye sin embargo solo uno de los aspectos del problema. Si [...] la prostitución es una profesión como las demás, y si una de las funciones de la escuela es desde luego la de preparar a la juventud para sus futuros oficios, es lógicamente inevitable que la educación pública se encargue, desde la secundaria, de la formación de los alumnos que deseen orientarse hacia esta profesión del futuro (creación de diplomas sectoriales y modalidades adecuadas; establecimiento de programas, así como del carácter teórico y práctico de los exámenes destinados a probar los conocimientos adquiridos; constitución en definitiva de los cuerpos de enseñanza y de inspección indispensables para dar vida a este proyecto eminentemente moderno).»[1]

El caso, hay poco que añadir, es que estos neolib sienten

---

seauonline.ch/pdf/rousseauonline-0004.pdf. [Se cita por la traducción de Fernando de los Ríos, *El contrato social,* Espasa-Calpe, Madrid, 2007, pág. 44.]

1. Jean-Claude Michéa, *L'empire du moindre mal. Essai sur la civilisation libérale* (2007), Flammarion, París, 2010, págs. 60-61.

una desenfrenada pasión por la esclavitud. Ya Nozick había defendido, como hemos visto, que «un sistema libre debería permitir al individuo venderse como esclavo». Posner había sostenido un *free baby market,* la libre compraventa de bebés. En la misma perspectiva, resulta perfectamente legítimo vender un riñón, un testículo (¿por qué no los dos? Al fin y al cabo, se puede vivir como castrado: los eunucos lo saben desde hace milenios) o un ojo (¿por qué no los dos? También se puede vivir ciego). Sin ir tan lejos, ¿qué son los recaderos de los distintos Amazon, Uber, *take away,* más que esclavos modernos? Hace treinta años, también nos repugnaba en el subcontinente indio el espectáculo de demacrados seres humanos forzados como bueyes, o como mulas, para transportar a otros seres humanos similares en un carro: los *rickshaw* orientales. Hoy vemos el mismo oficio practicado por musculosos chicarrones del Occidente hiperalimentado. ¿Cuándo volveremos a los porteadores de literas de la antigua Roma, no por necesidad, sino como una ostentación de estatus?

Resulta enigmática la fascinación que ejerce la esclavitud sobre estos cantores de la libertad, y no solo sobre los aquejados de racismo subliminal, como Posner, que «solo» trataba de evitar que a las parejas blancas se les asignaran hijos adoptivos de color. A Robert William Fogel (1926-2013) no se le puede contar desde luego entre ellos. Hijo de inmigrantes judíos de Odessa (Ucrania), comunista hasta los veintidós años, se casó a esa edad (1948) con Enid Cassandra Morgan, una activista afroamericana, su esposa durante cuarenta y cinco años: en esa época los matrimonios interraciales estaban castigados incluso con la cárcel en algunos estados y muy mal vistos en todos los demás. Discípulo de Stigler, entonces profesor de Historia Económica en Chicago, fue galardonado con el Premio Nobel en 1993 por haber impuesto en la historiografía la *cliometría* (para los griegos Clío era la musa de la Historia), que supone para el ámbito histórico lo que *Law and Economics* representa para el Derecho.

Fogel se hizo famoso en 1974 cuando rehabilitó (en sentido económico) la economía esclavista de los estados confederados de antes de la guerra civil de 1861-1865 (llamada también «guerra de Secesión»): es decir, aportó argumentos para defender que la agricultura del Sur era más eficiente (en más de un tercio) que la agricultura del Norte y que en las plantaciones se practicaba una división del trabajo propia de cadena de montaje que garantizaba economías de escala («el objetivo último de la organización de los esclavos era el de la creación de una fuerza de trabajo altamente disciplinada, altamente formada, y perfectamente coordinada»).

Según su reconstrucción, los esclavos negros del Sur gozaban de una vida media más larga que las de muchos países europeos, incluidos los más avanzados (en esa época), habitaban en casas no mucho más incómodas que las del Norte, tenían probablemente una alimentación mejor. Lo interesante es que toda esta investigación suya pretendía erradicar el racismo con el que quedaron impregnados incluso los abolicionistas cuando hacían responsable a la esclavitud del supuesto subdesarrollo cultural y de carácter de los negros (se decía que «la innata inferioridad de la raza negra [*Negro race*] se manifestaba en la pereza, en la limitada capacidad intelectual, la simplicidad infantil, la docilidad, la sensualidad y la turbulencia»).[1]

---

1. Robert William Fogel, Stanley L. Engerman, *Time on the Cross: The Economics of American Negro Slavery,* Norton, Nueva York, 1974, págs. 203, 216. [Se cita por la traducción de Arturo Ro-

Acusado de rehabilitar (en todos los sentidos) la esclavitud, Fogel respondió, quince años después, argumentando que la razón para rechazar la esclavitud era su «horror moral»: «Por más que el sistema esclavista fuera terriblemente regresivo en sus aspectos sociales, políticos e ideológicos, estaba muy avanzado para los niveles de la época en su tecnología y organización social», de modo que «el argumento para abolir la esclavitud se basa en cuestiones de moralidad y justicia más que en la incapacidad del sistema esclavista para generar una alta tasa de crecimiento económico». «El primer y abrumador argumento en la nueva incriminación es que la esclavitud permitió que un grupo de personas ejerciera un dominio personal ilimitado sobre otro grupo de personas.»[1]

Este argumento se parece mucho al del «corazón a la izquierda y la cartera a la derecha» que tan de moda estaba entre quienes se quejaban de haber formado parte del movimiento obrero. Con el agravante de que quien lo decía es discípulo de Stigler, el cantor de la economía como nueva «ciencia imperial» que someterá a su específica racionalidad todos los aspectos de la vida humana, sin excluir ninguno, es decir, incluida la moralidad: si la economía puede explicar cualquier elección (incluso las aparentemente irracionales que, sin embargo, ocultan su propia racionalidad, aunque sobre eso volveremos dentro de poco), entonces carece de

---

berto Firpo, *Tiempo en la cruz,* Siglo Veintiuno de España, Madrid, 1981, págs. 173, 184.] Sobre la esperanza de vida de los esclavos, véanse las págs. 125-126 [106-109]; sobre su alimentación y alojamiento, las págs. 109-116 [94-101].

1. Robert William Fogel, *Without Consent or Contract: The Rise and Fall of American Slavery* (1989), Norton, Nueva York, 1994: los tres entrecomillados en las págs. 10, 391 y 394 respectivamente.

sentido afirmar que un sistema social es eficiente y rentable económicamente pero puede ser repudiable moralmente, ya que incluso una elección moral debe describirse en términos de cierta ganancia. A fin de cuentas, ya en 1944, en su fantástico ensayo sobre el «problema negro» en los Estados Unidos, el economista sueco Gunnar Myrdal había reconocido (como recuerda el propio Fogel) las ventajas económicas de la esclavitud: «la fundamental unidad de interés entre el capital y el trabajo –dado que el trabajo era *capital*– constituía un argumento importante en la teoría proesclavismo».[1] Lo que ocurre es que Myrdal no era un neoliberal, no creía que todo lo humano pudiera explicarse estrictamente en términos no solo económicos, sino específicamente de mercado.

En su dedicación de por vida al tema de la esclavitud, Fogel muestra una brecha entre sus consideraciones morales y su cliometría: como era de esperar, en el ocaso de su vida escribirá un libro en el que magnifica el papel de la religión en los grandes impulsos igualitarios y civiles de la historia estadounidense, que según él siempre provienen de un despertar religioso; un libro en el que se ofrece una imagen optimista y positiva en su conjunto del fundamentalismo religioso de los telepredicadores y de la *moral majority* de la segunda posguerra.[2]

Así pues, incluso en Fogel hay un excedente, que debemos entender, en esa fascinación que siente por el sistema esclavista. Una pista nos la proporciona él mismo cuando

---

1. Gunnar Myrdal, *An American Dilemma: The Black Problem and Modern Democracy,* Harpers & Row, Nueva York, 1944, pág. 261.
2. El libro en cuestión es *The Fourth Great Awakening & the Future of Egalitarianism,* The University of Chicago Press, Chicago, 2002.

escribe: «Nadie duda de que los seres humanos eran una forma de capital en la sociedad esclavista. Los esclavos comprados y vendidos [*traded*] exigían unos precios específicos y bien definidos como los de la tierra, edificios o máquinas. Desde el momento en que los precios de los esclavos variaban según la edad, la salud, el nivel de conocimientos y la situación geográfica, es evidente que el adiestramiento de los esclavos o su traslado de una región a otra constituían formas de inversión al igual que la construcción de un edificio o la instalación de una cerca. Lo que hacía parecer extraña la aplicación del concepto de capital humano a las sociedades libres era que la gente libre no se compra ni se vende en mercados bien definidos y, por lo tanto, no exige [*command*] unos precios de mercado. [...] El hecho de que los tribunales otorguen una asignación a las viudas de los hombres muertos a causa de accidentes industriales es un reconocimiento legal de que la gente libre sigue teniendo un valor de capital. El importe de esta asignación habitualmente da lugar a un debate sobre el valor de capital del difunto en el momento de su muerte. Desde esta perspectiva, la diferencia crucial entre la sociedad esclava y la libre descansa no en la *existencia* de derechos de propiedad en el hombre, en el capital humano, sino en quién puede tener esos derechos de propiedad. En las sociedades libres, cada persona tiene más o menos derecho a su propio capital humano. [...] Por el contrario, en las sociedades esclavistas, un gran número de individuos estaban permanentemente privados del derecho a su propio capital humano.»[1]

Por fin hay un historiador que nos aclara el origen de ese concepto que Becker utilizaba de manera tan brillante

---

1. Robert William Fogel, Stanley L. Engerman, *Time on the Cross, op. cit.*, pág. 233. [Trad. esp.: *op. cit.*, págs. 198-199.]

como desenvuelta, y que Foucault daba como evidente en sí mismo: el «capital humano». Esta idea no podía surgir de ningún otro sitio que no fuera la esclavitud: es con la esclavitud cuando el ser humano esclavo se reduce a capital económico en sentido estricto (puede comprarse y venderse, puede invertirse en él para que sea más rentable: y, sobre todo, no es más que –socialmente– capital «inmovilizado» ambulante). La esclavitud primordial es para los neolib el equivalente a lo que era el trueque original para Adam Smith. Es este origen lo que explica por qué la procreación de un hijo puede compararse con la compra de un electrodoméstico, un bien de larga duración que es al mismo tiempo un bien de capital. Así como explica, al menos en buena parte, la fascinación que ejerce la esclavitud en los neolib. Es el sistema económico en el que su idea de libre mercado, de competencia, de capital humano se da en su forma más pura: la de los negreros y la trata de esclavos.

Para mí, este cortocircuito entre revolución conceptual neolib y esclavismo fue una auténtica iluminación, que me aclaró también una sensación indefinida, un vago malestar que se apoderaba de mí mientras estudiaba sus textos uno tras otro. No hay uno solo que dé una respuesta que haga albergar esperanzas, que proporcione una buena razón para confiar en un mundo más humano y menos contaminado, menos hobbesiano: todos están impregnados por un nihilismo subyacente, como esos magnates que se enriquecen envenenando el aire que ellos también tendrán que respirar un día u otro. Tal vez fuera por eso por lo que a Posner le gustaba tanto Nietzsche.

O tal vez haya una vertiente menos noble. Como una suerte de *pornografía teórica*. No lo digo yo, sino que lo expresó con descarado candor Charles Murray, autor de *Losing Ground* y de *The Bell Curve,* en una larga conversación con un reportero del *New York Times,* durante un viaje aéreo regado con múltiples libaciones. Así nos lo cuenta el periodista: «La personalidad de Murray en sus palabras impresas es la de un investigador agobiado por conclusiones inquietantes a las que ha llegado con profundo pesar; pero ahora parece estar pasándoselo en grande: "Se trata realmente de pornografía sociológica [*social science pornography*]." Esta frase puede aclarar la influencia de Murray más de lo que pretendía [...]. Gran parte de su influencia se deriva de su capacidad para expresar, a través de un análisis aparentemente desapasionado, muchos de los peores, ocultos recelos que la gente alberga sobre raza, clase y sexo. Sus escritos son una especie de *Guía Michelin* del inconsciente [*underpsyche*] estadounidense. Él mismo lo reconoce inconscientemente cuando al proponer *Losing Ground* preguntaba: "¿Por qué un editor podría venderlo? Porque hay multitudes de blancos bien intencionados que temen ser racistas en secreto, y este libro les dice que no lo son. Les hará sentirse mejor sobre cosas que ya piensan, pero que no saben cómo decir."»[1]

La noción de pornografía sociológica explica la excitación, el escalofrío del escándalo que proporciona a la mojigatería de los lectores la idea de la libre compraventa de niños, o de hijos como neveras, o del plantearse cuántos delitos deberían quedar impunes.

---

1. Jason Deparle, «Daring Research or "Social Science Pornography"?: Charles Murray», en *The New York Times Magazine,* 9 de octubre de 1994, https://www.nytimes.com/1994/10/09/magazine/daring-research-or-social-science-pornography-charles-murray.html.

12. EL PENSAMIENTO CIRCULAR DEL CIRCUITO ECONÓMICO

El poder del discurso neolib es tal que nadie lo cuestiona, nadie discute su coherencia ni mucho menos sus categorías. Incluso Foucault, que nos había acostumbrado a ser tan receloso con los conceptos que manejaba (baste con pensar en cómo ahondó en la idea de la locura), da por sentado de repente, como hechos comprobados, términos tan enigmáticos como, por ejemplo, el de *competencia:* ¿cuál es la relación entre *competencia, competición* y *guerra?* Ciertas dudas ante la chifladura filosófica que sintió por el neoliberalismo deberían habérselas despertado la tajante afirmación, antes citada, del gobernador de la Compañía Holandesa de las Indias Orientales Jan Pieterszoon Coen en 1614: no hay comercio sin guerra, ni guerra sin comercio. La palabra inglesa *competition* nos muestra mejor que la palabra «competencia» las similitudes entre los dos conceptos: igual que en la guerra, en la competición hay un ganador y hay un perdedor; en ambos casos, el resultado de la «competición» es acabar (sacándolo del mercado) con el enemigo (el competidor). Sin embargo, mientras que la guerra termina en determinado momento, porque precisamente uno de los dos contendientes ha sido derrotado, en la teoría neoclásica la competición debería sobrevivir a la competición misma, la competición debería ser el estado estacionario, la condición de equilibrio de la economía. Se trata de una contradicción conceptual: además, podemos ver con nuestros propios ojos que ello no sucede. No hay legiones de buscadores informáticos que compitan de forma correcta entre sí, sino que en cada mercado hay uno solo, Google en Occidente, Baidu en China, Yandex en Rusia. No hay multitud de competidores en la distribución minorista con entrega a domicilio, está Amazon en Occidente, Alibaba en China. Incluso entre las redes sociales siempre hay un grupo dominante para cada mercado: Facebook en Occidente, VKontakte en Rusia, Qzone en China. Y así podríamos seguir. Y cuando no son monopolios, son oligopolios (y aquí es donde acude en nuestra ayuda la «revolucionaria contribución» de Henry Manne, cuando dice, contra el sentido común, que las fusiones entre empresas no dañan la competencia, y que la competencia también subsiste en régimen de monopolio u oligopolio).

Tampoco Foucault hurgó en ese concepto tan opaco que para los economistas neoclásicos representa la *utilidad*, de la que deriva esa «función de utilidad», de cuyo formalismo matemático usa y abusa la Escuela de Chicago. Al haber sido físico teórico en mi juventud, no comparto el reverencial temor que los filósofos albergan por las fórmulas del análisis diferencial. Muy a menudo, las ecuaciones son una poderosa herramienta retórica que los economistas modernos usan para cohibir. Que los números tienen un poder hechicero se sabe desde la Antigüedad: el aura de los números se desprendía de la cábala. Solo en raras ocasiones se ven cuestionados los números desde el punto de vista del lenguaje y la retórica: «¿Qué es un número? ¿Es una palabra entre otras, parte integrante del lenguaje? ¿O es un puro objeto científico de naturaleza extralingüística?»¹ La publicidad recurre a mansalva a la retórica del número, como en este ingenioso anuncio de zapatos: «Pague uno, compre dos *(pay one, get two)*, basado en el doble sentido del *par* de zapatos; o bien «99 euros por 99 comidas», basado en el mismo número aplicado a diferentes objetos, y así sucesivamente. Por encima de todo, el número ofrece una determinación «exacta» que neutraliza cualquier controversia: se puede poner objeciones a «cien contagios» en una región, no a «107 contagios». El número ofrece, en otras palabras, una inmediatez fáctica, depurada de opiniones.

Quizá resulte sorprendente, pero hace menos de un siglo la disciplina económica no hacía un gran uso de las matemáticas: mas en medio siglo todo cambió. Ya en 1985, Deirdre McCloskey escribía: «A partir de los años cuarenta, en especial, los economistas de todas las escuelas cayeron embelesados por este nuevo y científico estilo discursivo. La mayoría de las revistas de economía de hoy parecen revistas de matemáticas aplicadas o de estadística teórica. Por el contrario, la *American Economic Review* de principios de la década de los treinta apenas contenía una ecuación; los presupuestos no estaban formalizados; los gráficos eran solo diagramas de series [...] [mientras que], en los 159 artículos extensos publicados por la misma revista entre 1981 y 1983, solo seis se limitaban a usar palabras, y apenas cuatro añadían a las palabras tan solo tablas estadísticas.»²

Es la desenvoltura con la que los economistas manejan

---

1. Jacques Durand, «Rhétorique du nombre», en *Communications*, n.º 16, 1970, págs. 125-132, pág. 125, http://jacques.durand.pagesperso-orange.fr/Site/Textes/t9.htm.
2. Deirdre McCloskey, *The Rhetoric of Economics, op. cit.*, págs. 139-140.

el cálculo diferencial lo que más sorprende (negativamente). Es curioso que ningún matemático se haya interesado en examinar el uso que los economistas le dan. Es de la retórica diferencial de donde la ideología económica extrae su apariencia no ideológica. Las matemáticas funcionan aquí como una herramienta para oscurecer la visión intensamente opinable de las conclusiones alcanzadas por la economía. Las matemáticas son el cortocircuito para conseguir que la economía se eleve a un estatuto de cientificidad. Sin embargo, muchas ciencias han logrado progresos increíbles en la comprensión del mundo que nos rodea sin recurrir a las matemáticas: basta con fijarse en la anatomía, o la botánica o la zoología.

Como es natural, en economía los modelos matemáticos resultan muy útiles, mejor dicho, indispensables, como en todos aquellos campos que son ya numéricos en sí mismos, por ejemplo, en el mercado bursátil o de derivados, y en general en todas las finanzas que tratan con objetos «calculables», en las que obviamente la teoría de juegos de Von Neumann y Morgenstern desempeña un papel decisivo. Pero aplicar estos modelos a situaciones eminentemente multifactoriales, y por lo tanto no lineales, roza la charlatanería: baste con pensar que ni siquiera se ha resuelto la ecuación conceptualmente simple del movimiento de tres cuerpos que se atraen con la fuerza de la gravedad.

No somos solo Deirdre McCloskey y yo quienes notamos el carácter puramente retórico, publicitario, en el uso de las matemáticas y de los modelos cuantitativos en la economía. También se percató Ronald Coase, considerado el padre de *Law and Economics,* cuya mirada sobre su propia disciplina tal vez se viera influida también por el curso académico 1958-1959 que pasó en Stanford con Thomas Kuhn, el filósofo de la ciencia que había vinculado las revoluciones científicas al consenso que las teorías obtienen por parte de los científicos. Para Coase, en la elección entre teorías económicas en competencia entre sí, los estudios cuantitativos «cumplen una función similar a la de la publicidad u otras actividades promocionales en el mercado normal de productos. No tienen como objetivo únicamente aumentar la comprensión de quienes creen en la teoría, sino también atraer a los que no creen en ella y prevenir la desafección de los propios creyentes. Estos estudios demuestran el poder de la teoría, y la determinación de los estudios cuantitativos les permite expresar su punto de vista de forma particularmente persuasiva. Estamos ante un proceso competitivo en el que los proveedores de las diversas teorías intentan vender sus productos».[1] Es interesante que Coase utilice la *perspectiva* neolib (reducir toda la realidad a la metáfora de la mercancía) para contestar el método neolib (la metáfora matemática). Por lo demás, la gran mayoría de las ecuaciones presentadas por los economistas están ahí para ser exhibidas, no para ser resueltas, ni mucho menos calculadas. Como una demostración más de su función predominantemente ornamental.

Coase expresa también un sentimiento que todos hemos sentido al leer las obras de la Escuela de Chicago, de los Stigler, de los Becker, de los Posner, es decir, que sea cual sea el tema que trataran, y el problema que afrontasen, en realidad siempre estábamos leyendo el mismo artículo, repetido hasta la saciedad. No importa que se esté hablando de la sonata *Claro de luna* de Beethoven o de una confección de

---

1. Ronald H. Coase, *How Should Economists Choose?*, Washington D.C., American Enterprise Institute, Washington, 1982, pág. 17, disponible en el sitio web del AEI, https://www.aei.org/wp-content/uploads/2016/03/NutterLectures03.pdf.

carne enlatada, el procedimiento establecido se repite idéntico a sí mismo: concordemos que resulta muy interesante identificar qué hay en común entre la lata y la sonata, pero al cabo de un rato nos gustaría entender también qué las diferencia. Afirma Coase, en efecto: «Me parece que cuando llegas a los trabajos sucesivos [de Stigler] con Becker, ya sabes cómo acaba antes de empezar la argumentación. En cierto modo, es como si estuviera acumulando argumentos para consolidar una conclusión. Y más aún en el caso de Posner. ¿Has leído algo sobre ellos? Da la impresión de que la trama siempre es la misma y los personajes están inmóviles.»[1]

La impresión de estar leyendo siempre la misma historia se debe en realidad a la estructura circular de sus conceptos, al considerar como una demostración lo que no pasa de ser una descripción.

El teorema del hijo desnaturalizado y otras tautologías

Empecemos con el concepto de «utilidad». Según los diccionarios, «la utilidad representa la satisfacción que obtienen los consumidores al elegir y consumir un producto o servicio [...] pero calcular el beneficio o la satisfacción que

1. Freedman Craig, «The Way Things Work: The Empirical Bent of Economists - Ronald Coase on George Stigler», citado por Steven G. Medema, «Embracing at Arm's Length: Ronald Coase's Uneasy Relationship with the Chicago School», 29 de julio de 2019, pág. 22, https://ssrn.com/abstract=3428759 o bien http://dx.doi.org/10.2139/ssr.3428759. El artículo de Medema recoge los distintos y sustanciales puntos de desacuerdo entre Coase y otros exponentes de la Escuela de Chicago, que podrían discrepar en todo excepto en quién era su oponente.

reciben de ello los consumidores es tarea abstracta y difícil de determinar. Como resultado, los economistas miden la utilidad en términos de preferencias [*revealed preferences*] observando las opciones tomadas por los consumidores. [...] En economía, la función de utilidad mide la satisfacción de un consumidor en función del consumo de bienes reales como alimentos o ropa».[1]

Ronald Coase también se mostraba escéptico sobre la utilidad del concepto de utilidad (me disculpo por el juego de palabras) pues le parecía «bastante estéril»: «no nos dice nada acerca de los propósitos por los que las personas se comprometen en una actividad económica y nos deja sin discernimiento sobre por qué la gente hace lo que hace».

La crítica más devastadora de esta noción de «utilidad» proviene, sin embargo, de la gran economista Joan Robinson (1903-1983): «*Utilidad* es un concepto metafísico de inexpugnable circularidad; *utilidad* es la calidad de los productos que impulsa a las personas a comprarlos, y el hecho de que las personas quieran comprar productos demuestra que estos últimos tienen *utilidad*.»[2]

La circularidad de este tipo de razonamientos afecta frontalmente a todo el «imperialismo» epistemológico de la economía, en aquellos campos que Coase llamó «disciplinas contiguas»: «La teoría de la utilidad parece más susceptible de perjudicar que de ayudar a los economistas en su trabajo

---

1. Andriy Blokhin, «What is the Utility Function and How is it Calculated?», en *Investopedia,* 5 de agosto de 2019, https://www.investopedia.com/ask/answers/072915/what-utility-function-and-how-it-calculated.asp.

2. Joan Robinson, *Economic Philosophy,* Penguin Books, Harmondsworth, Middlesex, 1962, pág. 48. Descargable de https://web.archive.org/web/20160221095721/http://digamo.free.fr/ecophilo.pdf.

en las disciplinas contiguas.»[1] Cuando Becker dice que una madre se sacrifica porque obtiene unas «ganancias psíquicas», ¿qué explica esta afirmación? Nada, porque, si la madre no se sacrifica, decimos que es porque no obtiene ganancias. La acción que debemos explicar se convierte en la demostración de la causa que debería producirla: las ganancias psíquicas quedan «demostradas» por el sacrificio de la madre. Este razonamiento no nos permite prever nada, porque deberíamos saber de antemano si la madre considera el sacrificio una ganancia (psíquica) o no; se trata solo de una observación *ex post*. Como escribió Brian Barry, «el peligro constante de las "teorías" económicas es que *terminan por "explicarlo" todo, simplemente describiéndolo*. Por lo tanto, carecen de toda utilidad para predecir si sucederá una cosa y no otra».[2]

En conclusión, un pensamiento tautológico. Por más que las tautologías puedan llegar a ser poderosas, como reconoce el propio Barry: estudiar la administración de justicia desde el punto de vista de lo que cuesta administrarla y hacerla funcionar, arroja sin duda una nueva luz sobre la actitud de las fuerzas represivas y explica comportamientos de otra manera inexplicables, por los que ciertos delitos quedan impunes: «la policía se quedó de brazos cruzados».

Solo hasta cierto punto, sin embargo. «Los argumentos de la teoría de las elecciones racionales tienden a volverse menos persuasivos y menos útiles a medida que los objetivos de quienes las efectúan se vuelven más peculiares. Por ejemplo, resultan útiles para explicar por qué la mayoría de los

---

1. Ronald H. Coase, *Economics and Contiguous Disciplines*, op. cit., pág. 208.
2. Brian Barry, *Sociologists, Economists and Democracy*, The University of Chicago Press, Chicago, 1970, pág. 33 (las cursivas son mías).

miembros del Congreso de los Estados Unidos atienden los intereses de su electorado [*constituency*]; pero no para explicar por qué un puñado de intelectuales rusos se unió a Lenin en la aparentemente desesperada lucha por derrocar al zar. [...] La habilidad del analista para atribuir fines plausibles a los actores limita el campo en el que los argumentos de la elección racional resultan útiles. [...] De una persona que, por ejemplo, regala todas sus posesiones a un culto religioso, se dice que lo que persigue racionalmente es el propósito de la autoabnegación. Pero cuando los objetivos se deducen directamente de la conducta observada, los argumentos de la elección racional se deslizan de la "tautología creativa", como la llama Brian Barry, a la mera tautología.»[1]

El campeón mundial de tautología es indiscutiblemente Gary Becker, que ha batido el récord con su «Teorema del hijo desnaturalizado». El teorema afirma que «todo beneficiario (de la benevolencia de un familiar altruista) maximiza las rentas familiares de su benefactor y, por lo tanto, internaliza todos los efectos de sus acciones sobre otros beneficiarios».[2] Dicho sin rodeos, si recibes regalos de tu familia, te conviene que tu familia tenga mucho dinero y, por lo tanto, te conviene comportarte en consecuencia. O, por decirlo de forma más brutal: incluso a un hijo desnaturalizado le conviene tratar bien a sus padres y comportarse de manera que no los lleve a la ruina.

Que el teorema se reduce a estas consideraciones de tendero se desprende de las afirmaciones sucesivas: «El teorema del hijo desnaturalizado puede explicar por qué un padre

---

1. Barbara Geddes, *Paradigms and Sand Castles: Theory Building and Research Design in Comparative Politics,* The University of Michigan Press, Ann Arbor (MI), 2003, págs. 180-181.
2. Gary Becker, *A Treatise on the Family, op. cit.,* pág. 288.

retrasa ciertas contribuciones hasta las últimas etapas de su propia vida: quiere proporcionar a sus hijos un incentivo a largo plazo para tener en cuenta los intereses de toda la familia. De hecho, puede retener ciertas contribuciones hasta su propia muerte, para tener la última palabra [...] eso explica por qué los padres altruistas optan por la herencia en favor de los hijos, por más que los impuestos de las donaciones entre vivos sean más bajos que los impuestos hereditarios.»[1] Incluso nosotros, que no hemos recibido el Premio Nobel de Economía, podemos suponer que un padre preferirá no dar a su hijo todo su dinero de inmediato para que siga tratándolo bien, con el fin de no perder la herencia...

En realidad, además de la tautología, lo que entra en juego aquí es un paralogismo. Y el paralogismo consiste en utilizar una vez la palabra «utilidad», o «ventaja», en un sentido específicamente monetario (precios en dinero, costes, ganancias) –un sentido que permite que sea objeto de sumas, restas, multiplicaciones y divisiones–, para luego extender su significado a todos los campos de la actividad humana, aunque eso sí, realizando en última instancia la pirueta de volver a aplicar a este sentido generalizado las reglas (y las operaciones) que son válidas solo para el sentido restringido. Primero se es utilitarista cuando se habla de beneficio económico, luego se es utilitarista al decir que en toda acción humana debe haber alguna utilidad (no se hacen las cosas sin *una* razón), y al final esta última utilidad se describe solo en términos monetarios.

Por tanto, la crítica a esta visión del mundo no va dirigida necesariamente contra el utilitarismo o contra el racio-

1. *Ibid.*, pág. 293.

nalismo (a su manera, incluso el bueno de Hegel solía decir que «todo lo real es racional»). Lo que se critica es una peculiar reducción del utilitarismo a determinada subdimensión específica, la del intercambio monetario. Desde cierto punto de vista, podría decirse que el psicoanálisis también pone en práctica una forma de utilitarismo al estudiar acciones que no aportan ninguna ventaja a nivel consciente, sino más bien incluso desventajas extremas (de lo contrario, no habría razón alguna para estudiarlas), para plantear luego la hipótesis de que estas desventajas a nivel consciente son compensadas (o son el precio a pagar) por beneficios a nivel inconsciente: si hubiera un cálculo de las «ventajas psíquicas», el inconsciente serviría para «cuadrar las cuentas» que a un nivel consciente no encajan. Algo parecido a lo que sucede con la «materia oscura» (que somos incapaces de «ver» con ningún instrumento), que se supone que representa el 90 % de la masa de todo el universo para que cuadre el modelo cosmológico del Big Bang (desde un punto de vista retórico resulta interesante en ambos casos el uso de la *oscuridad* como metáfora).

El problema de cualquier racionalismo es preguntarse cuán extenso es el dominio al que se aplica ese concepto de razón. Marx también era un racionalista, pero la «autorrealización» a la que orientaba toda acción política difícilmente podría expresarse por la «función de utilidad» de los teóricos de la elección racional.

No todo racionalismo es pura lonja de pescado: te doy una dorada, si me das tres gambas. Es la biología la que nos ofrece un extraordinario ejemplo de cómo cada diferente nivel de organización implica una lógica diferente y conceptos distintos. Para los electrones vale la lógica de la física cuántica y pueden ser descritos por la ecuación de Schrödinger. Pero describir ya una macromolécula mediante las mismas ecuaciones y las mismas cantidades resultaría inútil (además de imposible). De la misma manera que no tiene sentido describir la acción de las fibras musculares o de los cartílagos en términos de química molecular. No porque en un nivel menor la ecuación de Schrödinger o los balances termodinámicos dejen de aplicarse, sino porque se vuelven inutilizables, además de incalculables, en niveles superiores de organización y por tanto de intercambio. Todos los seres vivos estamos formados por átomos (e incluso a nivel inferior por protones, neutrones, electrones...), pero las flores emiten olores que las abejas perciben y nosotros usamos palabras que otros humanos entienden: ¡imposibles de describir en términos de ondas electromagnéticas o partículas elementales! «Cada objeto estudiado por la biología», escribía el biólogo François Jacob (1920-2013), «representa un sistema de sistemas. Como elemento en sí mismo de un sistema de orden superior, a veces obedece a reglas que no pueden deducirse de su propio análisis. Es decir, cada nivel de la organización debe considerarse en referencia a los que se yuxtaponen con él. No podríamos comprender el funcionamiento de un televisor sin conocer por un lado el de los transistores y por otro la relación entre emisor y receptor. En cada nivel de integración, en efecto, se manifiestan características nuevas».[1]

De ahí que las metáforas físicas o biológicas aplicadas a las ciencias sociales solo provoquen sonrisas. Como el darwinismo social, que es la teoría implícita en todas las teorías de la competencia y la competición: la supervivencia de las especies como competencia victoriosa en el mercado de la naturaleza. El propio Jacob me decía: «Conceptos que fun-

---

1. François Jacob, *La logique du vivant. Une histoire de l'hérédité*, Gallimard, París, 1970, pág. 328.

cionan en un nivel, no lo hacen en el nivel inferior o superior de integración [...] no hay ninguna razón particular por la cual el darwinismo –una mecánica que funciona sobre la base de la reproducción y los errores reproductivos, el sexo, la muerte– pueda funcionar en un nivel muy diferente, el de la integración social.»[1]

Si la lógica del trueque bastara para explicar todas las variantes y matices de la interacción entre dos únicos seres humanos entre sí (y no es el caso en absoluto), es impensable adoptar el mismo modelo para describir el desarrollo de las interacciones sociales entabladas por millones de seres humanos simultáneamente. Acabaríamos por quedar atrapados en la metáfora mercantilista y por exportar conceptos de un campo a otro a tontas y a locas, sin ton ni son.

El empresario ideológico y otros anacronismos

A veces leemos las frases sin cuestionarlas. Cuando los neolib nos dicen que cada individuo es un empresario de sí mismo y que el propio yo ha de concebirse como una empresa, pocos se preguntan qué significa exactamente tal proposición. Foucault se planteó el problema de pasada: «Habría que hacer toda una historia del concepto a la vez económico, histórico y social, del empresario y la empresa, con la completa derivación del uno a la otra desde fines del siglo XIX hasta mediados del XX»[2] (y más allá, habría

---

1. Marco d'Eramo, «La logica del vivente vent'anni dopo. Intervista a François Jacob», en VV. AA., *Dalle forze ai codici,* manifestolibri, Roma, 1992, págs. 49-63, págs. 61-62,
2. Michel Foucault, *Naissance de la biopolitique, op. cit.,* pág. 166. [Trad. esp.: *op. cit.,* pág. 190.]

que añadir). Pero es una de esas observaciones que Foucault lanza de pasada, sin cuestionarse realmente el concepto: algo parecido a cuando cuestiona la «nueva» gubernamentalidad de partido, «aparecida en Europa a fines del siglo XIX».[1] Son, en efecto, pensamientos fugaces tan solo, que vuelan lejos ahuyentados por las embestidas del argumento principal.

No se trata aquí de realizar esa investigación que Foucault auguraba, aunque de forma vaga más que decidida. Lo que sí se puede es extraer alguna conclusión de la tesis de que «todo ser humano es un empresario de sí mismo». Es conveniente razonar ahora en términos aristotélicos medievales: si cada uno de nosotros es un empresario de sí mismo, eso quiere decir que algo llamado «empresarialidad» es intrínseco a la condición de la humanidad, al igual que la rosa se define por la «rosedad» y el tigre por la «tigritud». (La traducción contemporánea de la teoría escolástica de la sustancia consistiría en decir que el tigre es un tigre porque la tigritud «está contenida en su ADN».)

Con eso quiere decirse que la empresarialidad es una propiedad (un predicado) universal del ser humano. Y que, por lo tanto, «emprender» no es solo una acción económica por la que alguien «emprende» un negocio, una firma (una empresa en el sentido moderno), sino que todo ser humano emprende (en el sentido moderno) una empresa (en el sentido antiguo, como las hazañas de los héroes). Viceversa, cualquier actividad humana se convierte en un acto «empresarial». No me refiero aquí a la glorificación del empresario

---

1. *Ibid.*, pág. 197 [pág. 224]: «eso es en todo caso lo que tal vez procuraré mostrarles el año que viene, si sigo teniendo estas ideas en la cabeza», pero evidentemente las ideas cambiaron y el anuncio no pasó de ser tal.

y su asimilación a otros héroes y semidioses de la historia humana. Ya en 1913 atribuía Werner Sombart al empresario cualidades sobrehumanas: «Todo empresario que quiera triunfar [...] ha de ser conquistador, organizador y negociador.» Como conquistador, debe ser «hombre capaz de gran osadía, que arriesga todo por conseguir el éxito de su empresa. Su audacia lo hace comparable al jugador. Todo ello requiere elasticidad y vigor espirituales, energía y firmeza de voluntad».[1]

Schumpeter ensalzó al empresario como el demiurgo de la innovación tecnológica y lo paragonó con los caballeros medievales, aunque fuera para predecir su fin como figura social, exactamente igual que la caballería feudal fue suplantada por la infantería burguesa: para Schumpeter el heroico empresario parece haber sido reemplazado por los ejércitos burocráticos de las grandes corporaciones, del mismo modo que los valientes paladines fueron aniquilados por la prosaica infantería: «El papel del empresario, aunque menos fascinante que el de los condotieros medievales, grandes o pequeños, es o era, sin embargo, solo otra forma de mando que actúa en virtud de la fuerza personal o de la responsabilidad personal. Su posición, como la de las clases guerreras, se ve amenazada en cuanto esta función pierde importancia en el proceso social, ya sea por la desaparición de las necesidades sociales que satisfacía, o por el hecho de que estas

---

1. Werner Sombart, *Der Bourgeois. Zur Geistesgeschichte des modernen Wirtschaftsmenschen* (1913), Duncker & Humblot, Múnich, 1920, págs. 69, 70, 71 *(Der Eroberer, der Organisator, der Händler);* trad. it.: *Il borghese. Lo sviluppo e le fonti dello spirito capitalistico,* Longanesi, Milán, 1978, págs. 39-40. [Se cita por la traducción de María Pilar Lorenzo, *El burgués: contribución a la historia espiritual del hombre económico moderno,* Alianza Editorial, Madrid, 1972, págs. 64-65.]

necesidades sociales se satisfagan ahora con otros métodos, más impersonales.»[1]

La perspectiva de Sombart y Schumpeter encajaba en la tradición: atribuía a la nueva figura del empresario cualidades que en épocas anteriores se habían manifestado en otros campos, ya fuera en la dirección de la guerra o del Estado, asimilando al empresario con el caudillo, el estadista o el profeta. Nosotros hemos podido asistir a este procedimiento en la apoteosis *post mortem* del fundador de Apple, Steve Jobs (1955-2011).

La ideología neolib requiere, por el contrario, un cambio de perspectiva, exige que las antiguas cualidades que se habían manifestado primero en otros campos se subsuman en la categoría moderna de espíritu empresarial; es decir, requiere una operación, literalmente, de *anacronismo* conceptual. Ahora son el caudillo asirio del segundo milenio a. C., el estadista ateniense del siglo V a. C., el profeta beduino del siglo VII d. C. y el conquistador mongol del siglo XIII los que se asimilan al empresario angloamericano del siglo XX.

Este macroscópico anacronismo fue cometido por una... escuela histórica (¡¡!!), concretamente por la escuela cliométrica con la que ya nos hemos topado al hablar de Robert Fogel. El ejemplo más esclarecedor nos lo proporciona Douglass North (1920-2015), quien recibió por sus investigaciones históricas el Premio Nobel de Economía, precisamente junto con Fogel. Como historiador, North estaba profundamente insatisfecho con la antropología neolib, que sin embargo compartía (fundó una revista junto con Ronald Coase),

---

1. Joseph A. Schumpeter, *Capitalism, Socialism and Democracy*, Allen and Unwin, Londres, 1976, pág. 133; trad. it.: *Capitalismo, socialismo e democrazia*, Etas, Milán, 1994, pág. 129 (he modificado ligeramente la traducción).

porque ese enfoque no podía resolver en modo alguno el problema del Estado ni más en general el de las instituciones (¿para qué existen?, ¿por qué nacieron si el mercado se basta a sí mismo?), así como tampoco el de los cambios a largo plazo: el neoliberalismo examina las preferencias y los gustos como hechos comprobados prefijados, o, si varían, lo hacen simplemente por caprichos, por modas, porque los precios de un género bajan y los de otro suben, pero no examina nunca los cambios de largo alcance: ¿cómo se explica que una civilización entera deje de ser antropófaga?

De manera más general, North era consciente de que el imperialismo epistemológico, del que Becker era el Kipling, se enfrentaba a serias aporías. Si es cierto que un crimen es tan solo esa acción que corre el riesgo de ser castigada, ¿qué es lo que impide que una persona se apropie de una cartera que se encuentra en la calle, por más que nadie pueda reclamársela? Si el problema de la ley es cuánto cuesta hacer que se cumpla, «los costes de mantener el orden existente son inversamente proporcionales a la legitimidad percibida del sistema existente. En la medida en que los participantes crean que el sistema es justo, los costes de hacer respetar las reglas y los derechos de propiedad se reducen enormemente por el simple hecho de que la gente no desobedecerá las reglas ni violará los derechos de propiedad incluso cuando, de acuerdo con un cálculo privado de costes/beneficios, tal acción mereciera la pena. Si todos creen en la "santidad" del hogar de una persona, no hará falta que las casas vacías se cierren con llave, por temor a vandalismos o a robos. Si un hermoso rincón del campo se considera un "bien" público, la gente no esparcirá deshechos».[1]

---

1. Douglass C. North, *Structure and Change in Economic History*, W. W. Norton & Co., Nueva York, 1981, pág. 53.

Esto lleva a North a revalorizar el papel de la ideología para dar forma a la historia humana: «Los hechos no explican el mundo que nos rodea; la explicación requiere una teoría, no necesariamente una teoría explícita y consciente, pero sí una teoría digna de tal nombre.» De ahí la importancia de la ideología: «La ideología es un dispositivo economizador con el que los individuos llegan a un acuerdo con su medio ambiente y que les proporciona una "visión del mundo" capaz de simplificar el proceso de toma de decisiones [decision-making process]. La ideología está inextricablemente imbricada con juicios éticos y morales sobre la corrección del mundo que perciben los individuos. Esta situación implica claramente la noción de posibles racionalizaciones o ideologías que compiten entre sí. [...] Los individuos alteran sus perspectivas ideológicas cuando sus experiencias contradicen su ideología.»[1]

De modo que North está realizando un trabajo meritorio, quiere romper el asfixiante juego tautológico impuesto por los Becker y los Stigler: «Las racionalizaciones del mundo circundante en competencia entre sí fueron el ingrediente fundamental de la historia mucho antes de que la retórica de Pericles resultara decisiva para asegurarse el apoyo de los ciudadanos atenienses en la lucha contra Cimón. Este ingrediente ha dominado el conflicto histórico desde entonces. Pero Becker y Stigler parecen ignorar a Cristo, a Mahoma, a Marx y –en los años ochenta– a Jomeini, por no hablar de otros miles de fuentes de ideología a lo largo de la historia.»

Solo en este punto sale a relucir su impronta neolib, y entonces, ¿cómo resuelve North el problema? De esta ma-

---

1. *Ibid.*, págs. 48-49.

nera: «Las ideologías pueden desarrollarse sin la guía de intelectuales [...] pero lo hacen solo excepcionalmente. No propongo analizar el sistema de recompensas que produce lo que yo llamo *empresarios intelectuales de ideología;* sin embargo, los empresarios salen a relucir dondequiera que se desarrollen visiones discordantes del mundo que las rodea como resultado de experiencias diferenciadoras.»[1]

Et voilà, he aquí que sale del sombrero el conejo, *el empresario ideológico* que reconcilia el universo intelectual del neoliberalismo con la intrusión de algo extraño como la ideología, que –a través de esta nueva figura creada *ad hoc*– es reconducida así a la lógica de la empresarialidad, a la racionalidad de empresa.

El problema es que en North el empresario ideológico tiene la misma función que el *deus ex machina* que, como en el escenario de la tragedia griega, aparece cuando el razonamiento encalla en una dificultad sin salida. «Además de señalar que el empresario ideológico trabaja para cambiar las mentalidades y, al hacerlo, cambia las instituciones, North no desarrolla realmente el concepto de empresario ideológico. No describe los mecanismos a través de los cuales el empresario ideológico produce el cambio institucional», escribe incluso uno de sus admiradores del Mercatus Center (financiado como vimos por los hermanos Koch en la Universidad George Mason).[2]

Con todo, el problema no estriba en que el concepto no esté lo suficientemente elaborado, sino que se trata del con-

---

1. *Ibid.,* pág. 51 (cursiva mía).
2. Virgil Henry Storr, «North's Underdeveloped Ideological Entrepreneur», en *Annual Proceedings of the Wealth and Well-Being of Nations,* vol. 1, 2008-2009, págs. 99-115, https://papers.ssrn.com/sol3/papers.cfm?abstract_id=1738823.

cepto en sí mismo. Como se desprende de las líneas anteriores, para North, Cristo, Mahoma, Marx y Jomeini son todos empresarios ideológicos. A esa lista se añadirían más tarde «Rabí Akiva ben Josef y su protegido Rabí Meir», así como «Saulo de Tarso, quien ejerció una influencia decisiva en la difusión del cristianismo», influencia «llena de acciones basadas en convicciones ideológicas».[1]

¿A quién se le ocurre? Jesucristo líder de la patronal, sector «jóvenes empresarios de ideología»; Mahoma que cotiza en bolsa; Marx que calcula los dividendos trimestrales de Comunismo S. A.; Saulo de Tarso como precursor de William Hearst y Rupert Murdoch. ¿Y por qué no Siddhartha que patenta la postura del loto, o tal vez Buda que cobra el billete de entrada al Nirvana? Estamos aquí en pleno anacronismo. Es como si consideráramos a Heródoto como periodista profesional y enviado especial.

Los empresarios ideológicos existen, como es natural, y nosotros nos hemos topado repetidamente con ellos en este libro, y no hemos hecho otra cosa más que narrar sus éxitos «empresariales»: William Simon, Anthony Fisher, Michael Joyce, James Piereson, Richard Fink, por citar solo algunos. Estos eran, sin embargo, empresarios intelectuales, o mejor dicho *directivos ideológicos,* en el sentido de que gestionaban capital económico para producir ideas e imponerlas en el mercado: no es casualidad que Richard Fink definiera una estrategia en términos puramente industriales y comerciales para «fabricar y vender» las ideas. En el caso de los Fink y de los Piereson el énfasis recae en el término «empresario», mientras que «ideológico» se refiere únicamente al sector, igual que puede decirse «empresario textil» o «empresario informático»:

---

1. *Ibid.,* pág. 121.

«ideológico» es el adjetivo del sustantivo «empresario». Y, de hecho, los *think tanks* son, a todos los efectos, «empresas ideológicas». En el uso que North hace en cambio para personajes como Cristo o Jomeini o Marx, es «empresario» el adjetivo, el predicado, mientras que «ideológico» se eleva a sustantivo y la expresión correcta viene a ser «ideólogo empresarial».

Con todo ¿por qué ha de limitarse el empresariado a la ideología? La empresarialidad, como todos los atributos de la sustancia humana, puede predicarse para intelectuales y artistas. Así, nos encontramos con libros sobre el «músico como emprendedor».[1]

Es indudable que la música era la clave del negocio del espectáculo de antaño, pero eso no quiere decir que Beethoven se sintiera un empresario o actuara como tal. ¿Por qué no escribir acerca del «poeta como empresario»? Catulo y Keats pueden representarse como sagaces innovadores, por más que murieran muy jóvenes, mientras que Poe, el pelagatos, y Virginia Woolf, la suicida, podrían ser auténticos excelsos ejemplos de empresariado artístico.

La perversión (ha llegado el momento de decirlo) es tal que pueden leerse artículos que se hacen esta pregunta: «¿Es el marqués de Sade un emprendedor?»,[2] en los que los autores dan saltos mortales para decir que Sade era un «emprendedor institucional», mejor dicho, no lo era, pero recurren a él para mostrar excesos «sadianos» en los que puede incurrir la concepción actual de la libertad empresarial.

---

1. William Weber (ed.), *The Musician as Entrepreneur, 1700-1914*, Indiana University Press, Bloomington-Indianápolis, 2004.

2. Campbell Jones, André Spicer, «Is the Marquis de Sade an entrepreneur?», en Daniel Hjorth, Chris Steyaert (eds.), *The Politics and Aesthetics of Entrepreneurship,* Edward Elgar, Cheltenham, 2009, págs. 131-147.

Una vez más, navegamos por el mar de las metáforas. Y uno de los problemas que tienen las metáforas es que es muy difícil controlarlas, una metáfora lleva a otra, como las cerezas. Así, tenemos a otros dos investigadores del Centro Mercatus que acuñaron el concepto (de lo más extravagante) de *ideological psychic capital,* para luego descubrir el Mediterráneo, es decir, que «el empresario ideológico obtiene una mayor recompensa psíquica al difundir o mejorar su ideología respecto a otros que no han hecho tal inversión», para luego concluir que «la oferta de los empresarios ideológicos es relativamente inelástica».[1]

---

1. Los dos investigadores, Paul Dragos Aligica y Cameron Harwick, han publicado el artículo en línea diciendo que preferirían que no se citara. Respetamos sus deseos y nos limitamos a proporcionar la página web en la que puede leerse: http://www.thephilanthropicenterprise.org/wp-content/uploads/2014/10/Aligica-Harwick-Working-Paper-TPE-2014.pdf.

13. LA PARTIDA ESTÁ AMAÑADA, EN REALIDAD...

Borremos de inmediato de la mesa toda idea de que una contraofensiva eficaz contra la revolución conservadora pueda ser financiada y alimentada por fundaciones *liberales,* por una hipotética «ala izquierda del capital». Como si para el capital hubiese dos equipos en liza y uno, el ultraconservador, hubiera encontrado la táctica infalible para imponerse, como en cierta manera lo describía un ingenioso periodista del *New York Times:* «Sintiéndose superados en la batalla de las ideas, los grupos *liberales* se han pasado años estudiando las fundaciones conservadoras, de la misma manera que la Pepsi estudia la Coca-Cola, en busca de secretos comerciales.» Tanto es así que un exponente demócrata, Rob Stein, decía, como hablando de un adversario en el estadio: «La derecha ha hecho un trabajo extraordinario. Actúan de forma estratégica, coordinada, disciplinada y están bien financiados.»[1]

Las fundaciones de ultraderecha han arrasado a las *liberales* no porque dispusieran de más dinero, ni porque recu-

---

1. Rob Stein, citado en Jason Deparle, *Goals Reached, Donor on Right Closes Up Shop, op. cit.*

rriesen a una reserva de mentes más inteligentes, sino a causa de la fundamental asimetría que en un régimen capitalista desequilibra izquierda y derecha con respecto a un hipotético centro. La asimetría radica en el hecho de que la extrema derecha no cuestiona (ni pone en peligro) el orden capitalista, el capitalismo como sistema, mientras que la izquierda, incluso si no es extrema, lo pone en cuestión (motivo por el cual, si se ve arrinconado, el capital siempre prefiere la solución fascista a la socialista: no por quién sabe qué condición maligna, sino por simple voluntad de supervivencia). Eso permite que pueda haber fundaciones capitalistas de extrema derecha, pero no de extrema izquierda: en el ámbito de las grandes fortunas —que es de lo que estamos hablando— los «traidores de clase» han sido rarísimos.

La partida está amañada, por lo tanto. También en política es válido lo que decía el banquero Enrico Cuccia de las sociedades anónimas, es decir que «las acciones no se contabilizan, se pesan»: las fundaciones de extrema derecha «pesan más» aunque numéricamente (o económicamente) sean inferiores, porque transmiten —con una determinación casi feroz— un mensaje extremo, incluso utópico (o distópico, si se quiere) de capitalismo radical, duro y puro, mientras que las fundaciones de «izquierda», *liberales* o progresistas, transmiten a la fuerza un mensaje moderado, que ya en sí mismo propone un compromiso entre capital y trabajo: en última instancia, no es posible pedirle a un capitalista, por muy bien intencionado que sea, que se suicide en cuanto capitalista. Por eso suena casi patética la carta que Henry Ford II escribió en 1977 para renunciar al consejo de administración de la Fundación Ford, de la que era miembro desde 1943, fecha en la que su padre y su abuelo la fundaron, y que en los años setenta estaba considerada como la fundación liberal por excelencia y, como tal, era la bestia negra de los Olin, los Koch, los Mellon y los Coors. Este es el texto de la carta: «La Fundación existe y prospera con los frutos de nuestro sistema económico. Los dividendos de una empresa competitiva la hacen posible. Una porción significativa de la abundancia creada por el empresariado estadounidense permite a la Fundación e instituciones similares hacer su trabajo. De hecho, la Fundación es una criatura del capitalismo, una afirmación que estoy seguro de que escandalizaría a muchos profesionales de la filantropía. Es difícil discernir un reconocimiento de este hecho en nada de lo que hace la Fundación. Es aún más difícil encontrar una comprensión de este hecho en muchas instituciones, como las universidades en particular, que se benefician de las donaciones de la Fundación. No pretendo pasar por el patrón duro y puro que piensa que todos los "filantropoides" son socialistas y que todos los profesores universitarios son comunistas. Me limito a sugerir a los administradores y al personal que vale la pena preservar el sistema que hace posible la Fundación. Tal vez sea hora de que los administradores y el personal analicen la cuestión de nuestras obligaciones hacia nuestro sistema económico y de que reflexionen acerca de cómo la Fundación, en su condición de uno de los más relevantes frutos del sistema, puede actuar sabiamente para mejorar a su progenitor.»[1]

No cabe mejor explicación que las palabras de la carta de Ford sobre el ineluctable e insalvable desequilibrio entre las fundaciones de extrema derecha y las de centro-izquierda. Por lo tanto, no es del «ala izquierda del capital» de la que cabe esperar la redención.

Aunque la partida esté amañada, debe jugarse; de lo

---

1. Citado por John J. Miller, *Strategic Investment in Ideas*, op. cit., págs. 11-12.

contrario, los amos de la Tierra ganarán mano tras mano sin que nos demos cuenta, como ha ocurrido hasta ahora. Y no es una cuestión de voluntad. Entre paréntesis, nunca me he topado con una frase más estúpida que la que una vez estuvo de moda en el movimiento obrero, el «pesimismo de la razón, optimismo de la voluntad», que Antonio Gramsci atribuye a Romain Rolland e hizo propia: si la razón te invita a ser pesimista y tú insistes en ser optimista, entonces eres un idiota redomado y está claro que te mereces perder. Esta frase va de la mano con otras profundidades dignas de actualizar el diccionario de «lugares comunes» que embelesan a los flaubertianos Bouvard y Pécuchet. Como «la cartera a la derecha, el corazón a la izquierda»: es evidente que, dicho en estos términos, la cartera siempre gana (esa es la razón por la que son inherentemente débiles y perdedoras todas las objeciones al neoliberalismo que concentran el ataque sobre la idea de *homo oeconomicus*). Si no hay optimismo de la razón (como el de Marx, por entendernos), entonces tanto vale levantar bandera blanca y confiar en una (improbable) clemencia de los vencedores.

Con todo ¿hay margen para el optimismo de la razón? A mi parecer, sí que lo hay. Seamos claros: no se trata de un futuro de pesadilla, ni tampoco de la destrucción del futuro mismo, que los neolib están moldeando no solo para nosotros los bípedos humanos, sino para todos los seres vivos de este planeta; tampoco se trata de la inconsistencia, de la circularidad, de la debilidad teórica de sus doctrinas, de lo «pornográfico» de sus concepciones sociales: al fin y al cabo, durante casi dos mil años los occidentales nos las hemos apañado para librar guerras mortales por cuestiones tan importantes como la «predestinación de la gracia», masacrando a otros seres humanos porque no querían admitir que una copa de vino se «transubstanciaba» en la sangre de Dios, quemando a miles de mujeres porque se atrevieron, como todos saben, a cabalgar de noche en escobas voladoras. No hay razón alguna para excluir que creencias igual de irracionales como las que defienden que los mercados son aves fénix que nacen, se autorregulan y se regeneran por sí solas, y según las cuales la convivencia humana se basa en la competencia (es decir, que estar juntos se basa en hacernos la guerra), no vayan a durar varios siglos o milenios, si quienes las padecen permiten que estas payasadas dispongan de sus vidas sin reaccionar.

No, el motivo del optimismo radica en que no nos tomamos lo suficientemente en serio a nosotros mismos, que somos todos víctimas del síndrome de Groucho Marx, el cómico que nunca hubiera aceptado formar parte de un club que admitiera como miembro a alguien como él, tan baja era la consideración que tenía de sí mismo. Valoramos nuestras ideas y nuestro pasado mucho menos de lo que nuestros adversarios lo valoran, como se desprende con claridad de todo lo que hemos contado. El famoso memorando de Lewis Powell ya exhortaba explícitamente a aprender las lecciones del movimiento obrero y proponía en la práctica formar un partido leninista de los patrones. Y no olvidemos a Michael Joyce, que dirigió la Fundación Olin y, más tarde, la Bradley. Según *Forbes*, «se inspiraba en Gramsci, quería lograr una transformación radical» (véase *supra*, pág. 68). No en Adam Smith o en Benjamin Constant, sino en Antonio Gramsci, el autor de los *Cuadernos desde la cárcel*. ¿Y qué decir de todos los laboratorios de ideas de la derecha conservadora que han plagiado los conceptos de «hegemonía» o «ideología» y emplean la noción de lucha de clases a su favor? En resumen, la *counter-intellighentsia* de los multimillonarios ha aprendido un montón de sus adversarios. Baste con pensar que el historiador a quien David Koch encargó una historia confidencial de las actividades políticas de su hermano escribió sobre Charles Koch: «No le bastaba con ser el Engels o incluso el Marx de la revolución libertaria. Quería ser su Lenin.»[1]

Causan impresión todos estos capitalistas o cantores del capitalismo que sueñan con ser los Engels, los Marx, los Gramsci, los Lenin del capital.

No se trata solo de una vaga inspiración, ni de meros modelos que imitar. Lo que se busca son nada menos que tácticas que aprender, estrategias que retomar, elección de objetivos que asimilar. Empecemos por la contrarrevolución ideológica de mayor éxito, gracias al forraje de las fundaciones, *Law and Economics*.

Hubo una razón histórica precisa por la que los multimillonarios ultraconservadores decidieron financiar de forma tan masiva esta disciplina legal. Y la razón era que la izquierda, los progresistas, los *liberales* habían enseñado a la derecha lo decisivo que podía ser el poder judicial en las batallas políticas. Los hechos quedan demasiado lejos (se remontan a entre setenta y dos y cuarenta y cinco años atrás, en el momento de escribir estas líneas) y ya no los recordamos, o ya no nos damos cuenta, pero casi todas las victorias logradas en las luchas por los derechos civiles de la década de los sesenta se debieron sin duda a la presión de los movimientos de base, al heroísmo y al espíritu de sacrificio de sus militantes, pero fueron refrendados, consolidados y garantizados en su perdurabilidad temporal no por actos le-

---

1. El historiador es Clayton Coppin, la investigación se le encargó en 2002 y fue completada con el título *Stealth: The History of Charles Koch's Political Activities* (nótese cómo el adjetivo *stealth* sale a relucir en los contextos más dispares). La frase la recoge Jane Mayer, *Dark Money, op. cit.*, pág. 66.

gislativos del Congreso, sino por sentencias del Tribunal Supremo, es decir, por actos judiciales. Será suficiente con una breve lista:

- *Shelley vs. Kraemer* (1948): con esta sentencia se declararon ilegales todas las «cláusulas racialmente restrictivas» en los contratos inmobiliarios, es decir, «cláusulas» que limitaban los derechos de propiedad a los caucásicos, excluyendo a otras razas.
- *Brown vs. Board of Education* (1954): con esta sentencia el Tribunal prohibió la segregación racial en las escuelas públicas.
- *Bailey vs. Patterson* (1962): prohibió la segregación racial en medios de transporte dentro de los estados y entre distintos estados.
- *Loving vs. Virginia* (1967): declaró inconstitucionales las leyes estatales que prohibían los matrimonios interraciales.
- *Jones vs. H. Mayer Co.* (1968), sobre la exclusión de toda discriminación racial en la venta o alquiler de propiedades.
- *Griggs vs. Duke Power Co.* (1971): en este caso el Tribunal dictaminó que ciertos requisitos educativos y test de inteligencia utilizados como condiciones de contratación para excluir a los candidatos afroamericanos no tenían ninguna relación con la realización de las tareas y quedaron prohibidos.
- *Roe vs. Wade* (1973): afirmó el derecho fundamental de las mujeres en los Estados Unidos a elegir si abortar o no y declaró inconstitucional la prohibición del aborto en Texas.
- *Lau vs. Nichols* (1974): el Tribunal definió como «discriminación ilegal» la incapacidad de un sistema

escolar municipal para brindar instrucción en inglés a estudiantes chinos.

Por un lado, si se ponen en fila todas estas sentencias, nos damos cuenta de lo feroz que era la segregación racial en los Estados Unidos, dado que había estados donde los negros no podían viajar en los mismos autobuses que los blancos, comprar casas en los mismos vecindarios, estudiar en los mismos colegios, casarse con cónyuges caucásicos. Recuerdo en Koinonia, en lo profundo de Georgia, la foto de un inodoro: sobre un lavabo grande campeaba el cartel «blancos», en el pequeño el letrero «negros». O la silueta de una mano con el dedo índice extendido: «Entrada para negros.»[1] Era esta sociedad la que añoraba la John Birch Society, apoyada por los multimillonarios que han financiado la contrarrevolución neolib.

Por otro lado, en todos los casos, excepto *Jones vs. H. Mayer Co.*, en que el Tribunal declaró constitucional una ley ya ratificada, estas históricas sentencias antisegregacionistas fueron decisiones autónomas del órgano supremo del poder judicial estadounidense. En otras palabras, los derechos civiles fueron literalmente conquistas extraparlamentarias. Sea porque estas normas no fueron adoptadas ni por iniciativas parlamentarias ni con decisiones parlamentarias; sea porque las nuevas normas se adoptaron gracias a presiones externas a los organismos institucionales, por los «movimientos» precisamente, por la presión de la opinión pública.

Por lo tanto, los estrategas neolib constataron a sus expensas la importancia del aparato judicial (especialmente

1. Marco d'Eramo, *Via dal vento. Viaggio nel profondo sud degli Stati Uniti*, manifestolibri, Roma, 2004, págs. 75-76.

donde rige la *Common law* o derecho consuetudinario, es decir, donde el derecho no se basa en códigos penales y civiles, sino en la acumulación de un corpus de sentencias) y experimentaron sobre su propia piel cuánto contaba la orientación ideológica en las sentencias de la judicatura, especialmente en el caso de los jueces nombrados de por vida (como los jueces federales o los del Tribunal Supremo) y que escapan, por lo tanto, a la lógica de los grupos de interés que han de contentar si quieren que se les financie la reelección. Es más, fueron precisamente las decisiones de la judicatura lo que convenció a un historiador de la economía neolib como Douglass North para reivindicar la importancia de la ideología en el análisis económico: «El más claro ejemplo del papel dominante de la ideología es el caso de la judicatura independiente. Los jueces con cargos vitalicios son relativamente inmunes a la presión de los grupos de interés. Es cierto que su nombramiento inicial puede reflejar tal presión [...]; pero sus decisiones posteriores sobre una amplia gama de políticas reflejan sus convicciones personales sobre el "bien público": los intentos de explicar la judicatura independiente en la perspectiva de los grupos de interés simplemente no resultan convincentes. [...] Una teoría positiva de la ideología es esencial para un análisis del papel de la judicatura independiente para influir en la asignación de recursos.»[1]

Y así llegamos al segundo frente que los neolib han tomado de sus adversarios, como es la importancia crucial de la ideología. Es de locos lo mucho que han aprendido en este terreno. Basta con recordar la extraordinaria relevancia que el cuerpo de marines le da a este concepto que se ha

---

1. Douglass C. North, *Structure and Change in Economic History, op. cit.*, págs. 56-57.

convertido en una palabrota para los biempensantes, para los progres de barrios altos. Incluso Fogel, el historiador que había revalorizado la economía esclavista, hablando de la imagen de los negros que tenían los abolicionistas racistas, se maravillaba de «la excepcional demostración del poder de la ideología para desvirtuar la realidad».[1] Y nada menos que Douglass North tiene que inventarse la extraña noción de «empresario ideológico» para poder incorporar la ideología al universo neolib, para poder apropiarse de ella y utilizarla.

Por encima de todo, lo que los neolib han aprendido, asimilado y practicado en última instancia, es la idea de que la sociedad está gobernada por un choque de clases perpetuo, por una guerra entre los dominados y los dominadores. Así lo demuestran todas las metáforas bélicas recogidas a mansalva en este libro, hasta en sus más ínfimos detalles: incluso las academias se han visto equipadas con «cabezas de puente». Resulta inevitable pensar en los libertinos del siglo XVII, que consideraban el arte del poder cimentado, desde siempre, en un engaño colosal por parte de los dominadores. Así, en los últimos cincuenta años, en el momento en el que los dominadores formalizaban y desencadenaban el choque de clases contra los dominados, una de las herramientas de esta lucha consistió en convencer a los súbditos de que no había choque alguno, de que las clases eran una estrafalaria invención de algunos exaltados y que, si es que habían existido alguna vez, ya se habían extinguido, barridas por la historia, y que todo lo que subsistía era una mítica, omnipresente, vaga, fluctuante «clase media» y, como mucho, una *underclass* de «pobres indignos».

De esta manera, mientras ellos organizaban la «guerra

---

1. Robert William Fogel, Stanley L. Engerman, *Time on the Cross, op. cit.,* pag. 215. [Trad. esp.: *op. cit.,* pág. 184.]

de las ideas», sus adversarios, ignaros, se regodeaban (nos regodeábamos) en la bienaventurada ilusión de una sociedad sin clases, sin conflictos de intereses, obnubilados por la imagen del sistema-país, de la empresa-Italia (o empresa-Francia, o Alemania, o lo que se prefiera), de una concordancia de intereses, de un «remar todos en la misma dirección», mientras que los vencedores de la guerra de ideas acumulaban y acumulan riquezas y poderes inauditos.

Porque una de las características más desternillantes y trágicas de la interminable letanía sobre el «crecimiento de las desigualdades» es su total desconexión del problema del dominio. Entre paréntesis, es importante señalar que «dominio» y «poder» son dos conceptos diferentes: de «dominio» existe el verbo «dominar» con un participio pasivo «dominados», mientras que el verbo «poder» tiene significados diferentes del sustantivo «el poder»: el verbo significa o estar en condiciones, ser capaz *(können* en alemán o *to can* en inglés), o tener permiso, estar autorizado *(dürfen* en alemán o *may* en inglés), pero no significa nunca «ejercer el poder». Y sobre todo no hay complemento objeto de poder, un «podido», como en cambio sí que hay un «dominado». Por esa razón, mientras todos los dominios implican un poder, no todos los poderes implican un dominio: un guardia que me impone una multa ejerce un poder sobre mí, pero no tiene ningún dominio. Foucault se concentra por entero en el poder, pero nunca toma en consideración el dominio, y una de las debilidades de su enfoque radica precisamente en eliminar completamente la dimensión del dominio –y, por lo tanto, a nivel macroscópico, del imperio– en su análisis de los dispositivos de poder.

Todos sabemos que la sociedad se está volviendo cada vez más desigual, que diez personas en el mundo poseen un patrimonio mayor que el de la mitad de la raza humana;

queda incluso de lo más chic citar las obras de Thomas Piketty acerca del asunto. Pero todo esto se lo lleva el viento. «Somos desiguales: ¿y qué?»

La desigualdad, a estas alturas, no es más que una constatación tan previsible y obvia que nos exime de preguntarnos acerca de los motivos, algo así como decir que en Sicilia hay mafia, que en California hay terremotos, que en Rusia hay oligarcas y huracanes en el Caribe. Definitivamente, la desigualdad ha cobrado la apariencia de un fenómeno del todo natural, ya transformado de contingente en ineluctable.

14. ES HORA DE APRENDER DE LOS ADVERSARIOS

Dado que los dominadores han aprendido tanto de los dominados, tal vez haya llegado el momento de que los dominados aprendamos de ellos. Por cómo han llevado a cabo su victoriosa contrarrevolución, nos han enseñado claramente el terreno del enfrentamiento, con el que poco a poco nos hemos ido familiarizando: la ideología, la fiscalidad, la justicia, la educación, la deuda.

Los marines y los multimillonarios del Medio Oeste nos han hecho comprender el papel decisivo de la ideología, nos han enseñado que el principal objetivo es devolver al choque ideológico la dignidad, la centralidad que parece haber perdido en el sentir común de los dominados: porque «las ideas son armas, las únicas armas con las que se puede luchar contra otras ideas» (William Simon). En una cosa parece tener razón Hayek cuando dice que, en la época en la que eran hegemónicos, los partidos de izquierda «actuaron, regularmente, con éxito, como si entendieran el papel de los intelectuales. Ya fuera por un plan preconcebido, o forzados o guiados por las circunstancias, orientaron siempre sus esfuerzos a ganarse el apoyo de esta "élite"».[1]

---

1. Friedrich von Hayek, «The Intellectuals and Socialism» (1949),

Por intelectuales, Von Hayek entiende «revendedores de segunda mano de las ideas» *(secondhand dealers in ideas),* un grupo que «no está formado únicamente por periodistas, profesores, sacerdotes, conferenciantes, publicistas, comentaristas de radio [Hayek escribía en 1949], narradores, dibujantes de películas animadas y artistas, y todos aquellos que dominan la técnica de transmitir ideas pero que no pasan por lo general de ser aficionados en todo lo relacionado con la sustancia de lo que transmiten. Esta clase incluye a muchos profesionales y técnicos, como científicos y médicos, quienes a través de sus relaciones con la palabra escrita se convierten en portadores de nuevas ideas fuera de su propio campo, y a quienes los demás escuchan con respeto. Es muy poco lo que una persona corriente aprende hoy sobre los acontecimientos y sobre las ideas sin una mediación de esta clase».[1]

Hoy, sin embargo, se verifica una paradoja inversa a la señalada por Hayek (que los portavoces de las «masas» conquistarán la hegemonía atrayendo a su lado a las «élites»). Cuando Hayek escribía, la izquierda estaba sobrerrepresen-

---

en George B. de Huszar (ed.), *The Intellectuals: A Controversial Portrait,* The Free Press, Glencoe (IL), 1960, págs. 371-384, pág. 372.

1. *Ibid.* Hayek se basaba probablemente en la teoría de la «comunicación en dos pasos» *(two-step flow theory),* desarrollada en esos años por Paul Lazarsfeld para explicar por qué los trabajadores que leían los tabloides de derecha votaban por partidos de izquierda: según esta teoría, ello sucedía porque la comunicación relevante sobre temas políticos les llegaba a través de «líderes de opinión locales» que transmitían la información recibida de periódicos (de izquierda); en algunas cuestiones los votantes obreros se fiaban más de estos líderes que de los tabloides que leían (hoy las figuras de los *influencers* y de los seguidores en las redes sociales reproducen esta configuración pero con más pasos, en una suerte de *multi-step flow theory).*

tada electoralmente entre los estratos de bajos ingresos, de capital casi nulo y muy bajo nivel educativo. A lo largo de setenta años su base electoral ha ido cambiando progresivamente, ya que hoy la izquierda está sobrerrepresentada entre los estratos de alto nivel educativo e ingresos medio-altos (mientras que el patrimonio sigue siendo aún relativamente bajo) y subrepresentada entre las clases de ingresos exiguos y pobre nivel educativo. Por decirlo con Piketty, quien dirigió esta investigación –*Izquierda brahmán versus derecha mercader*–, hoy la izquierda representa a los «brahmanes», mientras que la derecha parece representar a los «mercaderes».[1] El resultado colateral de esta evolución –que Piketty, sin embargo, no resalta lo suficiente– es que de esta manera la franja de la población de escasos ingresos y bajo nivel educativo, es decir, la «plebe», ya no está representada por ninguna fuerza política de la derecha o de la izquierda tradicionales: ya no hay «tribunos de la plebe», como los hubo incluso en la antigua Roma.

La paradoja radica en el hecho de que la izquierda atribuye escasísima relevancia social al estrato en el que está más sobrerrepresentada, el de los intelectuales. Paradójicamente, y para retomar la dicotomía de Piketty, a los intelectuales se los considera más importantes que a los mercaderes (como a lo largo de todo este libro nos lo han demostrado los Olin, los Koch, los Bradley, los Mellon Scaife, los Coors...), mientras que los intelectuales de izquierda experimentan una fascinación irresistible por el dinero de los mercaderes. La

---

1. Thomas Piketty, «Brahmin Left vs Merchant Right: Rising Inequality and the Changing Structure of Political Conflict (Evidence from France, Britain and the US, 1948-2017)», EHESS y Paris School of Economics, marzo de 2018, WID.world Working Paper Series n.º 2018/7, http://piketty.pse.ens.fr/fies/Piketty2018.pdf.

confusión del asunto se agrava por el hecho de que los intelectuales de hoy, todos esencialmente conservadores y conformistas (en el sentido de querer estar conformes) respecto al neoliberalismo, se sienten de izquierdas, precisamente como efecto de la contrarrevolución ideológica neolib que, al eliminar las categorías de «trabajo» y de «explotación», ha hecho desaparecer las líneas de conflicto; nos ha sumergido a todos en una especie de mermelada social. Quizá dependa también del hecho de que la derrota ideológica es tan absoluta que ni siquiera se sabe ya lo que la propia palabra «izquierda» significa, por más que yo siga defendiendo obstinadamente mi convicción de que «ser de izquierdas» lo único que quiere decir es que «se está siempre del lado de los dominados contra los dominadores (y contra el propio dominio)».

El papel de la ideología, sin embargo, como explicaba el general Petraeus, resulta fundamental precisamente en la reconstitución de esta distinción de quién está con quién y quién se opone a quién; en crear la dicotomía nosotros/ellos; en hacernos cobrar conciencia de que no todos estamos del mismo lado, de que no todos somos capitalistas de nuestro capital humano, sino que algunos son nuestros adversarios y nosotros somos adversarios de otros. Y eso han sido *ellos* precisamente los que nos lo han enseñado durante los últimos cincuenta años, con su lenguaje de guerra. ¿Será posible que tenga que ser un general de los marines quien deba recordarnos que «la insurrección ha sido el enfoque más frecuente utilizado por el débil contra el poderoso»?[1]

El primer paso para volver a legitimar los conflictos, las «insurrecciones» («tumultos», los habría llamado Maquia-

---

1. D. H. Petraeus, James Ames, *FM-324, op. cit.*, I-9.

velo), es la lucha contra el eufemismo. El eufemismo no es solo hipocresía. Es tecnología de poder, técnica de mando. Es una forma de denegación, esa clase de razonamiento que «puede decir lo que dice solo de manera que tienda a demostrar que no lo está diciendo».[1] De la misma manera, hay registros de dominio en los que el poder solo puede ejercerse siguiendo modalidades que tiendan a mostrar que *no* se está ejerciendo. Lo ilustró espléndidamente George Orwell cuando en la novela *1984* inventó la «neolengua», en la que el Ministerio de la guerra se denominaba «Ministerio de la Paz», el de la represión «Ministerio del Amor», el de la manipulación de noticias y la desinformación «Ministerio de la Verdad». Orwell resumió el propósito del lenguaje político de la siguiente manera: «está pensado para conseguir que las mentiras parezcan verdaderas y los asesinatos respetables».[2]

Hoy quizá no tengamos el Ministerio de la Paz, pero desde luego no nos faltan muchas estupendas «guerras humanitarias» en las que se mata por filantropía, se tortura por amor fraternal, se condena a morir de hambre por compasión *(¡ah, el conservadurismo compasivo!).* Un espléndido ejemplo de neolengua hablada es la palabra «reforma». En otros tiempos, reforma era todo lo que mejoraba el estado de las personas, pero hoy reforma es una amenaza que se lanza; a los niños se les dice: «Mira que si no te dejas de

---

1. Pierre Bourdieu, «Les modes de domination», en *Actes de la Recherche en Sciences Sociales,* vol. 2, n.º 2-3, junio de 1976, págs. 122-132, pág. 130.

2. George Orwell, «Politics and the English Language», en *Horizons,* abril de 1946, https://www.orwell.ru/library/essays/politics/english/e_polit. La novela *Nineteen Eighty-Four* (1949) está disponible en muchas ediciones, por ejemplo Penguin Classics, Londres, 2004; trad. it.: *1984,* Mondadori, Milán, 2016. [Trad. esp.: *1984,* Booket, Barcelona, 2021.]

berrinches, te decreto una reforma.» El vulgo, en cambio, en cuanto oye hablar de la reforma de las pensiones, comprende que cuando sea viejo se quedará con una mano delante y otra detrás; reforma del Estado del bienestar significa la abolición progresiva de las protecciones sociales; reforma de la sanidad significa que moriremos sin recibir tratamiento. Y si te cruzas con un «reformista» por la calle, más te vale cambiarte de acera. De manera similar, en Occidente «pluralista» es una sociedad en la que todos tienen las mismas opiniones, es decir, donde *es obligatorio:* 1) aceptar el dogma del libre mercado; 2) no tener ideas ni intenciones que no sean moderadas; 3) ser proamericano de manera incondicional y denunciar hasta el menor rastro de antiamericanismo.

De hecho, la obra maestra del eufemismo se manifiesta en el ejercicio del imperio por parte de los Estados Unidos: mejor dicho, el eufemismo *es* la forma de imperio que han impuesto al mundo. En primer lugar, porque es un imperio que se niega a ser llamado así, al igual que la clase burguesa no quería ser nombrada, sino «ex-nominada», según Barthes. Es más, el imperio se oculta ante sus propios ciudadanos: «la mayoría de los estadounidenses no admite –o no desea admitir– que su país domina el mundo a través de su poderío militar. Debido al secretismo del gobierno, los norteamericanos desconocen a menudo el hecho de que este posee cuarteles en cada rincón del planeta. No se percatan de que la gigantesca red de bases militares estadounidenses, a excepción de la Antártida, presente en todos los continentes, constituye en realidad una nueva forma de imperio».[1]

---

1. Con estas palabras comienza el libro de Chalmers Johnson, *The Sorrows of Empire: Militarism, Secrecy, and the End of the Republic*, Metropolitan, Nueva York, 2004; trad. it.: *Le lacrime dell'impero*, Gar-

Si no se percatan, hay una razón: en otros tiempos, cuando un Estado mantenía bases militares en otros países, se decía que los «ocupaba»; hoy los «defiende» (cierta evolución en sentido eufemístico ya la habían manifestado antes los imperios cuando «protegían» las colonias, a las que llamaban precisamente «protectorados»). Y los países «defendidos» por los Estados Unidos son ochenta, nada menos, guarnecidos por unas ochocientas bases.[1] Esos Estados defendidos, protegidos, cuidados, arropados, no son «súbditos» como en los antiguos imperios, sino «aliados»: este recurso lingüístico ya había sido utilizado por los antiguos romanos, que en sus batallas, en las alas, desplegaban siempre la «caballería de los federados», es decir de los «aliados» (tributarios en realidad), vinculados a Roma por una «alianza», un *foedus:* la naturaleza ambigua de esta alianza se desprende del hecho de que de *foedus* deriva «feudo», el sistema feudal, es decir, la relación de vasallaje. En otros tiempos, los pueblos sometidos pagaban tributos al imperio, ahora le «prestan» dinero que nunca se devolverá, comprando sus bonos del Tesoro *(federal bonds)*.

No estoy diciendo que el imperio estadounidense sea pésimo. Al contrario, a lo largo de la historia ha habido otros imperios más sangrientos, más opresivos, más brutales, incluso más miopes e imprecisos que el estadounidense (relativamente hablando, claro). Me limito a decir que es un imperio, y que cuando razonamos acerca de las relaciones

---

zanti, Milán, 2005, pág. 7. [Se cita por la traducción de Isabel Campos Adrados, *Las amenazas del imperio,* Crítica, Barcelona, 2004, pág. 7.]

1. Alice Slater, «The US has Military Bases in 80 Countries. All of Them Must Close», en *The Nation,* 24 de enero de 2018, https://www.thenation.com/article/archive/the-us-has-military-bases-in-172-countries-all-of-them-must-close/.

de dominio en nuestro planeta, así como del dominio que se ejerce sobre cada una de nuestras personas, no debemos olvidar el hecho de que somos súbditos de un imperio. Por hablar como los neolib, deberíamos introducir este dato en la ecuación de la función utilidad.

El propio papel de las fundaciones forma parte de este proceso eufemístico. La propia palabra «fundación» es reconfortante en sí misma, remite a los cimientos que fundamentan los edificios, al nacimiento de algo estable (la fundación de Roma), connota una benévola apoliticidad transtemporal. La fundación te hace pensar en todo menos en que es la fuente de financiación de un aparato ideológico partidista extremo. Parece una contradicción en sus términos el que un ente filantrópico se dedique a desmantelar el sistema de protección para los necesitados.

La lucha contra el eufemismo parece un aspecto marginal del choque ideológico. En realidad, es la única arma conceptual de la que disponemos para, literalmente, desvelar, para quitar los velos a la realidad. ¿Qué han hecho los grandes pensadores subversivos más que desenmascarar los eufemismos? El poder de Maquiavelo al demostrar que la moralidad de la política no tiene nada que ver con la política de la moral: y durante siglos el *establishment*, del color o régimen que fuera, nunca le perdonó el haber revelado al vulgo ese secretillo. La fuerza de Mandeville al dejar claro que la economía tiene una lógica colectiva distinta (cuando no opuesta) a la economía doméstica, y que la riqueza de las naciones no procede de la virtud sino de los «vicios» (y uno de estos vicios será elevado por Adam Smith a motor del bienestar humano: el interés, es decir, el egoísmo). La ruptura de Marx, cuando pone al hombre de nuevo sobre sus propios pies y hace que las ideas nazcan de la vida material, no al revés.

Por esta razón, a diferencia de Wendy Brown y de muchos otros, yo no creo que la crítica más efectiva contra los neolib sea acusarlos de haber reducido al ser humano a *homo oeconomicus* (crítica que es una variante más elaborada de la trillada «cartera a la derecha, corazón a la izquierda»). Para convencerse, basta con pensar en el materialismo marxista: ha sido una fuerza teórica increíblemente liberadora, precisamente porque revela los «bajos intereses» que se hallan detrás de los «sentimientos nobles». Y no solo. Como hemos visto, incluso las tautologías ayudan a descubrir aspectos de la realidad que se nos habían quedado ocultos. Hasta cierto punto, incluso equiparar a un hijo con un frigorífico puede resultar desmitificador. El problema surge cuando el hijo es solo un frigorífico. Por el contrario, la ideología neolib se vuelve insoportablemente edulcorante cuando hace de un migrante ahogado en el Mediterráneo un «capitalista de sí mismo cuya inversión ha fracasado», habla de un mensajero mal pagado como un «autoempresario» y de un envenenador de la naturaleza como de un «contaminador óptimo».

Tal vez sea el momento de reaccionar ante esta negación de la realidad, y desenmascarar el eufemismo económico: nos han convencido de que la riqueza no debe redistribuirse y de que es justo que las corporaciones residan en paraísos fiscales, de que los multimillonarios no paguen impuestos, como reconocía con su inefable candor Warren Buffett (en 2019 su patrimonio estaba valorado en unos 82.500 millones de dólares, decena más decena menos dependiendo de las fluctuaciones de la Bolsa),[1] cuando afirmó estar someti-

---

1. «World's Billionaires List. The Richest People in 2020», en *Forbes*, 5 de marzo de 2019, https://www.forbes.com/billionaires/#1b2fae78251c (consultado el 4 octubre de 2019).

do a un tipo impositivo sobre la renta que era menos de la mitad que el de sus secretarias.[1]

Pero todo esto nos devuelve a la cuestión de la educación pública y universal. Sin ella, nos había dicho Rousseau, no hay ciudadanos, sino siervos. Sin ella no hay pueblo, sino plebe, sin ella «no se gobierna una sociedad, sino que se somete a una multitud». Toda la ofensiva neolib de estos últimos cincuenta años se ha librado para demoler «la nacionalización de la industria escolar», como dijo Friedman. Para obtener una sociedad de personas semianalfabetas, a merced de los Grandes Hermanos, de los X Factors, de los *Got Talent* de China (o Gran Bretaña, o Italia ...), de los *Supervivientes*.

Manipular a la gente es mucho más fácil cuando no están alfabetizados, aunque nada pueda garantizar una vacuna universal: los alemanes habían recibido una buena educación colectiva cuando se dejaron seducir por el nazismo. Lo cierto es que una colectividad sin memoria histórica se ve zarandeada por los enormes poderes que nos dominan y que se ciernen sobre nosotros como un tifón sobre un junco.

Una escuela pública, universal y gratuita es un requisito previo para la indispensable e inmensa labor de realfabetización política. Nos han convencido de que «la revuelta es injusta». De que los revolucionarios de todos los tiempos siempre han sido progenitores de monstruosos tiranos: se trata de una operación que se ha repetido desde la reescritura de la Revolución Francesa de 1789, por la que recordamos a los aristócratas asesinados por el Terror jacobino, pero nadie recuerda las masacres aún más sangrientas de los termidorianos, el llamado «terror blanco».

1. Conor Clarke, «Why Buffett pays less than his secretary», en *The Atlantic,* 18 de marzo de 2009.

Stalin y su régimen manipularon las fotos de la Revolución de Octubre, eliminando sucesivamente a Trotski, a Bujarin y a los demás réprobos del palco de autoridades desde el que habían asistido a los desfiles del Ejército Rojo. Los revisionistas de la Revolución Francesa realizaron una censura similar, convirtiendo a Marat, Saint-Just y Robespierre en monstruos y santificando a Sieyès, ese abad termidoriano que, junto con Fouché, organizó el golpe de Estado del 18 brumario de 1798 que llevó al poder a Napoleón Bonaparte.

Todos estos historiógrafos sueñan con un mundo idílico en el que hubiéramos logrado el mismo progreso social alcanzado por la revolución, pero «sin sus excesos». Olvidan que, si hoy no somos siervos de la gleba, si no somos analfabetos, si hay un mínimo de democracia, se lo debemos a las revoluciones, y a la francesa en primer lugar.

Los revisionistas olvidan que uno de sus mitos, considerado como el principal exponente del liberalismo moderado moderno, Benjamin Constant (1767-1830), ponía en guardia ya en 1797 contra el deseo de restaurar el *ancien régime* y sus privilegios a toda costa: «Cuando una revolución, impulsada más allá de sus límites, se detiene, vuelve a reducirse inmediatamente a sus límites. Pero no nos conformamos con reducirla. Se retrocede tanto cuanto se ha avanzado. Termina la moderación, dan comienzo las reacciones. Hay dos tipos de reacciones: las que se ejercen sobre los hombres y las que tienen como objeto las ideas [...]. Las reacciones contra los hombres perpetúan las revoluciones, porque perpetúan la opresión que es su germen. Las reacciones contra las ideas vuelven las revoluciones infructuosas porque restauran los abusos. Las primeras devastan la generación que las experimenta; las segundas pesan sobre todas las generaciones. Las primeras provocan la muerte de los individuos; las segundas aturden a la especie entera.»[1]

Para medir lo atrasados que estamos, basta con considerar esta predicción del propio Constant: «La esclavitud, el feudalismo ya no son gérmenes de guerra. La superstición, desde el punto de vista religioso, está casi por todas partes a la defensiva. Si las herencias nos dividen, es porque los principios que las excluyen aún no se han recubierto de la evidencia que les es propia. Dentro de un siglo se hablará de herencias como nosotros hablamos de la esclavitud.»[2]

Es hermoso ver cuán extremistas eran los moderados de hace dos siglos. Consideraban la superstición desaparecida: no sabían que dos siglos después los horóscopos, las recetas de pociones milagrosas y las citas para los ritos satánicos viajarían por las fibras ópticas de las redes informáticas. Consideraban las herencias una aberración tal que pensaban que desaparecerían como la esclavitud. Por otro lado, lo pensaba también Warren Buffett cuando dijo que abolir el impuesto de sucesiones para favorecer a los herederos era un «terrible error»: «sería como elegir a los miembros del equipo olímpico solo entre los hijos de los ganadores de las últimas Olimpiadas».[3]

Al final de este tortuoso viaje nuestro hasta las honduras de la contrarrevolución neolib, por los meandros de la re-

---

1. Benjamin Constant, «Des réactions politiques» (1797), en *De la force du gouvernement actuel de la France et de la nécessité de s'y rallier. Des réactions politiques. Des effets de la terreur,* Flammarion, París, 1988, págs. 91-159.

2. *Ibid.,* pág. 151.

3. David Cay Johnston, «Dozens of the Wealthy Join to Fight Estate Tax Repeal», en *The New York Times,* 13 de febrero de 2001, https://www.nytimes.com/2001/02/13/politics/dozens-of-the-weal thy-join-to-fight-estate-tax-repeal.html.

vuelta de los dominadores contra los dominados, de la guerra desatada desde arriba hacia abajo, es hora de recordar que la sociedad nunca logró nada bueno sin conflicto, sin lucha, sin insurrección, sin una revuelta de los dominados contra los dominadores, de los «innobles» contra los «nobles», por usar los términos de Nicolás Maquiavelo, el primer filósofo de la historia (y uno de los pocos) que dio un juicio positivo acerca de los tumultos: «si se toma en consideración la finalidad de nobles e innobles, se verá en aquellos el gran deseo de dominar y en estos tan solo el deseo de no ser dominados». Por eso «los deseos de los pueblos libres raras veces son dañosos a la libertad, porque nacen, o de sentirse oprimidos, o de sospechar que puedan llegar a estarlo». Por tanto, el secretario florentino podría afirmar: «Creo que los que condenan los tumultos entre los nobles y la plebe reprueban lo que fue la causa principal de la libertad de Roma, y se fijan más en los ruidos y gritos que de tales tumultos nacían que en los buenos efectos que engendran, y no consideran que en toda república hay dos espíritus contrapuestos: el del pueblo y el de los grandes, y que todas las leyes que se hacen en favor de la libertad nacen de la desunión entre ambos [...]. No podemos juzgar nocivos esos tumultos, ni considerar dividida una república [...] porque los buenos ejemplos nacen de la buena educación, la buena educación de las buenas leyes, y las buenas leyes de esos tumultos que muchos, desconsideradamente, condenan, pues quien examine el buen fin que tuvieron encontrará que no engendraron exilios ni violencias en perjuicio del bien común, sino leyes y órdenes en beneficio de la pública libertad.»[1]

1. Niccolò Machiavelli, *Discorsi sopra la prima Deca di Tito Livio* (1519), Feltrinelli, Milán, 1960, libro I, los textos se han extraído de

Pues bien, lo dice Maquiavelo: «las buenas leyes nacen de los tumultos». Para convencer a nuestros semejantes, los bípedos humanos, de esta verdad, el trabajo que queda por hacer es inmenso, titánico, aterrador. Pero recordemos que en 1947 los defensores del neoliberalismo casi tenían que reunirse a escondidas, parecían predicar en el desierto, exactamente como nosotros ahora. Ellos, sin embargo, creyeron tanto en sus ideas, persistieron tanto, que al final triunfaron. Recordemos que bastaron treinta años para que la escuela *Law and Economics* «pasara de la insurrección a la hegemonía».[1]

Por supuesto, yo no viviré treinta años más, pero, a diferencia de los neolib, no creo que el mundo o la especie humana desaparezcan conmigo.

Son muchos los amigos que me han ayudado de las formas más dispares, pero no puedo evitar mencionar a Daniella Ambrosino, Daniele Barbieri, Camilla Cottafavi, Victoria De Grazia, Lia Forti, Marina Forti, Mariagrazia Giannichedda, Corinne Lucas Fiorato, Giuseppe Mascoli, Anna Nadotti, la familia Nnoberavez, Gabriella Paolucci, Jaime Riera, Livio Sansone, Matteo Vegetti.

Un grato recuerdo para Marcello De Cecco, amigo querido ya fallecido, cuyas ideas económicas continúan guiándome en las brumas de lo moderno.

---

los caps. V, pág. 139, y IV, págs. 138, 137 respectivamente. [Se cita por la traducción de Ana Martínez Arancón, *Discursos sobre la primera década de Tito Livio,* Alianza Editorial, Madrid, 1987, pág. 39.]

1. Steven M. Teles, *The Rise of the Conservative Legal Movement*, *op. cit.*

POST SCRIPTUM
En nombre del padre, del hijo y de la cuenta corriente

En la pared del vagón del metro neoyorquino destaca un cartel: «Si quieres alimentar tu alma, el nuestro es un menú enorme.» Con un golpe de genialidad este anuncio de una secta religiosa asocia las dos pasiones más profundas de la sociedad estadounidense: por un lado, una inagotable bulimia colectiva que entra en crisis de abstinencia si no tiene algo para masticar, tragar, ingerir en la acera, en el ascensor, en un coche, en la cama, en el cine, y, por otro lado, una intensísima vocación religiosa que se remonta a los propios orígenes de esta nación, a esos padres peregrinos del *Mayflower*, que desembarcaron aquí en 1620 para poder practicar en paz su fundamentalismo puritano.

Al mismo tiempo, este anuncio remite a un misterio, porque concilia la materialidad, la carnalidad de la cultura estadounidense y el ascetismo de su fundación, en ese oxímoron que supone usar el verbo «alimentar» para un objeto como «el alma».

Es el mismo misterio que necesita ser aclarado para la contrarrevolución reaccionaria, un misterio que he dejado para el final porque no concierne a su osamenta planetaria, sino a su declinación americana, tanto de la América del norte como de la del sur. En la América latina y en la América germánica, pero no en Europa, la *counter-intelligence* de la ideología neolib se ha aliado, entrelazado y fusionado con el cristianismo más conservador. Algo fácilmente verificable en los Estados Unidos de Donald Trump y en el Brasil de Jair Bolsonaro. Lo chocante es que la ideología neoliberal tiene a gala el prescindir de la moralidad como método y como perspectiva, deifica el egoísmo personal, somete incluso el concepto de justicia a la medida de cuánto cuesta hacerla cumplir, no vacila ante la perspectiva de la esclavitud ni de la compraventa de niños. No obstante, esos mismos multimillonarios y esas mismas fundaciones que patrocinan el capitalismo más crudo, que presionan por la globalización del mundo, financian y apoyan a la vez una religión identitaria, orientada a mantener las tradiciones. Lo contrario resulta igualmente misterioso: ¿cómo es posible que los cristianos, que supuestamente practican la pobreza y privilegian el «ama a tu prójimo como a ti mismo», apoyen la ideología del interés propio, del egoísmo?

La pregunta se la planteó Wendy Brown después de que el masivo voto de los cristianos conservadores asegurara la reelección de George Bush Jr. para su segundo mandato: «¿Cómo es posible que una racionalidad que es explícitamente amoral tanto en lo que atañe a los fines como a los medios (neoliberalismo) pueda cruzarse con otra explícitamente moral y normativa (neoconservadurismo)? ¿Cómo es posible que un proyecto que vacía el mundo de sentido, que deprecia [*cheapens*] y desarraiga la vida y explota abiertamente el deseo, acabe intersecándose con otro basado en fijar e imponer significados, en mantener ciertos estilos de vida, en reprimir y contener el deseo? ¿Cómo es posible que una idea de gobernanza construida sobre el modelo de la empresa y un tejido social de beneficio personal pueda desposarse o hacer malabares con una idea de gobernanza basada en el modelo de autoridad de la Iglesia y en un tejido social normativo de sacrificio y de lealtad filial a largo plazo, tejido social que es precisamente el que más sufre el desgarro de un capitalismo desenfrenado?»[1]

Una primera respuesta es que los neoliberales, sencillamente, utilizan la religión. Retomando a Polibio,[2] Nicolás Maquiavelo fue el primero en la Europa cristiana en defender que la religión se introdujo en las sociedades humanas como instrumento de gobierno: «Y puede verse, analizando atentamente la historia romana, qué útil resultó la religión para mandar los ejércitos, para confortar a la plebe, mantener en su estado a los hombres buenos y avergonzar a los malos.» Pero yendo más allá de Polibio, Maquiavelo dice que, para introducir la religión en Roma, Numa Pompilio «simulaba tener familiaridad con una ninfa», es decir, *fingió* recibir la palabra divina: «la religión introducida por Numa

---

1. Wendy Brown, «American Nightmare: Neoliberalism, Neoconservatism, and De-Democratization», *op. cit.,* pág. 692.
2. Así dice Polibio (206-124 a. C.): «me parece también que ha sostenido a Roma una cosa que entre los demás pueblos ha sido objeto de mofa: me refiero a la religión [...]. Esto extrañará a muchos, pero yo creo que lo han hecho pensando en las masas. Si fuera posible constituir una ciudad habitada solo por personas inteligentes, ello no sería necesario. Pero la masa es versátil y llena de pasiones injustas, de rabia irracional y de coraje violento; la única solución posible es contenerla con el miedo de cosas desconocidas y con ficciones de este tipo. Por eso, creo yo, los antiguos no inculcaron a las masas por casualidad o por azar las imaginaciones de dioses y las narraciones de las cosas del Hades; los de ahora cometen una temeridad irracional cuando pretenden suprimir estos elementos», *Storie,* libro VI, cap. 56, Mondadori, Milán, 1955, vol. II, págs. 133-134 [Se cita por la traducción de Manuel Balasch Recort, *Historias,* Madrid, Gredos, 1981, vol. II, págs. 218-219.]

se cuenta entre las primeras causas de la felicidad de aquella ciudad, porque ella produjo buenas costumbres, las buenas costumbres engendraron buena fortuna, y de la buena fortuna nació el feliz éxito de sus empresas. Y del mismo modo que la observancia del culto divino es causa de la grandeza de las repúblicas, así el desprecio es causa de su ruina».[1]

Maquiavelo inauguraba así la tradición libertina según la cual la religión es una ficción, una impostura necesaria para disciplinar a las plebes. Tradición que coaguló en torno al tema de los «Tres impostores»: Moisés, Jesús y Mahoma resultarían ser así tres impostores que (al igual que Numa Pompilio) simularon recibir la palabra de Dios para disciplinar al vulgo: «ni Dios ni el diablo, ni el alma, ni el cielo, ni el infierno son iguales a cómo se nos pintan, y los teólogos, es decir, aquellos que nos venden fábulas por verdades divinamente reveladas, son todos, con la excepción de algunos ignorantes, gente de mala fe, que abusan de la credulidad del pueblo para inculcarles lo que les place».[2]

Un texto de la Heritage Foundation parece dar la razón a los libertinos desde su mismo título: *Por qué la religión importa. El impacto de la práctica religiosa en la estabilidad social.*[3] Sus puntos clave, indicados en el resumen, son: «1. La prác-

---

1. Niccolò Machiavelli, *Discorsi sopra la prima Deca di Tito Livio* (1519), *op. cit.,* libro I, cap. XI, pág. 139 y cap. IV («Sobre la religión de los romanos»), págs. 161-162. [Trad. esp.: *op. cit.,* págs. 64-66.]
2. *Traité des trois imposteurs o La vie et l'esprit de monsieur Benoit de Spinoza* (1719); trad. it.: *Trattato dei tre impostori. La vita e lo spirito del signor Benedetto de Spinoza,* Einaudi, Turín, 1994, pág. 238.
3. Patrick Fagan, «Why Religion Matters: The Impact of Religious practice on Social Stability», informe publicado el 25 de enero de 1996 en la página de la fundación: https://www.heritage.org/civilsociety/report/why-religion-matters-the-impact-religious-practice-social-stability.

tica religiosa tiene un enorme potencial para abordar los problemas sociales actuales. 2. Evidencias claras y reiteradas señalan que la práctica regular de la religión tiene efectos beneficiosos en prácticamente todos los aspectos sociales relevantes mental y políticamente.» El autor enumera los siguientes efectos beneficiosos: «La fuerza de la unidad familiar está entrelazada con la de la religión. La práctica regular de la religión ayuda a los pobres a salir de la pobreza; más en general vacuna a los individuos contra una serie de problemas sociales, incluidos el suicidio, el abuso de drogas, los nacimientos fuera del matrimonio, la delincuencia y el divorcio; fomenta efectos beneficiosos sobre la salud mental como menos depresión, más autoestima y una mayor felicidad familiar y conyugal.» En definitiva, por decirlo con Polibio, la religión «sirve para mantener el Estado».

En este sentido, el uso «libertino» de la religión no conoce fronteras políticas. Desde Eisenhower en adelante, todos los presidentes estadounidenses han participado al menos una vez durante su mandato en el National Prayer Breakfast organizado cada año por una asociación, muy discreta, conocida como «The Family», a través de su Fellowship Foundation, creada en 1953. Ese año, el tema oficial del desayuno inaugural fue «Government under God». Han asistido tanto Hillary Clinton (2010) como Donald Trump (que ha acudido cuatro veces en los últimos cuatro años). Este desayuno «religioso», al que asisten en Washington 3.800 invitados (previo pago) de más de 130 países,[1] está patrocinado por el Congreso. En torno a la «Family» circu-

---

1. Kenneth P. Vogel, Elizabeth Dias, «At Prayer Breakfast, Guests Seek Access to a Different Higher Power», en *The New York Times,* 28 de julio de 2018, https://www.nytimes.com/2018/07/27/us/politics/national-prayer-breakfast.html.

lan las más variadas teorías conspirativas, a causa del estricto secreto que rodea los nombres de sus asociados. Lo que está claro es que, durante la Guerra Fría, la Fellowship urdió en los años sesenta relaciones entre el gobierno de los Estados Unidos y el dictador brasileño Artur da Costa e Silva y el indonesio Suharto, acogió en un National Prayer Breakfast una reunión secreta entre Sadat y Begin en 1978, organizó reuniones en Washington en la década de los ochenta entre el gobierno de los Estados Unidos y el exgeneral salvadoreño Carlos Eugenio Vides Casanova, invitado en 1984 a un Prayer Breakfast y condenado en 2003 por un tribunal de Florida por torturas a miles de ciudadanos en los años ochenta. En esa ocasión otro de los invitados fue el general hondureño Gustavo Álvarez Martínez, vinculado a la CIA y los escuadrones de la muerte, que más tarde se convertiría en misionero evangélico antes de ser asesinado en 1989.[1]

La experiencia nos dice, sin embargo, que la hipótesis del cinismo, es decir, que los poderosos explotan cínicamente las supersticiones del vulgo, aun cuando puede que sea cierta, resulta demasiado elogiosa, porque al final esos mismos poderosos (políticos o multimillonarios) acaban por creer en esas supersticiones que creen estar explotando. No solo eso: la tesis de Maquiavelo y los libertinos se aplica a todos los gobernantes, de cualquier orilla, igual que a los desayunos de oración en Washington acuden ambos grandes partidos. Pero como se ve perfectamente en el fenómeno pentecostal en Latinoamérica, hay cierta especificidad, lejos de ser compartida por todos los partidos, en la relación entre el cristianismo conservador por un lado y el extremismo neoliberal por el otro.

1. Jeff Sharlet, «Jesus Plus Nothing: Undercover among America's secret theocrats», en *Harper's Magazine,* marzo de 2003, págs. 53-64.

Obviamente, no es esta la primera vez que el capitalismo y el cristianismo se alían. Ya en 1905, Max Weber nos explicaba claramente cómo la ética protestante moldeaba el espíritu del capitalismo. Y, sin embargo, él mismo no pudo evitar sorprenderse: «Pero precisamente esto es lo que al hombre precapitalista le parece tan inconcebible y misterioso, tan sucio y despreciable. Que alguien pueda convertir en fin exclusivo de su vida laboral la idea de bajar a la tumba, en su momento, cargado de mucho dinero y de bienes solo le parece explicable como resultado de instintos perversos, de la *auri sacra fames.*»[1]

Aquí también, sin embargo, se trata más de una actitud mental que de una posición política. Justo en los años en que el sociólogo alemán indagaba en los vínculos entre la ética calvinista y el espíritu del capitalismo, en los Estados Unidos se impuso una versión de la Biblia que asumía precisamente esa perspectiva: la «Biblia Scofield».

La figura de Cyrus Ingerson Scofield (1843-1921) parece salida directamente de un *spaghetti western:* originario de Tennessee, perseguido por los escándalos, bebedor empedernido y con serios problemas matrimoniales ya en su juventud, Scofield luchó en las filas sudistas en la guerra de Secesión, ejerció como abogado y persiguió a los pieles rojas en Kansas, un estado del que tuvo que huir (abandonando mujer y dos hijos) al ser acusado de robar las contribuciones políticas donadas a un antiguo socio suyo. Encarcelado

---

1. Max Weber, *Die protestantische Ethik und der „Geist" des Kapitalismus* (1905), Springer Verlag, Wiesbaden, 2016; trad. it.: *L'etica protestante e lo spirito del capitalismo,* en *Sociologia delle religioni* (1976), Utet, Turín, 1988, vol. I, pág. 158. [Se cita por la traducción de Joaquín Abellán García, *La ética protestante y el espíritu del capitalismo,* Alianza Editorial, Madrid, 2001, pág. 79.]

en 1879 en San Luis por falsedad y fraude, «nació de nuevo» *(was born again)*, es decir, conoció la conversión religiosa en prisión, y desde entonces se convirtió en uno de los padres del fundamentalismo estadounidense moderno, entregado a una cruzada contra anarquistas, comunistas y socialistas. Su comentario a las sagradas escrituras tuvo una influencia extraordinaria: la versión definitiva de la Biblia glosada por él fue publicada por Oxford Press en 1916, vendió dos millones de ejemplares en menos de dos años (una nueva edición de 1967 vendió otros 2,5 millones de copias).[1]

Scofield fue uno de los primeros en practicar la selectividad arbitraria sobre qué pasajes de la Biblia había que interpretar literalmente y cuáles no: que el mundo fue creado exactamente 4.004 años antes del nacimiento de Cristo debía ser tomado al pie de la letra (y de aquí se derivan todas las tesis creacionistas que aún arrecian en los Estados Unidos), mientras que en cambio el Sermón de la Montaña debe entenderse solo como una metáfora: «Bienaventurados los pobres de espíritu, porque de ellos es el reino de los cielos [...]. Pero ¡ay de vosotros, ricos, porque habéis recibido vuestro consuelo!, [...] porque gemiréis y lloraréis» (Mateo 5,3, y Lucas, 6,24-26): según la Biblia de Scofield, esta metáfora se hará realidad solo en el milenio que precede al Apocalipsis, mientras que hasta ese lejano futuro perseguir la riqueza no solo no será pecado, sino que constituirá una suerte de deber para el buen cristiano.

Esta tesis está expresada con fuerza aún más apodíctica por el sermón *Acres of Diamonds* (Acres de diamantes), que el pastor baptista, fundador y primer rector de la Temple

---

1. Paul Boyer, *When Time Shall Be No More: Prophecy Belief in Modern American Culture,* Harvard University Press, Cambridge (MA), 1992, págs. 97-98.

University de Filadelfia, Russell Herman Conwell (1843-1925), pronunció por primera vez en 1869 y llegaría a repetir nada menos que otras 6.152 veces en todo el mundo. Conwell es categórico: «Yo digo que debes hacerte rico y que es tu deber hacerte rico.» «El dinero es poder, y debes ser lo razonablemente ambicioso para poseerlo. Y debes hacerlo porque con él puedes hacer el bien mucho más que sin él. El dinero ha impreso tu Biblia, el dinero construye tus iglesias, el dinero envía a tus misioneros, el dinero paga a tus predicadores, pues no tendrías a la mayoría de ellos si no los pagaras. Siempre pretendo que mi iglesia me aumente el salario porque la iglesia que paga el salario más alto recoge fondos con más facilidad [...]. El hombre que recibe el salario más alto puede hacer mejor el bien con el mayor poder que se le da.»

Y el reverendo repite de nuevo: «Yo digo, pues, que es tu deber ganar dinero.»[1] Por más descarada que parezca esta orden perentoria de enriquecerse, empieza a vislumbrarse su lógica cuando Conwell empieza a elogiar a los Rockefeller, a los Carnegie, a los Astor, es decir, a los potenciales financiadores de la universidad que habría fundado en 1884: «¿Por qué Mr. Carnegie es criticado tan duramente por los envidiosos del mundo? Porque posee más de lo que nosotros tenemos.»

Pero todo se aclara cuando Conwell se lanza contra el sindicato, en primer lugar, porque este último mete en un mismo saco todos los trabajos y equipara trabajos bien re-

---

1. Russell H. Conwell, *Acres of Diamonds,* Harper & Brothers, Nueva York, 1915, págs. 18 y 20. El sermón está disponible en muchas páginas web, como por ejemplo: https://web.archive.org/web/20130101215120/http://www.temple.edu/about/history/acresdiamonds.

munerados y trabajos de hambre, trabajos cualificados y trabajos serviles, y además, y sobre todo, porque el sindicato se atreve a tomarla con los *«oppressive rich»:* «Es enemigo de nuestro país aquel que sitúa al capital contra el trabajo o al trabajo contra el capital.»[1] Lo que el reverendo no consigue digerir es «la guerra entre capital y trabajo», la lucha de clases.

Desde el siglo XIX los grandes capitalistas y el ala conservadora del cristianismo han estado unidos por un adversario común, a saber, el movimiento obrero, el socialismo ateo y anticapitalista. Una vez más, «el enemigo de mi enemigo es mi amigo». De ahí que la relación entre el gran capital y el cristianismo conservador se hiciera más estrecha, más íntima, cuando en la década de los treinta tanto los capitalistas como los cristianos coincidieron en su oposición al New Deal rooseveltiano, es decir, cuando el movimiento de los trabajadores obtuvo victorias significativas en respuesta a la Gran Depresión. No olvidemos que después de 1929, el gran capital estaba marcado por una pésima fama, pues el sufrimiento de millones de personas sin hogar y de los desempleados se atribuyó a la desorbitada codicia de los magnates de la industria y de las finanzas. El capitalismo quedó desacreditado por los fracasos. Y Franklin Delano Roosevelt no se quedaba corto en citas religiosas y parafraseaba juicios lanzados por la corriente clerical del Social Gospel de principios de siglo. Fue entonces cuando las asociaciones patronales recurrieron a los predicadores para defender el ca-

---

1. Las versiones del sermón difieren ligeramente entre sí. Esta última frase la he sacado de la versión en línea de la Temple University. En cambio, en la versión impresa de Harper no se menciona a Rockefeller, ni tampoco a los sindicatos, mientras que Carnegie se menciona en otro contexto.

pitalismo «de la interferencia estatal»: «los titanes de la industria alistaron a pastores conservadores en un esfuerzo por promover nuevos argumentos políticos expresados por la frase "libertad bajo Dios"». Tanto es así que en la convención de la National Association of Manufacturers, de 1940, donde tomaron la palabra ejecutivos de General Motors, Standard Oil, General Electric, Mutual Life, Sears, Roebuck (así como el director del FBI, J. Edgar Hoover), la intervención más aplaudida fue la protagonizada por el reverendo James W. Fifield Jr. (1899-1977), conocido como «el apóstol de los millonarios», que atacó «el robo de la libertad estadounidense por parte del New Deal» y «la amenaza de autocracia que avanza a través de la burocracia»: «a esos titanes de la industria se les había dicho una y otra vez que eran los responsables del colapso nacional. Fifield, por el contrario, insistía en que eran la fuente de su salvación».[1]

El puente entre el Evangelio y el capitalismo lo constituía el individualismo: para estos predicadores, la salvación del alma es individual: todo el mundo se salva a sí mismo y, por lo tanto, toda ética de la salvación debe basarse en la ética del individualismo, es decir, del capitalismo.

Así pues, después de la Segunda Guerra Mundial, cuando estalló la Guerra Fría, con el obvio enemigo comunista (el Satanás soviético), la máquina cristiano-patronal ya estaba bien rodada y en condiciones de aprovechar al máximo la nueva tecnología de la televisión.

El padre del fundamentalismo conservador moderno es Billy Graham (1918-2018), quien lanzó a finales de los años cuarenta sus «cruzadas» en varias ciudades de los Estados

---

1. Kevin M. Kruse, *One Nation Under God: How Corporate America Invented Christian America,* Basic Books, Nueva York, 2015, págs. XIV, 7.

Unidos, haciéndose famoso gracias a la enorme campaña publicitaria que le hicieron los periódicos del magnate Randolph Hearst. Su Evangelical Foreign Missions Association fue una eficaz herramienta de guerra fría. Graham fundó el principal periódico evangélico, *Christianity Today*, las Urban Missionary Conferences, y llegó a ser más tarde uno de los más íntimos confidentes del presidente Richard Nixon.

También bajo la presidencia de Eisenhower, nació la John Birch Society (llamada así por un pastor asesinado en China en 1945), que ya conocemos porque fue financiada por Fred Koch (de la familia de petroleros de Kansas) y por Harry Bradley (de la familia Bradley, dueña de una empresa en Wisconsin), dos familias cuyas fundaciones han sido decisivas en la historia que estamos contando. Los Bradley y los Koch se revelan así desde el principio como familias mojigatas (como lo es asimismo la dinastía de la cerveza Coors, otra gran financiadora de la cultura de derecha), y la historia de su apoyo financiero a los extremismos religiosos se entrelaza con la de sus donaciones a los centros de estudios reaccionarios. La John Birch Society fue desde los primeros años una guarida de fanáticos antisemitas, racistas y paranoicos anticomunistas, hasta el extremo de acusar al presidente Dwight D. Eisenhower y al jefe de la CIA Allen Dulles de ser espías comunistas infiltrados y defender durante décadas que John Rockefeller era miembro de la misteriosa secta masónica de los Illuminati. La John Birch alcanzó su apogeo en 1964 con la candidatura republicana de Barry Goldwater a las elecciones presidenciales: su derrota marcó también el declive de esta organización, cada vez más desacreditada por sus paranoias.

Sin embargo, fue de sus filas de donde salieron en los años setenta muchos líderes de la revolución cristiana conservadora que tomó el poder con Ronald Reagan. Reagan fue el primer candidato presidencial en imponer que el discurso de aceptación en la Convención de su partido terminara con un «*God bless America!*», frase que ningún candidato se ha atrevido a omitir desde entonces.[1]

De la John Birch sale Tim LaHaye (1926-2016), cuya serie de novelas *Left Behind* ha vendido ochenta millones de ejemplares (no es casualidad que en estas novelas el Anticristo sea un caballero que se parece a Robert Redford, tiene el terrible estigma de ser «políglota» y es secretario general de la ONU). Estas novelas se han adaptado en películas y series televisivas.

Téngase en cuenta que en las largas horas de conducción que caracterizan las jornadas en los Estados Unidos, es casi imposible no escuchar sermones radiofónicos. Y ante la televisión, mientras zapeamos, nos tropezamos entre los distintos canales con un telepredicador tras otro. La televisión ha sido el canal privilegiado para la difusión del mensaje de los conservadores cristianos; tanto es así que la figura del telepredicador se ha convertido en proverbial. En 1960 Pat Robertson (1930-) fundó el Christian Broadcasting Network (CBN), que se situó de inmediato en primera línea de la guerra cultural, se ve en más de doscientos países y en setenta idiomas. Su programa, el *700 Club,* es visto por un millón de personas. Robertson también fundó el International Family Entertainment Inc., un canal vía satélite con 63 millones de abonados, vendido en 1997 a Fox Kids Worldwide por 1,9 millones de dólares. Robertson lanzó asimismo la Regent University, la Operation Blessing International Relief and Development Corporation y el American Center for Law and Justice.

---

1. *Ibid.,* pág. 274.

Otro telepredicador, el pastor bautista Jerry Falwell (1933-2007), fundó en 1979 y dirigió hasta 1987 la Moral Majority, un movimiento antiabortista, antigay, antifeminista, creacionista, opuesto a los Acuerdos SALT con la URSS, a favor de la censura de los medios de comunicación, decisivo para llevar a Reagan a la Casa Blanca en 1980. En 1989 la Moral Majority se disolvió y se fusionó con la Christian Coalition de Robertson.

El final de la Guerra Fría y el 11 de septiembre obligaron a cambiar de rumbo a los conservadores cristianos. No han dejado de ser antisemitas, pero si antes su antisemitismo estaba dirigido contra los judíos, desde entonces se manifiesta contra los árabes. Para Robertson, el islam es una religión que quiere destruir a las demás; para el antiguo presidente de la Southern Baptist Convention, Jerry Vines, Mahoma era un «pedófilo poseído por el diablo» y para Franklin Graham (hijo y heredero de Billy) «el islam es una religión malvada y perversa». En enero de 2001, Franklin Graham pronunció la oración introductoria a la toma de posesión de Bush en la Casa Blanca. Y Donald Trump apoyó la falsa noticia de que Barack Obama era en realidad un musulmán que había frecuentado las madrazas (según una encuesta, el 80 % de los estadounidenses cree que Obama nació en los Estados Unidos, pero solo el 39 % sabe que es cristiano y el 29 % cree que es musulmán).[1]

Pese a todo, sigue siendo un misterio por qué los grandes capitalistas alimentan una pasión tan desmedida por los fundamentalistas (los Estados Unidos se sienten más cómodos con Begin que con Rabin, más con el integrista Zia-ul-Haq

---

1. D'Angelo Gore, «Eight Years of Trolling Obama», FactCheck.Org, publicado el 19 de enero de 2017, https://www.factcheck.org/2017/01/eight-years-of-trolling-obama/.

que con los laicos Gandhi). La razón más profunda es precisamente la que sorprendía a Wendy Brown: ninguna sociedad puede basarse en una «racionalidad que es explícitamente amoral tanto en lo que atañe a los fines como a los medios (neoliberalismo)», en «un proyecto que vacía el mundo de sentido, que deprecia y desarraiga la vida y explota abiertamente el deseo». En resumen, una sociedad no puede basarse en la pura competencia. Lo sabían incluso los ordoliberales alemanes de la Escuela de Friburgo: «no pidamos a la competencia más de lo que puede dar: es un principio de orden y de gestión en el sector particular de la economía de mercado y de la división del trabajo, pero no un principio sobre el que resulta posible erigir una sociedad. Moral y sociológicamente es un principio peligroso, más disolvente que unificador. Si no se quiere que la competencia actúe como un explosivo social ni que degenere, eso presupone un encuadramiento aún más fuerte fuera de la economía, un marco político y moralidad de enorme solidez».[1]

Cuanto más amorales y asociales sean el mercado y la competencia, más necesario resulta un pegamento social extraeconómico. Una sospecha que ya se desprendía de una evidente inconsistencia de los neolib, cuando dicen (como hacían Friedman y Thatcher) que la unidad básica de la economía es indistintamente el individuo y la familia. Pero la familia solo puede ser considerada una unidad si los lazos que la unen no son los del mercado (pese a cuanto diga Gary Becker), de lo contrario la familia debe escindirse en los individuos que la componen y no es una unidad económica.

---

1. Wilhelm Röpke, *The Social Crisis of Our Time*, op. cit., pág. 181, descargable desde la página web del Instituto von Mises, https://mises.org/library/social-crisis-our-time.

La unidad base no puede ser el individuo *y* la familia, sino que debe ser el individuo *o* la familia.

Por lo tanto, cuanto más global se vuelve el capital, más desvinculado de los territorios, de las tradiciones, de la historia, más puramente conductual, más falta le hace algo que reconstituya el territorio, las tradiciones, la historia. Las simpatías racistas más o menos veladas de todos los neolib vuelven a enganchar a la carne, a la sangre y a los cuerpos una teoría y una práctica cada vez más exangües e inmateriales, bien simbolizadas por la contratación ultrarrápida de acciones, definitivamente desvinculadas de cualquier actor humano y gestionadas por computadora. Una de las razones más importantes por las que Occupy Wall Street perdió fuerza es que Wall Street ya no está en Wall Street, mejor dicho, técnicamente ya no está allí: la Bolsa de Nueva York es –desde un punto de vista físico– una inmensa serie de servidores y computadoras amontonadas en gigantescos hangares refrigerados en Mahwah, Nueva Jersey.[1]

Si esta hipótesis es cierta, es decir, si el cosmopolitismo globalista tiene necesidad del localismo territorial, entonces soberanismos y movimientos identitarios son solo la otra cara de la globalización, la una no puede ir sin la otra. De la misma manera que el fundamentalismo es un resultado, una criatura del laicismo moderno.

A propósito del fundamentalismo, otra causa, tal vez decisiva, de la fascinación mutua que el cristianismo conservador y el neoliberalismo ejercen entre sí es que el libre mercado es una auténtica fe, con sus misioneros, sus apóstoles, sus propios templos (los bancos) y sus mega-*churches*

---

1. Alexandre Laumonier, *6/5*, Éditions Zones sensibles, Bruselas, 2013; trad. it.: *6/5. La rivolta delle macchine,* Nero, Roma, 2018, pág. 64.

(los megabancos *«too big to fail»).* En el libre mercado y en la mano invisible no queda más remedio que creer, como hay que creer en la Trinidad o en la doble naturaleza humana y divina de Jesús. Y ya hemos visto que el capital humano es el equivalente moderno del alma.

Por otro lado, es evidente que no soy el primero en notar la dimensión religiosa del capitalismo. Ya la señaló Karl Marx en su celebérrimo pasaje sobre el arcano de la forma-mercancía, sobre su «fetichismo»: «De ahí que para hallar una analogía pertinente debamos buscar amparo en las neblinosas comarcas del mundo religioso. En este los productos de la mente humana parecen figuras autónomas, dotadas de vida propia, en relación unas con otras y con los hombres. Otro tanto ocurre en el mundo de las mercancías con los productos manufacturados. A esto llamo el fetichismo que se adhiere a los productos del trabajo no bien se los produce como mercancías.»[1] Ya nos hemos tropezado con el parangón de Marx entre «la falta de confianza en la deuda pública» y «el pecado contra el Espíritu Santo, para el que no hay perdón alguno» (véase *supra,* pág. 177).

Más explícito parece ser Ernst Bloch, para quien el calvinismo llegó a establecer «los elementos de una "religión" nueva: el capitalismo entendido este como religión y como iglesia de Mammón».[2] Ese mismo año, escribió Benjamin un famoso fragmento que se titula precisamente *El capitalismo como religión,* y que comienza así: «En el capitalismo

---

1. Karl Marx, *Il Capitale, op. cit.,* libro I, pág. 84. [Trad. esp.: *op. cit.; cfr.* https://webs.ucm.es/info/bas/es/marx-eng/capital1/1.htm.]
2. Ernst Bloch, *Thomas Münzer als Theologe der Revolution* (1921), Suhrkamp, Fráncfort del Meno, 1977; trad. it.: *Thomas Münzer, teologo della rivoluzione,* Feltrinelli, Milán, 1980, pág 120.

hay que ver una religión. Esto significa que el capitalismo sirve esencialmente para satisfacer las mismas necesidades, tormentos o inquietudes a los que antaño daban respuesta las llamadas religiones.» Benjamin afirma que la estructura religiosa del capitalismo «no es solo similar a "una imagen de estilo religioso" (como pensaba Max Weber), sino "un fenómeno esencialmente religioso"»: «El capitalismo es una religión puramente de culto, quizá la más extrema que ha existido nunca: en él todo cobra significado solo a través de una referencia inmediata al culto»; «se trata de un culto culpabilizador/endeudador. El capitalismo es quizá el primer caso de un culto que no ofrece expiación sino culpa/deuda».[1]

Pero la situación cambió cuando, aplicando al ámbito de la fe la doctrina de las elecciones racionales elaborada en los años sesenta, los economistas empezaron a utilizar la metáfora del mercado en la esfera religiosa, produciendo una «economía de la religión» (ya nos hemos topado con Rodney Stark). Llegados a ese punto, los estudiosos de la religión han devuelto el regalo a los economistas y se ha abierto un campo de estudios inverso, en el sentido de que se empezó a buscar lo que puede entenderse sobre el mercado, observándolo con las categorías de la religión.[2]

Harvey Cox ha escrito un libro llamado *El Mercado como Dios* (Cox siempre escribe mercado con eme mayúscu-

---

1. Walter Benjamin, «Kapitalismus als Religion» [Fragment, 1921], en *Gesammelte Schriften,* Suhrkamp, Fráncfort del Meno, 1980, vol. VI, págs. 100-102; trad. it.: *Capitalismo come religione,* il melangolo, Génova, 2013, págs. 41, 43.
2. Andrew M. McKinnon, «Ideology and the Market Metaphor in Rational Choice Theory of Religion: A Rhetorical Critique of 'Religious Economies'», en *Critical Sociology,* vol. 39, n.º 4, 2013.

la, «para indicar tanto el misterio que lo envuelve como la reverencia que inspira en sus adeptos»).[1]

«La expresión "religión del mercado" no es solo una figura retórica. La fe en la funcionalidad de los mercados toma realmente la forma de una religión en toda regla, equipada con sus sacerdotes y rituales, con sus doctrinas e ideologías, con sus santos y profetas, y con su celo por llevar su propio evangelio al mundo entero y convertir a los pueblos. El hecho de que los seguidores de la fe en el mercado no reconozcan formalmente que se trata de una auténtica religión no cambia esta realidad.»[2]

Podría añadirse que el dios-mercado es a estas alturas un dios aristotélico: como para Aristóteles, el acto puro es «el pensamiento que se piensa a sí mismo», así que en el capitalismo neolib «el mercado se vende a sí mismo en el mercado». Hasta finales del siglo pasado, la Bolsa de Londres, Wall Street, el Mercantile Exchange (Bolsa Mercantil) de Chicago, las «bolsas» tenían que ser neutrales, no pertenecer a nadie. Pero desde 1998, los mercados financieros han podido transformarse en «empresas comerciales como cualquier otra, cuyos accionistas reciben dividendos en función de los rendimientos de la empresa. El aspecto más paradójico era que *un mercado podía a su vez entrar en el mercado y cotizar en la propia bolsa de valores*».[3] Las acciones de Wall Street se cotizan, se venden y se compran en Wall Street: es precisamente el mercado el que vende el mercado, el pensamiento que piensa el pensamiento.

Como los dioses de antaño y el Jehová de los judíos,

---

1. Harvey Cox, *The Market as God*, Harvard University Press, Cambridge (MA), 2016, pág. 8.
2. *Ibid.*, pág. 6.
3. Alexandre Laumonier, *6/5, op. cit.*, pág. 57 (cursivas mías).

también el Mercado es un dios iracundo y punitivo de carácter inestable: «En los viejos tiempos, los profetas entraron en un estado de trance e informaban después a los ansiosos fieles del estado de ánimo de los dioses y de si era un día propicio para emprender un viaje, casarse o declarar la guerra [...]. Hoy la voluble voluntad del Mercado es aclarada por los boletines diarios de Wall Street y otros sensores de las finanzas. Por ello, día a día nos enteramos de que el mercado se siente "preocupado", "aliviado", "nervioso", incluso en ocasiones "eufórico". Sobre la base de esta revelación, los consternados fieles toman decisiones fundamentales sobre qué comprar o vender. Igual que cualquiera de esos voraces dioses del pasado, el Mercado –adecuadamente personificado por un toro o por un oso–[1] debe ser alimentado y mantenido feliz en toda circunstancia.»[2]

«Los adivinos y hechiceros de los humores del Mercado son los consultores financieros y los consejeros delegados de las principales empresas de negocios. Actuar en contra de sus advertencias es arriesgarse a la excomunión e incluso a la condenación. Si, por ejemplo, la política de cualquier gobierno ofende al Mercado, los responsables de esta impiedad tendrán que sufrir.»[3]

Como en todas las religiones, también en la del Mercado existen herejías que hay que castigar, no con la hoguera, sino con la deuda: «El problema con países como Japón o Grecia, entendí que argumentaban los mojigatos del Mer-

---

1. En términos bolsistas, un «Bull» (toro) es un especulador al alza, mientras que un «Bear» (oso) es un especulador a la baja: el primero compra con la esperanza de revender a un precio más alto, el segundo vende con la esperanza de volver a comprar a un precio más bajo.
2. Harvey Cox, *The Market as God, op. cit.,* pág. 16.
3. *Ibid.*

cado, deriva de su hereje extravío de la "ortodoxia del libre mercado", pues profesan el "capitalismo clientelista" [*crony capitalism*], el "etnocapitalismo" o el "capitalismo de Estado". Como las de los antiguos arios o las de los albigenses medievales, sus teorías son todas ellas desviaciones de la única fe verdadera; en otras palabras, herejías. En la gran recesión de 2007-2009, pude ver esa clase de crisis que sacude los cimientos de la fe. Pero la fe se ve fortalecida por la adversidad, y la religión del mercado emergió reforzada y renovada por el juicio de las heterodoxias financieras.»[1]

Con un detalle más: hay una razón por la que Jehová es un dios iracundo y cruel, y nos la proporciona Friedrich Nietzsche en un pasaje muy estudiado de la *Genealogía de la moral:* la razón es que «el sentimiento de la culpa, de la obligación personal [...] ha tenido su origen [...] en la relación entre compradores y vendedores, acreedores y deudores». «¿De dónde ha sacado su fuerza esta idea antiquísima, profundamente arraigada y tal vez ya imposible de extirpar, la idea de una equivalencia entre perjuicio y dolor? [...] de la relación contractual entre *acreedor y deudor.*» Son estas relaciones las que dan lugar (en caso de insolvencia) a la necesidad del deudor de expiar, y por lo tanto «al acreedor se le concede, como restitución y compensación, una especie de sentimiento de bienestar –el sentimiento de bienestar del hombre a quien le es lícito descargar su poder, sin ningún escrúpulo, sobre un impotente, la voluptuosidad *"de faire le mal pour le plaisir de le faire"* [de hacer el mal por el placer de hacerlo] [...]. Por medio de la "pena" infligida al deudor, el acreedor participa de un *derecho de señores:* por fin llega también él una vez a experimentar el exaltador sentimiento

1. *Ibid.*

de serle lícito despreciar y maltratar a un ser como a un "inferior". [...] La compensación consiste, pues, en una remisión y en un derecho a la crueldad».[1]

¿Cómo no leer estas frases a la luz de lo que la Troika de los acreedores impusieron a la Grecia deudora? Decretar con un *diktat* nada menos que el tamaño de las hogazas (véase *supra*, pág. 189) ¿no proporcionó acaso «la satisfacción de descargar, con total seguridad, el poder de uno sobre un ser [en este caso un país] reducido a la impotencia»? Las naciones del norte de Europa llamadas «frugales» ¿no alcanzaron «el exaltador sentimiento de serles lícito despreciar y maltratar» a esos holgazanes de los griegos como a «seres inferiores»?

Con todo, hay todavía un detalle que aúna al capital con los dioses del que habla Nietzsche, y es el hecho de que respecto a ambos, respecto al capital y respecto a los dioses, «la deuda es inextinguible», «la culpa es irredimible».[2]

Incluso el teólogo Cox se pregunta sobre la relación entre las viejas religiones y la nueva fe en el mercado, y piensa que la solución más probable es que los antiguos dioses se sometan a la nueva divinidad y vivan a su sombra, al igual que las identidades pueden florecer bajo la sombra globalizadora del capital: «Parece altamente improbable que las religiones tradicionales se levanten y desafíen las doctrinas del nuevo verbo. La mayor parte parece conformarse con

---

1. Friedrich Nietzsche, *Zur Genealogie der Moral. Eine Streitschrift* (1887), Nikol, Hamburgo, 2017; trad. it.: *Genealogia della morale. Uno scritto polémico* (Adelphi, Milán, 1968), Mondadori, Milán, 1988, segunda disertación, citas de los capítulos, en orden, 8, 4 y 5. [Se cita por la traducción de Andrés Sánchez Pascual, *La genealogía de la moral*, Alianza Editorial, Madrid, 1972, págs. 91, 83, 84-85.]

2. *Ibid.*, caps. 20, 21.

convertirse en sus seguidoras o con ser absorbidas por su panteón, como hicieron las antiguas divinidades nórdicas que, después de luchar contra la nueva fe, al final se rindieron al aceptar un estatuto inferior pero seguro de santos cristianos.»[1]

Pero quizá la observación más cargada de consecuencias sea aquella en la que Cox afirma que el Mercado es un dios exigente: «El Dios Mercado necesita transformar a las personas de lo que eran en otros tiempos en personas preparadas para recibir y poner en práctica su mensaje. Deben renacer [*born again*]. Deben ser reconfiguradas.»[2]

«*Born again*» es una expresión tal vez poco significativa en Europa, pero muy relevante en los Estados Unidos (por ejemplo, el presidente George W. Bush acostumbraba a decir que estaba orgulloso de ser un *born again):* significa renacer a una nueva vida después de haber tenido la experiencia de Dios. Y, en efecto, el tomador de decisiones racional que maximiza la elección y el uso de medios para lograr las metas teorizadas por Gary Becker es la persona *born again* a la vida capitalista.

Es en este terreno común de la fe donde los grandes centros de estudios «laicos», los *think tanks* conservadores de Washington, se conectan con los poseídos místicos pentecostales. Como dijo en 1980 un miembro del conservador Instituto Ludwig von Mises: «Nosotros comerciamos con absolutos» *(our people deal in absolutes).*[3]

---

1. Harvey Cox, *The Market as God, op. cit.,* pág. 20.
2. *Ibid.,* pág. 193.
3. Lewis H. Lapham, *Tentacles of Rage, op. cit.,* pág. 41.

BIBLIOGRAFÍA ESENCIAL

Althusser, Louis, «Idéologie et appareils idéologiques d'État» (1969), en *Positions (1964-1975)*, Éditions Sociales, París, 1976, págs. 67-126.
Anderson, Perry, «Renewals», en *New Left Review*, n.º 1, enero-febrero de 2000, págs. 5-24.
Aristóteles, *La Politica*, Laterza, Roma-Bari, 1966. [Trad. esp.: *Política*, traducción de Manuela García Valdés, Madrid, Gredos, 1988.]
Arriagada Herrera, Genaro, y Carol Graham, «Chile: Sustaining Adjustment during Democratic Transition», en Haggard Stephan, Webb Steven B. (eds.), *Voting for Reform: Democracy, Political Liberalization, and Economic Adjustment*, Oxford University Press for the World Bank, Nueva York, 1994, págs. 242-289.
Austen-Smith, David, y Jeffrey Banks, «Elections, Coalitions, and Legislative Outcomes», en *American Political Science Review*, n.º 82, 1988, págs. 405-422.
Barkan, Joanne, «Plutocrats at Work: How Big Philanthropy Undermines Democracy», en *Dissent*, otoño de 2013.
Barry, Brian, *Sociologists, Economists and Democracy*, The University of Chicago Press, Chicago, 1970.
Barthes, Roland, *Mythologies,* Seuil, París, 1957; trad. it.: *Miti*

d'oggi, Einaudi, Turín, 1974. [Trad. esp.: *Mitologías*, traducción de Héctor Schmucle, Siglo XXI, Madrid, 2009.]

Baum, Sandy, *The Evolution of Student Debt in the U.S.: An Overview*, The Urban Institute, George Washington University, octubre de 2013.

Becker, Gary, «Crime and Punishment: An Economic Approach», en *Journal of Political Economy*, vol. 76, n.º 2, marzo-abril de 1968, págs. 169-217.

—, *A Treatise on the Family* (1981), The Harvard University Press, Cambridge (MA), 1991. [Trad. esp.: *Tratado sobre la familia*, traducción de Carlos Peraita de Grado, Alianza Editorial, Madrid, 1987.]

Benjamin, Walter, «Kapitalismus als Religion» [Fragment, 1921], en *Gesammelte Schriften*, Suhrkamp, Fráncfort del Meno, 1980, vol. VI, págs. 100-102; trad. it.: *Capitalismo come religione*, il melangolo, Génova, 2013. [Trad. esp.: «El capitalismo como religión», en *Angelus Novus*, traducción de H. A. Murena, Comares, Granada, 2012.]

Bloch, Ernst, *Thomas Münzer als Theologe der Revolution* (1921), Suhrkamp, Fráncfort del Meno, 1977; trad. it.: *Thomas Münzer teologo della rivoluzione*, Feltrinelli, Milán, 1980. [Trad. esp.: *Thomas Münzer, teólogo de la revolución*, traducción de Jorge Deike Robles, Ciencia Nueva, Madrid, 1968.]

Bloom, Allan, «Our Listless Universities», en *The National Review*, 10 de diciembre de 1982.

Bonney, Richard, *False Prophets: The «Clash of Civilization» and the War on Terror*, Peter Lang, Oxford, 2008.

Bourdieu, Pierre, «Les modes de domination», en *Actes de la Recherche en Sciences Sociales*, vol. 2, n.º 2-3, junio de 1976, págs. 122-132.

—, *La domination masculine*, Seuil, París, 1998; trad. it.: *Il dominio maschile*, Feltrinelli, Milán, 1998. [Trad. esp.: *La dominación masculina*, traducción de Joaquín Jordá, Anagrama, Barcelona, 2000.]

—, *Raisons pratiques. Sur la théorie de l'action,* Seuil, París, 1994; trad. it.: *Ragioni pratiche,* il Mulino, Bolonia, 2009. [Trad. esp.: *Razones prácticas,* traducción de Thomas Kauf, Anagrama, Barcelona, 1997.]

Boxer, Charles Ralph, *The Dutch Seaborne Empire 1600-1800* (1965), Penguin, Londres, 1973.

Boyer, Paul, *When Time Shall Be No More: Prophecy Belief in Modern American Culture,* Harvard University Press, Cambridge (MA), 1992.

Brown, Wendy, «American Nightmare: Neoliberalism, Neoconservatism, and De-Democratization», en *Political Theory,* vol. 34, n.º 6, diciembre de 2006, págs. 690-714.

—, *Undoing the Demos: Neoliberalism's Stealth Revolution,* Zone Books, Nueva York, 2015. [Trad. esp.: *El pueblo sin atributos: la secreta revolución del neoliberalismo,* traducción de Víctor Altamirano, Malpaso, Barcelona, 2016.]

Canfora, Luciano, *Critica della retorica democratica,* Laterza, Roma-Bari, 2011.

Carnegie, Andrew, *The Gospel of Wealth and Other Writings,* Penguin Classics, Nueva York, 2006; trad. it.: *Il vangelo della ricchezza,* Garzanti, Milán, 2007.

CEPS (Centre for European Political Studies) Task Force Report, *Benchmarking in the EU: Lessons from the EU Emissions Trading System for the Global Climate Change Agenda,* Bruselas, 2010.

Coase, Ronald H., «The Nature of the Firm», en *Economica,* Nueva serie, vol. 4, n.º 16, noviembre de 1937, págs. 386-405.

—, «The Problem of the Social Cost», en *The Journal of Law and Economics,* n.º 3, octubre de 1960, págs. 1-44, reimpreso en Ronald H. Coase, *The Firm, the Market, and the Law,* The University of Chicago Press, Chicago, 1988, págs. 95-156.

—, «Economics and Contiguous Disciplines», en *The Journal of Legal Studies,* vol. 7, n.º 2, junio de 1978, págs. 201-211.

—, *How Should Economists Choose?,* Washington D.C., American

Enterprise Institute, Washington, 1982, disponible en la web del AEI, https://www.aei.org/wp-content/uploads/2016/03/NutterLectures03.pdf.

Constant, Benjamin, «Des réactions politiques» (1797), en *De la force du government actuel de la France et de la nécessité de s'y rallier. Des réactions politiques. Des effets de la terreur,* Flammarion, París, 1988, págs. 91-159.

Conwell, Russell H., *Acres of Diamonds,* Harper & Brothers, Nueva York, 1915, https://web.archive.org/web/20130101215120/http://www.temple.edu/about/history/acres-diamonds.

Cox, Harvey, *The Market as God,* Harvard University Press, Cambridge (MA), 2016.

Davis, Mike, *Late Victorian Holocausts: El Niño Famines and the Making of the Third World,* Verso, Londres, 2001; trad. it.: *Olocausti tardovittoriani,* Feltrinelli, Milán, 2002.

Debord, Guy, *La société du spectacle,* Buchet/Chastel, París, 1967; trad. it.: *La società dello spettacolo,* Massari, Bolsena, 2002. [Trad. esp.: *La sociedad del espectáculo,* traducción del Colectivo Maldeojo, Doble J, Sevilla, 2010.]

Deleuze, Gilles, «Post-scriptum sur les sociétés de contrôle», en *L'autre journal,* n.º 1, mayo de 1990, consultable en la web http://1libertaire.free.fr/DeleuzePostScriptum.html. [Trad. esp.: «Post-scriptum sobre las sociedades de control», en Gilles Deleuze, *Conversaciones,* traducción de José Luis Pardo, Pretextos, Valencia, 1995, o en línea en http://journals.openedition.org/polis/5509.]

—, Félix Guattari, *L'Anti-Œdipe. Capitalisme et schizophrénie 1,* Éditions de Minuit, París, 1972; trad. it.: *L'anti-Edipo. Capitalismo e schizofrenia,* Fabbri, Milán, 2010. [Trad. esp.: *El Anti Edipo. Capitalismo y esquizofrenia,* traducción de Francisco Monge, Paidós, Barcelona, 1985.]

Deloitte, ArtTactic, *Art & Finance Report 2017,* https://www2.deloitte.com/content/dam/Deloitte/at/Documents/finance/art-and-fiancereport-2017.pdf.

d'Eramo, Marco, «La logica del vivente vent'anni dopo. Intervis-

ta a François Jacob», en VV. AA., *Dalle forze ai codici,* manifestolibri, Roma, 1992, págs. 49-63.
—, *Via dal vento. Viaggio nel profondo sud degli Stati Uniti,* manifestolibri, Roma, 2004.
—, *Il maiale e il grattacielo. Chicago: una storia del nostro futuro* (1995), Feltrinelli, Milán, 2020.
Dobkin Hall, Peter, «Philanthropy, the Nonprofit Sector & the Democratic Dilemma», en *Daedalus,* vol. 142, n.º 2, primavera de 2013, págs. 139-158.
Durand, Jacques, «Rhétorique du nombre», en *Communications,* n.º 16, 1970, págs. 125-132.
Fagan, Patrick, «Why Religion Matters: The Impact of Religious Practice on Social Stability», 25 de enero de 1996, https://www.heritage.org/civil-society/report/why-religion-matters-the-impact-religious-practice-social-stability.
Fink, Richard, «From Ideas to Action: The Role of Universities, Think Tanks and Activist Groups», en *Philanthropy,* vol. 10, n.º 1, invierno de 1996.
Fisher, Mark, *Capitalist Realism: Is There No Alternative?,* Zero Books, Winchester (UK)-Washington (USA), 2009; trad. it.: *Realismo capitalista,* Nero, Roma, 2018. [Trad. esp.: *Realismo capitalista,* traducción de Claudio Iglesias, Caja Negra, Buenos Aires, 2016.]
Fogel, Robert William, *Without Consent or Contract: The Rise and Fall of American Slavery* (1989), Norton, Nueva York, 1994.
—, Stanley L. Engerman, *Time on the Cross: The Economics of American Negro Slavery,* Norton, Nueva York, 1974. [Trad. esp.: *Tiempo en la cruz: la economía esclavista en los Estados Unidos,* traducción de Arturo Roberto Firpo, Siglo Veintiuno de España, Madrid, 1981.]
Foucault, Michel, *Naissance de la biopolitique. Cours au Collège de France, 1978-1979,* Gallimard-Seuil, París, 2004; trad. it.: *Nascita della biopolitica,* Feltrinelli, Milán, 2007. [Trad. esp.: *Nacimiento de la biopolítica: curso en el Collège de France*

(1978-1979), traducción de Horacio Pons, F. C. E., Buenos Aires, 2007.]

—, (ed.), *Moi, Pierre Rivière, ayant égorgé ma mère, ma sœur et mon frère...*, Gallimard-Julliard, París, 1973 ; trad. it.: *Io Pierre Rivière, avendo sgozzato mia madre, mia sorella e mio fratello... Un caso di parricidio nel XIX secolo*, Einaudi, Turín, 2020. [Trad. esp.: *Yo, Pierre Rivière, habiendo degollado a mi madre, a mi hermana y a mi hermano...*, traducción de Joan Vinyoli, Barcelona, Tusquets, 2001.]

Fox Piven, Frances, Richard A. Cloward, *Why Americans Still Don't Vote: And Why Politicians Want It That Way*, Pantheon Books, Nueva York, 1988.

Friedman, Milton, *The Role of Government in Education*, en Robert A. Solo (ed.), *Economics and the Public Interest*, Rutgers University Press, Nueva Jersey, 1955, págs. 123-144, https://la.utexas.edu/users/hcleaver/330T/350kPEEFriedmanRoleOfGovttable.pdf.

—, «The Case for the Negative Income Tax», en *National Review*, 7 de marzo de 1967, págs. 239-241.

—, *The Optimum Quantity of Money, and Other Essays*, MacMillan, Londres, 1969.

—, *Capitalism and Freedom* (1962), The University of Chicago Press, Chicago-Londres, 2002; trad. it.: *Capitalismo e libertà*, Studio tesi, Pordenone, 1995. [Trad. esp.: *Capitalismo y libertad. Ensayos de política monetaria*, traducción de Alfredo Lueje *et al.*, Fundación ICO, Madrid, 2012.]

Geddes, Barbara, *Paradigms and Sand Castles: Theory Building and Research Design in Comparative Politics*, The University of Michigan Press, Ann Arbour (MI), 2003.

George, Susan, *The Debt Boomerang: How Third World Debt Harms Us All*, Pluto Press, Londres, 1992.

Graeber, David, *Debt: The First 5,000 Years* (2011), Melvin House, Brooklyn-Londres, 2014; trad. it.: *Debito. I primi 5000 anni*, il Saggiatore, Milán, 2012. [Trad. esp.: *En deuda:*

una historia alternativa de la economía, traducción de Joan Andreano Weyland, Ariel, Barcelona, 2014.]

Harberger, Arnold C., «Secrets of Success: A Handful of Heroes», en *The American Economic Review,* vol. 83, n.º 2, mayo de 1993, págs. 343-350.

Hawkins, Helen S., y G. Allen Greb, Gertrud Weiss Szilárd (eds.), *Toward a Livable World: Leo Szilárd and the Crusade for Nuclear Arms Control* (vol. III de los *Collected Works of Leo Szilárd),* Mit Press, Cambridge (MA), 1987.

Hayek, Friedrich August von, *The Road to Serfdom* (1944) (*The Reader's Digest* condensed version as it appeared in the April 1945), IEA (Institute of Economic Affairs), Londres, 2001; trad. it.: *Verso la schiavitù,* Rizzoli, Milán, 1948.

—, «The Intellectuals and Socialism» (1949), en George B. de Huszar (ed.), *The Intellectuals: A Controversial Portrait,* The Free Press, Glencoe (IL), 1960, págs. 371-384.

—, *The Mirage of Social Justice: Law, Legislation and Liberty vol. 2,* University of Chicago Press, Chicago, 1976.

Heinlein, Robert, *Starship Troopers* (1958), Hodder, Londres, 2015; trad. it.: *Fanteria dello spazio,* Mondadori, Milán, 1992. [Trad. esp.: *Tropas del espacio,* traducción de Amparo García Burgos, Martínez Roca, Barcelona, 1989.]

Hirschman, Albert Otto, *The Rhetoric of Reaction: Perversity, Futility, Jeopardy,* The Belknap Press of Harvard University, Cambridge (MA), 1991; trad. it.: *Retoriche dell'intransigenza. Perversità, futilità, messa a repentaglio,* il Mulino, Bolonia, 1991. [Trad. esp.: *La retórica reaccionaria,* traducción de Teresita de Vedia, Clave Intelectual, Madrid, 2020.]

Hobbes, Thomas, *Leviathan: Or the Matter, Form and Power of a Commonwealth, Ecclesiastic and Civil* (1651), GlobalGreyebooks.com., 2019; trad. it.: *Leviatano,* Laterza, Roma-Bari, 1974, 2 vols. [Trad. esp.: *Leviatán o la materia, forma y poder de una república eclesiástica y civil,* traducción de M. Sánchez Sarto, Sarpe, Madrid, 1985, 2 vols.]

Hofstadter, Douglas R., *Gödel, Escher, Bach: An Eternal Golden*

Braid (1979), Basic Books, Nueva York, 2008; trad. it.: *Gödel, Escher, Bach: un'Eterna Ghirlanda Brillante,* Adelphi, Milán, 1984. [Trad. esp.: *Gödel, Escher, Bach: un eterno y grácil bucle,* traducción de Mario A. Usabiaga y Alejandro López Rousseau, Tusquets, Barcelona, 1987.]

Hume, David, «On the First Principles of Government», *Essays and Treatises on Several Subjects,* 1758 (ed.), en *Political Essays,* Cambridge University Press, Cambridge, 1994. [Trad. esp.: «De los primeros principios del gobierno», en *Ensayos políticos,* traducción de César Armando Gómez, Tecnos, Madrid, 1987.]

Jackson, Kenneth T., *Crabgrass Frontier: The Suburbanization of the United States,* Oxford University Press, Nueva York, 1985.

Jacob, François, *La logique du vivant. Une histoire de l'hérédité,* Gallimard, París, 1970; trad. it.: *La logica del vivente,* Einaudi, Turín, 1971. [Trad. esp.: *La lógica de lo viviente: una historia de la herencia,* traducción de Joan Senent y M. Rosa Soler, Tusquets, Barcelona, 1999.]

Johnson, Chalmers, *The Sorrows of Empire: Militarism, Secrecy, and the End of the Republic,* Metropolitan, Nueva York, 2004; trad. it.: *Le lacrime dell'impero,* Garzanti, Milán, 2005. [Trad. esp.: *Las amenazas del imperio. Militarismo, secretismo y el fin de la república,* traducción de Isabel Campos Adrados, Crítica, Barcelona, 2004.]

Kitch, Edmund W., «The Fire of Truth: A Remembrance of Law and Economics at Chicago, 1932-1970», en *Journal of Law and Economics,* vol. 26, abril de 1983, págs. 163-234.

Kolbert, Elizabeth, «Gospels of Giving for the New Gilded Age», en *The New Yorker,* 28 de agosto de 2018.

Kruse, Kevin M., *One Nation Under God: How Corporate America Invented Christian America,* Basic Books, Nueva York, 2015.

La Boétie, Étienne de, *Discours de la servitude volontaire* (1554, publicado en 1574), disponible en http://www.singulier.eu;

trad. it.: *Discorso sulla servitù volontaria*, Feltrinelli, Milán, 2014. [Trad. esp.: *Discurso de la servidumbre voluntaria o el contra uno*, traducción de José María Hernández-Rubio, Tecnos, Madrid, 1986.]

Landes, Elisabeth M., Richard A. Posner, «The Economics of the Baby Shortage», en *Journal of Legal Studies,* vol. 7, n.º 2, 1978, págs. 323-348.

Lapham, Lewis H., «Tentacles of Rage: The Republican propaganda mill, a brief history», en *Harper's Magazine,* septiembre de 2004, págs. 31-41.

Laumonier, Alexandre, *6/5,* Éditions Zones sensibles, Bruselas, 2013; trad. it.: *6/5. La rivolta delle macchine,* Nero, Roma, 2018.

Lavinas, Lena, «21st Century Welfare», en *New Left Review,* n.º 84, noviembre-diciembre de 2013, págs. 5-40.

Lazzarato, Maurizio, *Gouverner par la dette,* Les prairies ordinaires, París, 2014. [Trad. esp.: *Gobernar a través de la deuda. Tecnologías de poder del capitalismo neoliberal,* traducción de Horacio Pons, Amorrortu, Buenos Aires, 2015.]

Lippmann, Walter, «A Theory about Corruption», en *Vanity Fair,* noviembre de 1930, págs. 61, 90.

Maquiavelo, Nicolás, *Discorsi sopra la prima Deca di Tito Livio* (1519), Feltrinelli, Milán, 1960. [Trad. esp.: *Discursos sobre la primera década de Tito Livio,* traducción de Ana Martínez Arancón, Alianza Editorial, Madrid, 1987.]

Macpherson, C. B., *The Political Theory of Possessive Individualism: Hobbes to Locke,* Oxford University Press, Oxford, 1962.

Manne, Henry, «Mergers and the Market for Corporate Control», en *The Journal of Political Economy,* vol. 73, n.º 2, abril de 1965, págs. 110-120.

Marx, Karl, *Klassenkämpfe en Frankreich 1848 bis 1850* (1850), Zenodot Verlagsgesellschaft, Berlín, 2014; trad. it.: *Le lotte di classe en Francia dal 1848 al 1850,* en Karl Marx, Friedrich Engels, *Opere,* Editori Riuniti, Roma, 1977, vol. X, págs. 41-

145. [Trad. esp.: *Las luchas de clases en Francia de 1848 a 1850*, Fundación Federico Engels, Madrid, 2015, https://www.fundacionfedericoengels.net/images/PDF/marx_luchas-clases-francia_interior.pdf.]

—, *Grundrisse der Kritik der politischen Ökonomie (Rohentwurf). 1857-1858*, Dietz Verlag, Berlín, 1953; trad. it.: *Lineamenti fondamentali della critica dell'economia politica*, La Nuova Italia, Florencia, 1968-1970. [Trad. esp.: *Elementos fundamentales para la crítica de la economía política (Grundrisse) 1857-1858*, vol. 2, traducción de Pedro Scaron, México, Siglo XXI, 1972, págs. 216-230.]

—, *Das Kapital. Kritik der politischen Ökonomie* (1867); trad. it.: *Il Capitale. Critica dell'economia politica*, Rinascita, Roma, 1989, libro I, vol. 1. [Trad. esp.: *El capital. Crítica de la economía política*, traducción de Pedro Scaron, Siglo XXI, Madrid, 2017.]

Mayer, Jane, «How Right-Wing Billionaires Infiltrated Higher Education», en *The Chronicle Review,* 12 de febrero de 2016.

—, *Dark Money: The Hidden History of the Billionaires Behind the Rise of the Radical Right* (2016), Penguin Random House, Nueva York, 2017.

—, «One Koch Brother Forces the Other Out of the Family Business», en *The New Yorker,* 8 de junio de 2018.

McCloskey, Deirdre, *The Rhetoric of Economics* (1985), University of Wisconsin Press, Madison (WI), 1998; trad. it.: *La retorica dell'economia*, Einaudi, Turín, 1988.

McGann, James G., *2017 Global Go To Think Tank Index Report,* Think Tanks and Civil Societies Program (TTCSP), University of Pennsylvania, 2018, https://repository.upenn.edu/think_tanks/13.

McKinnon, Andrew M., «Ideology and the Market Metaphor in Rational Choice Theory of Religion: A Rhetorical Critique of "Religious Economies"», en *Critical Sociology,* vol. 39, n.º 4, 2013.

Medema, Steven G., *Embracing at Arm's Length: Ronald Coase's*

Uneasy Relationship with the Chicago School, 29 de julio de 2019, https://ssrn.com/abstract=3428759 o bien http://dx.doi.org/10.2139/ssrn.3428759.

Mfume, Tiffany Beth, *The College Completion Glass – Half-Full or Half-Empty?*, Rowman & Littlefield, Lanham-Boulder-Nueva York, 2019.

Michael, Robert T., Gary S. Becker, «On the New Theory of Consumer Behavior», en *The Swedish Journal of Economics,* vol. 75. n.º 4, diciembre de 1973, págs. 378-396.

Michéa, Jean-Claude, *L'empire du moindre mal. Essai sur la civilisation libérale* (2007), Flammarion, París, 2010; trad. it.: *L'impero del male minore. Saggio sulla civiltà liberale,* Scheiwiller, Milán, 2008. [Trad. esp.: *El imperio del mal menor. Ensayo sobre la civilización liberal,* Instituto de Estudios de la Sociedad, Santiago de Chile, 2020.]

Miller, John J., *Strategic Investment in Ideas: How Two Foundations Reshaped America,* Philanthropy Roundtable, Washington D.C., 2003.

—, *A Gift of Freedom: How the John Olin Foundation Changed America,* Norton & Co., Nueva York, 2009.

Mirowski, Philip, Dieter Plehwe (eds.), *The Road from Mont Pelerin: The Making of the Neoliberal Thought Collective,* Harvard University Press, Cambridge (MA), 2009.

Murray, Charles, *Losing Ground: American Social Policy 1950-1980,* Basic Books, Nueva York, 1984.

Myrdal, Gunnar, *An American Dilemma: The Negro Problem and Modern Democracy,* Harpers & Row, Nueva York, 1944.

Nietzsche, Friedrich, *Zur Genealogie der Moral. Eine Streitschrift* (1887), Nikol, Hamburgo, 2017; trad. it.: *Genealogia della morale. Uno scritto polemico* (Adelphi, Milán, 1968), Mondadori, Milán, 1988. [Trad. esp.: *La genealogía de la moral. Un escrito polémico,* traducción de Andrés Sánchez Pascual, Alianza Editorial, Madrid, 1972.]

North, Douglass C., *Structure and Change in Economic History,* W. W. Norton & Co., Nueva York, 1981.

Nozick, Robert, *Anarchy, State, and Utopia*, Blackwell, Oxford (UK)-Cambridge (USA) 1974; trad. it.: *Anarchia, stato e utopia*, il Saggiatore, Milán, 2000. [Trad. esp.: *Anarquía, Estado y utopía*, traducción y prólogo de Luis Diego Fernández, Innisfree, Londres, 2014.]

OECD, «Dépenses de santé en proportion du PIB», en *Health at a Glance 2017: OECD Indicators*, Éditions OECD, París, 2017, https://www.oecd-ilibrary.org/docserver/health_glance-2017-45-fr.pdf?expires=1597162377&id=id&accname=guest&checksum=A7E3B7CAEAB94781D1677DA682EB7CE5.

OECD/G20 Principles of Corporate Governance, OECD Publishing, París, 2015.

Orwell, George, «Politics and the English Language», en *Horizons*, abril de 1946, https://www.orwell.ru/library/essays/politics/english/e_polit.

—, *Nineteen Eighty-Four* (1949), Penguin Classics, Londres, 2004; trad. it.: *1984*, Mondadori, Milán, 2016. [Trad. esp.: *1984*, traducción de Rafael Vázquez Zamora, Booket, Barcelona, 2021.]

Pablo VI (Giovanni Battista Montini), *Gaudium et spes*, Constitución pastoral, 7 de diciembre de 1965, https://www.vatican.va/archive/hist_councils/ii_vatican_council/documents/vat-ii_ const_19651207_gaudium-et-spes_sp.html.

Paine, Thomas, *Common Sense; Addressed to the Inhabitants of America, on the following interesting Subjects. I. Of the Origin and Design of Government in general, with concise Remarks on the English Constitution. II. Of Monarchy and Hereditary Succession. III: Thoughts on the present State of American Affairs. IV. Of the Present Ability of America, with some miscellaneous Reflections. Written by an Englishman* (Printed, and Sold, by R. Bell, in Third-Street, Philadelphia 1776), descargable de la web de la Library of Congress, loc.gov/item/2006681076; trad. it.: *Senso comune*, Liberilibri, Macerata, 2005. [Trad. esp.: *Sentido común. Ocho cartas a los ciudadanos de los Esta-

dos Unidos, traducción de Gonzalo del Puerto Gil, Alianza Editorial, Madrid, 2020.]

Petraeus, D. H., James Ames, *The U.S. Army/Marine Corps Counterinsurgency Field Manual,* University of Chicago Press, Chicago, 2007, o bien *FM-324: Counterinsurgency,* descargable de https://fas.org/irp/doddir/army/fm3-24fd.pdf.

Phillips-Fein, Kim, *Invisible Hands: The Making of the Conservative Movement from the New Deal to Reagan,* Norton, Nueva York-Londres, 2009.

Piereson, James, «Planting Seeds of Liberty», en *Philantropy,* mayo-junio de 2005.

Piketty, Thomas, *Brahmin Left vs Merchant Right: Rising Inequality and the Changing Structure of Political Conflict (Evidence from France, Britain and the US, 1948-2017),* EHESS and París, School of Economics, marzo de 2018, WID.world Working Paper Series n.º 2018/7, http://piketty.pse.ens.fr/fies/Piketty2018.pdf.

Platón, *Repubblica,* en *Opere,* Laterza, Roma-Bari 1966, vol. II. [Trad. esp.: *República,* traducción de Conrado Eggers, Gredos, Madrid, 1986.]

Polibio, *Storie,* Mondadori, Milán, 1955. [Trad. esp.: *Historias,* traducción de Manuel Balasch Recort, Gredos, Madrid, 1981.]

Pongide, Cobol, *Marte oltre Marte. L'era del capitalismo multiplanetario,* DeriveApprodi, Roma, 2019.

Posner, Richard A., «The Regulation of the Market in Adoptions», en *Boston University Law Review,* n.º 67, 1987, págs. 59-72.

Powell, Lewis F., *Attack on American Free Enterprise System,* memorando confidencial a la Cámara de Comercio de los EE. UU., 23 de agosto de 1971, http://www.rachel.org/?q=es/node/3347.

Radden Keefe, Patrick, «The Family That Built an Empire of Pain», en *The New Yorker,* 30 de octubre de 2017.

Reich, Rob, *Just Giving: Why Philanthropy Is Failing Democracy and How It Can Do Better,* Princeton University Press, Princeton (NJ), 2018.

Riker, William H., *The Theory of Political Coalitions,* Yale University Press, New Haven (CT), 1962.

—, «The Political Psychology of Rational Choice Theory», en *Political Psychology,* vol. 16, n.º 1, 1995, págs. 23-44, https://pdfs.semanticscholar.org/9195/2b1fdf170b91d4a5ba54b951bfc6f333f617.pdf.

Robinson, Joan, *Economic Philosophy,* Penguin Books, Harmondsworth, Middlesex, 1962, descargable de https://web.archive.org/web/20160221095721/http://digamo.free.fr/ecophilo.pdf.

Romano, Roberta, «After the Revolution in Corporate Law», en *Journal of Legal Education,* vol. 55, n.º 3, septiembre de 2005, págs. 342-359.

Roncaglia, Alessandro, *L'età della disgregazione. Storia del pensiero economico contemporaneo,* Laterza, Roma-Bari, 2019.

Röpke, Wilhelm, *Civitas Humana. Grundfragen der Gesellschafts- und Wirtschaftsreform,* Erlenbach, Zúrich, 1944; trad. it.: *Civitas humana. I problemi fondamentali di una riforma sociale ed economica,* Rubbettino, Catanzaro, 2016. [Trad. esp.: *Civitas humana: cuestiones fundamentales en la reforma de la sociedad y de la economía,* traducción de Tomás Muñoz, Madrid, s.n., ¿1955?]

—, *Die Gesellschaftskrisis der Gegenwart* (1942), Haupt Verlag, Berna, 1979; trad. inglesa: *The Social Crisis of Our Time,* The University of Chicago Press, Chicago, 1950, https://mises.org/library/social-crisis-our-time (web del Von Mises Institute). [Trad. esp.: *La crisis social de nuestro tiempo,* traducción de Juan Medem Sanjuán, El buey mudo, Madrid, 2010.]

Rousseau, Jean-Jacques, *Économie politique,* voz de la *Encyclopédie* (1755), publicada como *Discours sur l'économie politique* (1758) en *Collection complète des œuvres,* Ginebra, 1780-1789, vol. 1, págs. 361-414, disponible en línea: https://

www.rousseauonline.ch/Text/discours-sur-l-economie-politique.php.

—, *Du Contrat Social. Ou Principes du droit publique* (1762), en *Collection complète des œuvres*, Ginebra, 1780-1789, vol. 1, disponible en línea: https://www.rousseauonline.ch/pdf/rousseauonline-0004.pdf; trad. it.: *Il contratto sociale*, Laterza, Roma-Bari, 2010. [Trad. esp.: *El contrato social*, traducción de Fernando de los Ríos, Espasa Calpe, Madrid, 2007.]

Sassen, Saskia, *Territory, Authority, Rights: From Medieval to Global Assemblages* (2006), Princeton University Press, Princeton (NJ), 2008; trad. it.: *Territorio, autorità, diritti: assemblaggi dal Medioevo all'età globale*, Bruno Mondadori, Milán 2008. [Trad. esp.: *Territorio, autoridad y derechos: de los ensamblajes medievales a los ensamblajes globales*, traducción de María Victoria Rodil, Katz, Buenos Aires-Madrid, 2010.]

Savage, John, «The John Birch Society is Back», en *Politico*, 16 de junio de 2017.

Scalia, Antonin, «The Two Faces of Federalism», en *Harvard Journal of Law and Public Policy*, vol. 6, n.º 1, 1982, págs. 19-22.

Schor, Juliet B., *The Overspent American: Why We Want What We Don't Need*, Harper, Nueva York, 1999.

Schultz, Theodore W., *Investment in Human Capital: The Role of Education and of Research*, The Free Press, Nueva York, 1971.

Schumpeter, Joseph A., *Capitalism, Socialism and Democracy*, Allen and Unwin, Londres, 1976; trad. it.: *Capitalismo, socialismo, democrazia*, Etas, Milán 1994. [Trad. esp.: *Capitalismo, socialismo y democracia*, traducción de Roberto Ramos Fontecoba, Página Indómita, Barcelona, 2015.]

Sharlet, Jeff, «Jesus Plus Nothing: Undercover among America's secret theocrats», en *Harper's Magazine*, marzo de 2003, págs. 53-64.

Sjaastad, Larry A., «The Costs and Returns of Human Migration», en *Investment in Human Beings*, en *Journal of Political*

Economy, vol. LXX, n.º 5, parte 2, University of Chicago Press, Chicago, 1962, págs. 80-93.

Smith, Adam, *An Inquiry into the Nature and Causes of the Wealth of nations* (1776), http://geolib.com/smith.adam/won1-02.html; trad. it.: *Indagine sulla natura e le cause della ricchezza delle nazioni,* ISEDI, Milán 1973. [Trad. esp.: *La riqueza de las naciones,* traducción de Carlos Rodríguez Braun, Alianza Editorial, Madrid, 1994.]

Sombart, Werner, *Der Bourgeois. Zur Geistesgeschichte des modernen Wirtschaftsmenschen,* Duncker & Humblot, Múnich, 1920; trad. it.: *Il borghese. Lo sviluppo e le fonti dello spirito capitalistico,* Longanesi, Milán, 1978. [Trad. esp.: *El burgués: contribución a la historia espiritual del hombre económico moderno,* traducción de María Pilar Lorenzo, Alianza Editorial, Madrid, 1972.]

Stark, Rodney, Roger Finke, *Acts of Faith: Explaining the Human Side of Religion,* University of California Press, Berkeley, 2000.

Steiner, Jürg, «Rational Choice Theories and Politics: A Research Agenda and a Moral Question», en *PS: Political Science & Politics,* vol. 23, n.º 1, marzo de 1990, págs. 46-50, https://boris.unibe.ch/115098/1/S1049096500032297.pdf.

Stigler, George J., «The Optimum Enforcement of Laws», en *Journal of Political Economy,* vol. 78, n.º 3, mayo-junio de 1970, págs. 526-536.

—, «Economics – The Imperial Science?», en *Scandinavian Journal of Economics,* vol. 86, n.º 3, 1984, págs. 301-313.

Stoléru, Lionel, *Vaincre la pauvreté dans les pays riches,* Flammarion, París, 1977.

Storr, Virgil Henry, «North's Underdeveloped Ideological Entrepreneur», en *The Annual Proceedings of the Wealth and Well-Being of Nations,* vol. 1, 2008-2009, págs. 99-115, https://papers.ssrn.com/sol3/papers.cfm?abstract_id=1738823.

Teles, Steven M., *The Rise of the Conservative Legal Movement,* Princeton University Press, Princeton (NJ), 2010.

Traité des trois imposteurs o *La vie et l'esprit de monsieur Benoit de*

Spinoza (1719); trad. it.: *Trattato dei tre impostori. La vita e lo spirito del signor Benedetto de Spinoza,* Einaudi, Turín, 1994.

Traub, James, «It's Time for the Elites to Rise Up Against the Ignorant Masses», en *Foreign Policy,* 28 de junio de 2016, foreignpolicy.com/2016/06/28/its-time-for-the-elites-to-rise-up-against-ignorant-masses-trump-2016-brexit/.

Vague, Richard, «The Private Debt Crisis», en *Democracy. A Journal of Ideas,* otoño de 2016.

Vegetti, Matteo, *L'invenzione del globo. Spazio, potere, comunicazione nell'epoca dell'aria,* Einaudi, Turín, 2017.

Weber, Max, *Die protestantische Ethik und der „Geist" des Kapitalismus* (1905), Springer Verlag, Wiesbaden, 2016; trad. it.: *L'etica protestante e lo spirito del capitalismo,* en *Sociologia delle religioni* (1976), Utet, Turín, 1988, vol. I. [Trad. esp.: «La ética protestante y el espíritu del capitalismo», traducción de Joaquín Abellán García, Alianza Editorial, Madrid, 2001.]

Zinn, Howard, *A People's History of the United States: 1492-Present* (1980), HarperCollins, Nueva York, 1999; trad. it.: *Storia del Popolo americano. Dal 1492 a oggi,* il Saggiatore, Milán, 2003. [Trad. esp.: *La otra historia de los Estados Unidos,* traducción de Enrique Alda, Pepitas de calabaza, Logroño, 2021.]

Zuboff, Shoshana, «A Digital Declaration», en *Die Frankfurter Allgemeine Zeitung Feuilleton,* 14 de septiembre de 2014, publicado en faz.net, descargable de https://opencuny.org/pnmarchive/files/2019/01/ZuboffDigital-Declaration.pdf.

—, «Big Other: Surveillance Capitalism and the Prospects of an Information Civilization», en *Journal of Information Technology,* 2015, vol. 30, págs. 75-89.

—, *The Age of Surveillance Capitalism: The Fight for a Human Future at the New Frontier of Power,* Profile Books, Londres, 2019; trad. it.: *Il capitalismo della sorveglianza. Il futuro dell'umanità nell'era dei nuovi poteri,* Luiss University Press, Roma, 2019. [Trad. esp.: *La era del capitalismo de la vigilancia. La lucha por un futuro humano frente a las nuevas fronteras del poder,* traducción de Albino Santos, Paidós, Barcelona, 2020, pág. 21.]

ÍNDICE ANALÍTICO[1]

aborto, legalización del, 91
Abu Ghraib (Irak), prisión estadounidense, 223
Actes de la recherche en sciences sociales, 282n, 318
ADN, 257
  como capital humano, **54**
adopciones, mercado de las, **87-92**
Adorno, Theodor, 208
adversarios, aprender de los, 270-271
AEA (American Enterprise Association), 38
AEI (American Enterprise Institute), 34, 36, **38**, 65, 248n

Aether, aire del cilindro firme, 214
África, 58, 187, 207, 220
aire embotellado, 214
aislados en conjunto, ideal social, 173
Akbar, imperio (India), 207
Akiva ben Josef, rabino, 263
Alabama, 110
Alcoa, aluminio, 23
Alemania, 26n
  deuda familiar, 181n
  gasto sanitario en, 130
  prostitución en, 236
  tasa de homicidios en, 131
algoritmos y finanzas, 201

1. Las páginas seguidas por una n indican que la voz se encuentra en una nota al pie, las que aparecen en **negrita** destacan las partes en donde el término en cuestión se trata con mayor amplitud, y aquellas que van subrayadas apuntan en realidad a citas incluidas en el texto general (en cuyo caso no se recoge la referencia correspondiente a la nota al pie de la misma página).

Alibaba, 245
    marqués de, 168
Aligica, Paul Dragos, 265n
Alito, Samuel, 152
Allegheny Foundation, 23
Allende, Salvador, 43
Alpes suizos, 214
Althusser, Louis, 16, 35, 317
Amalgamated Association of Iron and Steel Workers, 108
Amazon, 172, 237, 245
    landgrave de, 144
Ambrosino, Daniella, 291
American Center for Law and Justice, 305
American Civil Liberties Union, 110
American Economic Review (The), 44n, 246, 323
American Express, tarjeta de crédito, 180
American Federation of Labor (AFL), 110
American Political Science Review, 148n, 317
American Prosecutors Research Institute, 28n
Americans for Prosperity Foundation, 28n
Ames, general James, 15, 16n, 329
Amoco, 31
Amway, 31
anacronismo, 259
Anderson, Perry, 48, 317

Angola, independencia de, 187
Aníbal, 24
Annual Proceedings of the Wealth and Well-Being of Nation, 262n
Anticristo, 305
Antiguo Testamento, 196
Apalaches, montañas, 111
Apocalipsis, 300
Apple, 205, 259
Argelia, independencia de, 187
Argentina, 44
    calificación financiera de, 191n
Aristóteles, 7-8, 79, 171, 311, 317
Arizona, 38
Arkansas, 23
armas, posesión y delito, 131
Armenia, 221n
Aron, Raymond, 154n
Arriagada Herrera, Genaro, 45n, 317
Ashcroft, John, 85
Asia, 187, 207, 222
asimetría, entre izquierda y derecha, **266-269**
Asimov, Isaac, 117
Astor, John Jacob, 301
ATCI (Asociación Transatlántica para el Comercio y la Inversión, TTIP por sus siglas en inglés), 221n
Atlanta (Georgia), 82, 204
Atlantic (The), 287n

Atlas
    Economic Research Foundation, 35
    Network, 35
Attlee, Clement, 77
Austen-Smith, David, 148n, 317
Australia, 221n
Austria, 61n, 131
autre journal (L'), 185n, 320
Aziende sanitarie locali (ASL), 138

Bader, Lawson, 39
Badiou, Alain, 131
Baidu, motor de búsqueda, 245
Bailey vs. Patterson, sentencia (1962), 272
Bakunin, Mijaíl, 134
Banco Central de Suecia, 42, 46
Banco Central Europeo (BCE), 71n, 122, 189, 204
Banco Mundial, 215
    préstamos del, 186
Bank of America, 180
Bankamericard, 180
Banks, Jeffrey, 148n, 317
Bantam (Java), 222
Barahona, Pablo, 44-45
Barbados, calificación financiera de, 191n
Barbieri, Daniele, 291
Bardi y Peruzzi, banqueros florentinos, 176

Barkan, Joanne, 102n, 104, 114, 317
Barlett, Bruce, 61n
Barry, Brian, 251, 318
Barthes, Roland, 125, 127, 128, 132, 283, 318
bases militares estadounidenses, 283
Bastilla, toma de la, 7, 204
Batavia, *véase* Yakarta
Batista, Fulgencio, 7
Baum, Sandy, 182n, 318
Bava Beccaris, general, masacre de (1898), 205
Becker, Gary, 41, 53, 55, 88, 115n, 119, 149, 241, 248, 261, 307, 318
    conductismo de, 217
    «el Kipling del imperio económico», 59, 79, 260
    pensamiento circular de, 249
    teorema del hijo desnaturalizado, **252**
    teoría económica del crimen, **78-81**, 153
Beethoven, Ludwig van, 248, 264
Begin, Menachem, 298, 306
Bell, curva de, 65, 68, 106, 242
benchmarking (evaluación comparativa), 139, 141, 149, 190, 200
Benedicto XVI, papa, *véase* Ratzinger, Joseph

Benjamin, Walter, **309-310**, 318
Bentham, Jeremy, 165, 207
Berkshire Hathaway, conglomerado, 193
Bernanke, Ben, 143
best practices (buenas prácticas), 139, **140-141**, 200
Beveridge, William, 77
Bielorrusia, 221n
Big Bang, teoría del, 254
Bildelberg, Grupo y teoría conspirativa, 71n
Bill of Rights Institute, 28n
biología, niveles de racionalidad en, 254-255
biopolítica, 48n
Birch Society, *véase* John Birch Society
Birmania, 221n
Black Rock, fondo de inversión, 193
Blackwater, empresa de mercenarios, 100
Blair, Tony, 121
Bloch, Ernst, 309, 318
Blokhin, Andriy, 250
Bloom, Allan, **68**, 70, 72, 318
Boeing, 31
    marqués de, 144
Bohr, Niels, 216
Bolsa Família (Brasil), 97
Bolsonaro, Jair, 171, 294
Bombay (Mumbay), 234
Bonaparte, Napoleón, 288

Bonney, Richard, 34n, 318
born again, 300, 315
Boston Review, 104n
Boston University Law Review, 90n, 329
Bourdieu, Pierre, 318
    violencia simbólica, 124
Bouvard y Pécuchet, 269
Bow Group, 34
Boxer, Charles Ralph, 222n, 319
Boyer, Paul, 300n, 319
Bradley, familia, 23, 30, 304
    industria, 24, 202
Bradley, Harry, 24, 280, 304
Bradley, Lynde and Harry Foundation, **24**, 27, 37, 38, 64, 66, 71, 105, 152, 270
Brasil, 44, 97, 294
    autorreclusión de la clase rica en, 234
    elecciones en, 154, 171
    gasto sanitario en, 130
    golpe militar en (1964), 171
Brecht, Bertolt, 131
Bremer, Paul, 222
    Orders, 222
Brookings Institution, 36
Brown, Wendy, 9, 122, 128, 136, 139, 140, 142, 152, 160-161, 189, 200, 202, 223, 286, 294-295, 319
Brown vs. Board of Education, sentencia (1954), 272
Brunéi, 221n

Brzezinski, Zbigniew, 71n
Buda, 263
Buffett, Warren, 9, 116, 193, 286-287, 289
Bujarin, Nikolái Ivánovic, 288
Bundesbank, 136
Burger King, 230
burguesía, clase «ex-nominada», 127
Bush, George Jr., 66
   born again, 315
   rebajas fiscales de, 62
   y los conservadores cristianos, 294, 306
Butt, Craig, 214

calentamiento global, 209-210
calificación, 189
   agencias de, **137**, **189-192**
California, 102, 277
Camboya, 221n
Canadá, 221n
   deuda familiar en, 181n
Canfora, Luciano, 137n, 319
capital humano, **51**, 54, 56, 101, 123, 125, 128, 153, 281
   ADN como, 54
   como depósito de datos, 169-170
   deuda estudiantil y, 184
   nueva forma de alma, 51-52, 309-310
   y esclavitud, **241**
   y prostitución, 236

capital-intensive, tecnologías, 174
capitalismo como religión, 309-310
capitalismo industrial, 217
   de Estado, 218, 220-221
   multiplanetario, 211-212
capitalista, lavaplatos, 51
   desaparición del término, 125
Caribe, 277
Carlos I de Inglaterra, 7
Carnegie, Andrew, **106**, 108, 114, 121, 301, 302n, 319
   reprime huelga obrera, **108**, 205
Carnegie Foundation, 106
Carolina del Norte, 23
Carta Magna (1215), 144
Cartaghe Foundation, 24, 38
Cartago, 24, 37
Carte Bleue (Francia), 180
Carter, Jimmy, 41, 71n, 121
   Administración, 71
Casa Blanca, 31, 33, 71, 306
Casanova, Carlos Eugenio Vides, 298
Casey, William, 37
Castle Rock, Fundación, 25, 37
catalanes, autonomistas, 102
catástrofe ambiental, 218-219
Cato Institute, **36**, 215n
Cato Journal, 215n
Catón, Marco Porcio, 37

Catulo, Cayo Valerio, 264
Cayo Largo (Florida), 83
Centers for Disease Control and Prevention, 112
Centre for European Political Studies (CEPS), 141, 319
Centre for Policy Studies, 34
Cerebro verde, El, novela, 226n
CETA (Comprehensive Economic and Trade Agreement), 221n
Chaplin, Charlie (Charlot), 203
Chase Manhattan Bank, 31
Chávez, Linda, 65
Cheney, Dick, 85
Chevron (aceite), 31
Chicago, 10, 45, 75, 77n
    Universidad de, 41, 43, 66, 67, 71, 76, 84
Chicago Boys, 41, 42, 88, 97, 134
    origen del nombre, 44
Chicago, Escuela de, 115, 245, 248, 249n
    imperialismo epistemológico de la, 58-59, 260
Chile, dictadura, 43, 97, 202, 223
    «milagro económico» de, 44, 47
China, 189, 214, 221n, 245, 304
Christian Broadcasting Network (CBN), 305
Christian Coalition, 306
Christianity Today, 304
Chronicle Review, 72n, 326
CI (coeficiente intelectual) *véase* Bell, curva de
CIA (Central Intelligence Agency), 25, 37, 298, 304
ciencia ficción y extraterrestres con aspecto de insecto, **226-227**
cinismo, hipótesis de, 298
Ciompi, y los disturbios en Florencia (1378), 159
Citizens for a Sound Economy Foundation, 28n
Citizens United v. Federal Election Commission, sentencia (2010), 151
Ciudadano Kane, película, 193
Civil law, 83
Clarke, Conor, 287n
Claro de luna, Sonata, 248
Cleopatra, nariz de y capital humano, 128
Clinton, Hillary, 297
Clinton, William (Bill), 121, 148, 215
clintonismo, 121
Clio, musa de la historia, 238
cliometría, disciplina histórica, 238, 259
Cloward, Richard A., 151, 322
CLS (Critical Legal Studies), 84
Coase, Ronald, 41, 50, **77-78**, 111, 214, 216, 250, 259, 319-320

Coca-Cola, 204, 208, 230, 266
Coen, Jan Pieterszoon, 222, 244
Cola di Rienzo, tribuna en Roma, 159
Colbert, Jean-Baptiste, 222
Colcom Foundation, 23
Collège de France, 48
colectivismo, 225
Colón, Cristóbal, 169
Colorado, 23, 25, 109, 113
culpa, 128, 196, 203
Columbia University, 84, 112
Comercio, Cámara estadounidense de, 19, 22
comercio y guerra, 221-222
Comisión Rettig Nacional de Verdad y Reconciliación (Chile), 43n
Comisión Valech Nacional sobre Prisión Política y Tortura (Chile), 44n
Common law, 83, 274
Compañía Holandesa de las Indias, 222, 244
Compass, empresa consultora, 86
competencia y desigualdad, 50
y guerra, 244
Comunications, 246n
conceptos neoliberales, y circularidad, **246-254**, 269
Concilio Vaticano II y caída de las vocaciones, 57
Conditional Cash Transferts, 97

Cóndor (operación), 43
Congo, régimen fiscal en, 131
Congreso de los Estados Unidos, 252, 272
consecuencias no deseadas, 203, **219-232**
conservadurismo compasivo, 66, 282
Constant, Benjamin, 270, 288, 320
contaminación
 ambiental como deuda, 219
 atmosférica, 209
 nivel óptimo de, **77-78**, 111
 solución de mercado en la, 213
contrainsurgencia, 16, 21
control a distancia, tecnología del, 166-167, 204
Conwell, Russell Herman, 301, 320
Coors Adolph, Fundación, 25, 268
Coors
 cerveza, 23, 202
 familia, 23, 304
Coors, Joe, 25, 280
Copérnico, 58-59
corazón a la izquierda, cartera a la derecha (tópico), 239, 269, 286
Corea, guerra de, 70
Corea del Sur, 221n
 deuda familiar, 181n
 deuda pública, 188

341

endeudamiento familiar, 181n
Cornell, Ezra, 67
Cornell University, 18, 67, 71, 84, 88, 112, 232
corrupción política, abolición de la, **153-156**
Costa e Silva, Artur da, 298
Cottafavi, Camilla, 291
counter-intellighentsia, 15, 21, 22, 82, 118, 163, 206, 270, 294
COVID-19, epidemia (2020), 103, 135, 143, 167, 197
Cox, Harvey, 310-315, 320
coyotes (mexicanos), 52
Craig, Freedman, 249n
Crane, Jasper, 46n
Crédit Suisse, 46
crisis financiera (2008), 135, 142, 157
cristianos conservadores estadounidenses, 91, **298-306**
Critical Sociology, 310n, 326
Crozier, Michel, 70
crueldad, derecho de los acreedores, 313
Cuadernos desde la cárcel, 270
Cuba, guerra de los Estados Unidos en (1898), 193n
Cuccia, Enrico, banqueiro, 267
Cupertino (California), 205

Daedalus, 105n, 321
Dakota, 32

Damasco (Siria), camino de, 206
D'Angelo Gore, 306n
Dartmouth, Universidad, 71
darwinismo social, 255
data exhaust (escape de datos), 170, 202
Davis, Mike, 207, 320
DDT, insecticida, 110
De Cecco, Marcello, 291
De Grazia, Victoria, 291
Debord, Guy, 173, 320
déficit público, EE. UU., 62
deforestación, 209
Deleuze, Gilles, 145, 185, 320
Deloitte, agencia, 126 y n
Demigods (The), novela, 226
Democracy. A Journal of Ideas, 198n, 333
Demsetz, Harold, 88
Deparle, Jason, 76n, 243n, 266n
depresión, gran (1929-1933), 302
d'Eramo, Marco, 179, 256, 273n, 321
derecha mercader, 280
desaceleración del crecimiento, 210
Desai, Ashok, 207n
desertificación del planeta, 209
deuda, 176
  como culpa, 196, 202-203, 220
  con el planeta, **209-219**

342

de estudio en los EE. UU., 138, **181**
de las familias estadounidenses, **179-180**
instrumento y expresión de poder, 195-198
pública en el siglo XIX, 176-177
deuda como pulsera electrónica, 184, 208
DeVos, Betsy, 100
DeVos, familia, 23, 100
Dias, Elisabeth, 297n
Díaz, Porfirio, 186n
Dinamarca, 61n, 89
Diners Club, tarjeta de crédito, 180
Director, Aaron, 76, 88
disciplinario, *véase* poder
disponibilidad continua, 172-173
Dissent, 1002n, 317
desigualdad, 276
divorcio, explicación neolib del, **55**
Dobkin Hall, Peter, 105n, 321
dominio, concepto del, **276**
Donors Capital
  Fund, 39
  Trust, 39
Dorset (Inglaterra), 214
Dostoievski, Fiódor, 78
Dow Chemical, 31
Draghi, Mario, 122
D'Souza, Dinesh, 70
Dulles, Allen, 25, 304
Dulles, John Foster, 25
DuPont de Nemours, 46 y n
Durand, Jacques, <u>246</u>, 321

EACU (Eurasian Custom Union), 221n
Earhart Foundation, 23, 37
economía verde, entusiasmo por la, 213n
Economica, 50n, 319
Economist (The), **218n**, 220
Eduardo III, rey de Inglaterra, 176
eficiencia, obstaculizada por la equidad, 120
Eisenhower, Dwight, 24, 297, 304
Ejército Rojo, 288
Ekaterinenburgo, 7
elecciones, coste en los EE. UU., 146
Emanuel, Rahm, <u>10</u>, 144, 167
empresa
  concepto de, 50, 256
  modelo de comportamiento, 127
empresario
  de sí mismo, **51**, 256-257, 286
  ideológico, **262-264**, 275
  político, 151
  según Schumpeter, <u>258</u>
  según Sombart, <u>258</u>
Encyclopédie (1755), 13n, 98n
endeudamiento de empresas estadounidenses, 197

enemigo de mi enemigo, 302
Engels, Friedrich, 271
Engerman, Stanley L., <u>238</u>
envenenamiento de los mares, 209
Erhard, Ludwig, <u>225</u>, 228
Eros Centers (Alemania), 236
esclavista, sistema económico, eficacia, **237-238**, 275
esclavitud, 289
    encanto, 240
esclavo, capital humano del, **240-241**
escuela
    privatización de la, 38, 98
    pública universal y gratuita, **287**
    sistema de crédito escolar, **137**
esperma vikingo, 89
espíritu empresarial, predicado universal, 257-258
España, 102
    tasa de homicidios en, 131
Estado del bienestar, 37-38, 66, 95, 97, 121, 161, 283
Estado, ofensiva contra el, **63-64**, 104
Estado mínimo, 60
Estados Unidos, 10, 23-24, 35, 37, 63, 88, 99, 101, 103, 110, 114, 123, 146, 148, 186, 221 y n
    deuda pública, **197-198**
    gasto sanitario en los, 130

ocupación de Irak, 222
religiosidad en los, 293-294
tasa de homicidios en los, 131
y planificación, 232
ética protestante y espíritu del capitalismo, 299
eufemismo
    como técnica de mando, 282
    del imperio estadounidense, **282-284**
    luchar contra el, **282-286**
Europa, 66, 131, 188, 294, 295, 315
Evangelio según Mateo, 300
Evangelical Foreign Missions Association, 304
excedente conductual, 169
extinción de masa, sexta, 209, 216
Exxon, 31, 83, 153

Facebook, 170, 229, 245
    archiduque de, 144, 168
Fagan, Patrick, <u>296</u>, 321
Fairfax (Virginia), 82
Falwell, Jerry, telepredicador, **306**
Fama, Eugene, 41
Family (The), organización, **297**
FBI (Federal Bureau of Investigation), 303
Federal Housing Administration (FHA), **101**

Federalist Papers, 44
Federalist Society, **84**, 134
  jueces del Tribunal Supremo pertenecientes a la, 152
feedback, véase retroalimentación
Fellowship Foundation, 297
feudalismo, 289
  digital, 144
fiera, matar de hambre a la, 61, 136, 144
Fifield, James W. Jr., «apóstol de los millonarios», 303
Filadelfia, 301
Filipinas, 221n
  guerrilla antiamericana, 79n
Financial Times (The), 167n, 190n, 197n
finanzas, nuevo sector dominante de la economía, **198-202**, 217
Fink, Richard, **27-28**, 29, 39, 263, 321
Finke, Roger, 57
Fisher, Anthony, **34**, 37, 263
Fisher, Mark, 11, 132, 157, 185, 321
Fitch, agencia de calificación, 190 y n, **192**
flat tax [tipo impositivo único], 113
Flaubert, Gustave, 269
flexibilidad, 173
Flint Hills Resources 24 horas, 27n

Florida, 83, 298
fobia al Estado, 47, 48n, 62, 133
foedus, 284
Fogel, Robert William, 41, **237-242**, 259, 275, 321
Fondo Monetario Internacional (FMI), 130n, 187, 189
Forbes, 26n, 61n, 68, 111
Ford, Henry II, 267-268
Foundation, 18, **267-268**
Foreign Affairs, 72
Foreign Policy, 235, 333
Forti, Lia, 291
Forti, Marina, 291
Foucault, Michel, **47-48**, 48n, 53, 54, 56, 59, 60, 62, 86, 96, 118, 131, 133, 136, 185, 242, 244, 245, 256, 276, 321
Fouché, Joseph, 288
Foundation Center, 113n
Fox Kids Worldwide, 305
Fox Piven, Frances, 151, 322
Fráncfort, 204, 225n
Francia, 26n, 176
  deuda familiar, 181n
  gasto sanitario en, 130
  imperio colonial de, 220
  tasa de homicidios en, 131
free baby market, 87-92, 237
Freedom Partners, 33
Friburgo, escuela ordoliberal de, 307

345

Friedman, Milton, 41, 46, **47**, 88, 93-94, 95-96, 97n, 119, 143, 307, 322
Friedman, Rose, 47
frugales, estados, 60 y n, 62, 143, 178, 220, 314
Fukuyama, Francis, **69-70**
fundaciones, **104**, 285
   historia de las, **107-111**, 113
   multiplicación de, 113
   régimen libre de impuestos de, 105
fundaciones de asalto de extrema derecha, **22-26**
   acción a través de los *think tanks*, **30-40**
   en las universidades, 66-73
   en los colegios, **93-103**
   intervención en la justicia, **74-87**
   su estrategia, **27-30**
fundaciones liberales, 266-269
Furies (The), novela, 226
futilidad, argumento de la, 64, 132, 162
futuro
   ausencia de, 209
   y capitalismo financiero, 217
   y deuda, 218

Gagarin, Yuri, astronauta, 212n
Galbraith, John Kenneth, 11
Galilei, Galileo, 216
ganancias psíquicas, tautología de las, 251
Gandhi, dinastía política india, 307
gasto sanitario, público y privado, **130**
Gates, Bill, 114, 116
Gates, Fundación Bill y Melinda, 37
   y privatización de la enseñanza, 99
Gaudium et spes, Constitución pastoral, 58n
Geddes, Barbara, 252, 322
General Electric, 303
General Motors, 31, 303
George, Susan, **188**, 322
George Mason University, 28n, 72, 82, 213, 262
   Foundation, 28n
Georgetown, University of, 71, 84
Georgia, 82, 273
Georgia-Pacific, 27n
Giannichedda, Mariagrazia, 291
Gingrich, Newt, 23-24, 66
Giscard d'Estaing, Valéry, 95
God Bless America, 305
Goldwasser, Michael, 38
Goldwater, Barry, 23, 38, 46, 71n
golpe judicial (Brasil 2016), 171
   posmoderno (Turquía 1997), 171
Gompers, Samuel, 110

Google, 170, 201, 202, 229, 245
  digitalizar el mundo, 168-169
  príncipe de, 144, 168
Google Maps, 174
Gospel of Wealth (The), **106**, 108
governance (gobernanza), **139-140**, 295
Graeber, David, 163, 204, 232, 322
Graham, Billy, **303**, 306
Graham, Carol, 45n
Graham, Franklin, 306
Gramsci, Antonio, 68, 269, 270
Gran Bretaña, 89
  deuda familiar, 181n
  gasto sanitario en, 130
  imperio colonial de la, 220
Gran Hermano, 230
  reality show, 224
Greb, G. Allen, 230n
Grecia, 122, 312
  sobre la hogaza de pan, 189-190, 314
  y *diktat* por parte de la Troika, 202
Green Machine (The), novela, 226
Greenpeace, 111
Greenspan, Alan, 61, 71n
Griggs vs Duke Power Co., sentencia (1971), 272

Große Koalition, 196
Guardia Nacional (Colorado), 109
Guardian (The), 32n, 90n, 104n, 112n, 214
Guattari, Félix, 145
guerra, 222
  comercial, 221
  de clases, 10, 275
  entre capital y trabajo, 22n, 302
  humanitaria, 282
  ideológica, 10
guerra estadounidense
  de independencia (1765-1783), 159
  de Secesión en los Estados Unidos (1861-1865), 238
Guerra Mundial, Segunda, 62, 87
gulag y Estado social, 63
Gulf (petróleo), 23
Gulliver, viajes de, 69, 90

Haggard, Stephan, 45n
Hansen, Peter, 41
Harberger, Arnold, 44, 323
Harper's Magazine, 11n, 298n
Harvard Journal of Law and Public Policy, 134n
Harvard, Universidad de, **70**, 84, 215
Harwick, Cameron, 265n
Hawkins, Helen S., 230n, 323

Hayek, Friedrich August von, 29, 41, <u>45</u>, 47, 49, 63, 67, 72, 76, 119, 120 y n, 133, 154n, 323
   importancia de intelectuales para, <u>279</u> y n
Hearst, William Randolph, 192, 263, 304
Hearst Communication, 192, 193n
Hegel, Georg Wilhelm Friedrich, 254
Heinlein, Robert, **227**, 323
helicóptero, dinero arrojado desde, 143
Herbert, Frank, 226n
Hércules, columnas de, 211
herencia, abolición de, 289
Heritage Foundation, **31-34**, 36, 41, 60, 296
Heródoto, 263
Herrnstein, Richard, 65
Hierro, Dama de, *véase* Margaret Thatcher
hijo desnaturalizado, «teorema» del, **252**
hijos de Matusalén, Los (novela), 227
hipoteca inmobiliaria, innovación del siglo XX, **178-179**
Hirschman, Albert, 64, 132, 223, 323
Hobbes, Thomas, <u>234</u>, 323
Hofstadter, Douglas R., 228 y n, 323

Holmes, John Haynes, 110
holocaustos tardovictorianos, 207
Homestead, acerías de, 108
homo oeconomicus, ataque débil contra el, 286
Hoover, Edgar, 303
Hoover, Herbert, 38
Hoover Institution, 34, 36, **38**, 41
Horkheimer, Max, 208
Hudson Institute, 36
Hume, David, <u>157</u>, 159, 324
Humphrey, Hubert, 88
Huntington, Samuel, **70-71**, 235
Huszar, George B. de, 279n

ideología, **15-16**, 281
   importancia en análisis económico, 274
   neoliberalismo como, 58-59
   revalorización de, **261**
IEA (Institute of Economic Affairs), 34, 120n
Illinois, 18, 22
Ilustración, dialéctica de la, 208
imperio de las hormigas (El), novela, 226
imperio estadounidense, 10
   deuda como impuesto de los sujetos, 198
   su eufemismo, **283**
   y justicia, **86-87**
impostores, los tres (Moisés, Jesús, Mahoma), 296
impotencia reflexiva, 156, 160

impuesto negativo, 94, 97
impuesto sobre la renta, establecimiento en los Estados Unidos (1913), 113
impuestos
　mito de sus beneficios y sus efectos, 131
　reducción de, 61-62
India, 207, 220
Indiana, 102
indiferencia radical, **200**, 218
individuo empresario de sí mismo, 50
　propietario de sí mismo, 50
Indonesia, 221n
Inglaterra, 34, 176
Institute for Human Studies, 28n
intelectuales
　importancia para la derecha, **278-279**
　subestimados desde la izquierda, 280
Interbankcard, tarjeta de crédito, 180
intercambiabilidad de los productos, 201
International Family Entertainment, 305
International Foundation for Research and Experimental Economics, 28n
Investopedia, 250n
Irak, ocupación estadounidense, **222**

irreversibilidad, el problema de, en la teoría económica, 216
Islam, demonización del, **306**
Islandia, gasto sanitario en, 130
Israel, reino de, 196
ISTAT, Instituto Nacional de Estadística Italiano, 194n
Italia, 26n, 88, 102, 121
　calificación financiera de, 191n
　deuda familiar, 181n
　deuda pública, 188, 191n, **194-195**
　gasto sanitario en, 130
　superávit primario durante veintisiete años, 194-195
　tasa de homicidios en, 131
izquierda
　brahmán, 280
　qué significa, 281

Jack Miller Center, 28n
Jackson, Kenneth, 101n, 324
Jacob, François, 255, 324
Japón, 221n, 312
　deuda familiar, 181n
　deuda pública, 188n
Jesucristo, 261, 263
JM, Fundación, 23
Jobs, Steve, apoteosis póstuma de, 259
John Birch Society, 24, 25n, 26, 71n, 273, 304, **305**
Johnson, Chalmers, 283n, 324

349

Johnson, Jay, 215n
Johnson, Lyndon, 39, 62, 186
Johnston, David Cay, 289n
Johnstown (Pensilvania), inundación de, 108
Jomeini, Ruhollah, 261, 263
Jones, Campbell, 264n
Jones vs. H. Mayer Co., sentencia (1968), 272, 273
Journal of Information Technology, 201n
Journal of Law and Economics, 77 y n, 78n, 81
Journal of Legal Education, 82n
Journal of Legal Studies, 87n
Journal of Political Economy, 52n, 80n, 81n
Joyce, Michael, 69, 263, 270
Juan sin Tierra (rey de Inglaterra), 144
Jubileo judío (condonación de deudas), 196
jueces federales, 83, 84-85
 designados de por vida, 274
 nombrados por Trump, 85
juegos, teoría de, 247
justicia,
 arma del más fuerte contra los más débiles, 74
 uso político de la, 271-275

Kafka, Franz, 195
Kaiser, Robert, 147n
Kansas, 23, 27, 299, 304
Kant, Emmanuel, 68
Karachi, 234
Karaian, Jason, 190n
Karolinska Institutet, 42
Kazajistán, 221n
Keats, John, 264
Kennedy, Anthony, 151
Kennedy, Bob, 18
Kennedy, John, 186
King, Martin Luther, 18
Kipling, Rudyard, 59, 79 y n, 260
Kirguistán, 221n
Kitch, Edmund, 77n, 324
Kitchen Cabinet de Reagan, 26
Koch, Charles, 26, 28 y n, 30, 33, 39, 60, 134, 271
Koch, David, 26, 28n, 33, 270
Koch, familia, 23, 30, 304
 hermanos, 26, 72, 82, 100, 111, 213, 262, 280
Koch, Fred, 26, 304
Koch
 fundaciones, 26, 28n, 37, 83, 85, 105, 152, 268
 Industries, 28n, 202
 [Koch] Companies Public Sector LLC, 27n
Koch, Mary R., 28n
«Kochtopus», 27
Koinonia (Georgia), 273
Kolbert, Elizabeth, 109n, 324
Kristol, Irving, 61
Krugman, Paul, 192

Kruse, Kevin M., 303n, 324
Kuhn, Thomas, 247

La Boétie, Étienne de, 158, 324
labour-intensive tecnologías, 174
«Ladrillo (El)», 44
Laffer Center for Global Economic Growth, 28n
LaHaye, Tim, **305**
Laika, perrita en el espacio (1957), 212n
Lambe, Claude R., 28n
Landes, Elisabeth M., **87**, 325
Landes, William M., 81
Laos, 221n
Lapham, Lewis H., 11n, 315, 325
Latinoamérica, 58, 171, 187, 207, 294, 298
Latinos, 102
Lau vs. Nichols, sentencia (1974), 272-273
Laumonier, Alexandre, 308n, 331, 325
Lavinas, Lena, 97n, 325
Law and Economics, escuela, **75-78**, **81-87**, 115, 120, 152, 156, 238, 247, 271, 291
Lazarsfeld, Paul, **279n**
Lazzarato, Maurizio, 182-183, 195, 197, 200, 236, 325
League to Save Carthage, 24

LEC *(Law and Economics),* 82, **83**
Lee, Stewart, 89n
Left Behind, novelas, 305
Lenin, Vladímir Ilich, 252, 271
Leopardi, Giacomo, 207n
Levítico (Antiguo Testamento), 196
Lexecon, consultora, 86
liberals, 11
libertad, restricciones de la, **231**
libertinos, 275, 296, 297
límites, intolerancia capitalista a los, **209-213**
Lippman, Walter, 46, **154**, 325
lobbying (cabildeo), **147**
Londres, 7
 bolsa de, 311
Lott, John, 66
Loving vs. Virginia, sentencia (1967), 272
Lucas, Robert, 41
Lucas Fiorato, Corinne, 291
Ludlow, mina (Colorado), 109
Luis, rey de Francia
 XIV, 222
 XVI, 7
Luisiana, 102
Lula da Silva, Inácio, 97, 154, 171
Lyon, masacre de los *canuts* (1831), 205

MacArthur, Douglas, general, 70
lucha contra el eufemismo, 285
reivindicación de los tumultos, **290**
sobre la religión, **295**, 298
Macpherson, C. B., 119, 325
Madison, James, 147
mafia, 277
Mahawah (Nueva Jersey), 308
Mahoma, 261, 263, 306
Malasia, 221n
Mammón, 309
Mandeville, Bernard de, 285
Manhattan Institute for Policy Research, **36**, 64, 65
Manne, Henry, 81-82, 86, 245, 325
mano invisible (del mercado), 212
Mansfield, Harvey, 72
Program on Constitutional Government, 72
Maquiavelo, Nicolás, 281, 325
Marat, Jean-Paul, 288
marines, cuerpo de, **15-16**
Marshall, plan, 188
Marte, planeta, 211n
Martínez, Gustavo Álvarez, 298
Marx, Groucho, 270
Marx, Karl, 120, 142, **176-177**, 210, 229, 261, 263, 271, 325
contra el eufemismo, 285
optimismo de la razón de, 269

racionalismo de, 254
Masaniello, y la revuelta en Nápoles (1647), 159
masas ignorantes, 235
Mascoli, Giuseppe, 291
Master Change, 180
Mastercard, tarjeta de crédito, 180
matemático
formalismo en la teoría económica, 246
y abuso, 247
materia oscura, concepto para hacer que cuadren cálculos, 254
maternal, amor versión neolib, **55-56**, 251
matrimonio, economía neolib del, 54-55
Mattis, James, 38
Maxwell, ecuaciones de, 129
Mayer, Jane, 26n, 30n, 60n, 76n, 271n, 326
Mayflower, barco, 293
McCloskey, Deirdre, 59, 79, 217, 246, 326
McDonald's, 230
McGann, James, 35n, 326
McKenna, fundación, 23
McKinnon, Andrew M., 310n, 326
McNamara, Robert, 186
MEC (Mercado Común Europeo), 221n
mecánica clásica, metáfora de la, 216

352

Medema, Steven G., 249n, 326
Medio Oeste, 22, 30
 multimillonarios del, 38, 60, 69, 163, 278
Meese, Edwin, 38, 85
Meir, Rabí, 263
Mellon, Andrew, 108
Mellon-Scaife, Richard, 24, 280
Mercantile Exchange (Bolsa Mercantil) de Chicago, 311
mercado
 como dios, **310-315**
 de la contaminación, 213
 fe en el, 308-309
 herejías del, 312-313
 infalibilidad del, 212
 que se vende a sí mismo, 311
 racionalidad del, 130
mercancía, arcano de la, 309
Mercatus Center, 28n, 39, 213, 262, 265
Mercurio (El), 46
Merkel, Angela, 123
Mesa Petroleum, 31
metalúrgicos, obreros masacrados en Homestead, **108**
Metropolitan Museum of Art (Nueva York), 111
México, 221n
 crisis de la deuda (1982), 186
Mfume, Tiffany Beth, 138, 327
Miami, 82
Michael, Robert T., 53, 326
Michéa, Jean-Claude, 236, 327
Michelin, Guía, 243

Míchigan, 23, 100
microplásticos, invasión de los, 209
Milán, 205
Mill, Stuart, 207
Miller, John, 21n, 64, 67n, 69n, 76n, 327
mineros, masacrados en Ludlow, 109, 113
Ministerio
 del amor, 282
 de la verdad, 282
Mirowski, Philip, 10n, 46n, 327
Mises, Ludwig von, 45, 67, 72, 120n, 154n
 Institute, 307n, 315
Misisipi, 102
Misuri, 18, 22
MIT (Massachusetts Institute of Technology), 72, 112
mito, 129, 132
Mobil Oil, 31
modesta proposición (Una), 90
Moncada (cuartel), Cuba, 7
Mont Pelerin Society, 46 y n, 120n
Montaigne, Michel de, 158
Montini, Giovanni Battista, 58n
Moody's, agencia de calificación, 190, 191n, **192-193**
Moore, Stephen, 32n
Moral Majority, 306
Morgan, Enid Cassandra, 237
Moshakis, Alex, 214n

353

multimillonarios de la Tierra (2.208), 26n
   no deben pagar impuestos, 286
Münzer, Thomas, 309n
   revuelta de (1525), 159
Murdoch, Rupert, 263
Murgia, Madhumita, 167n
Murray, Charles, **64**, 68, 121, 223, 242-243, 327
Museo Judío de Berlín, 111
músico como empresario, 264
Mutual Life, seguros, 303
Myrdal, Gunnar, 43, 240, 327

Naciones Unidas, 212
   secretario general de las, 305
Nader, Ralph, 19
Nadotti, Anna, 291
Nápoles, 159, 193
NASA, 38
Nation (The), 284n
National Association of Manufacturers, 303
National Prayer Breakfast, 297
National Review (The), 42n, 68 y n, 97n
National Security Council, 71
Naughton, John, 169n
negative tax, *véase* impuesto negativo
neoconservadores *(neocons)*, 72, 206
neolengua, 282
neoliberalismo
   consecuencias no deseadas del, **219-232**
   pasión por un Estado más fuerte, **220-223**
   reduce la libertad en nombre de la libertad, **231-232**
   revolución epistemológica, **49-53**
   y conservadurismo cristiano, **293-315**
   y esclavitud, **241**
New Deal, 27 y n, 62, 63, 95, 101, 179, 302, 303
New Left Review, 48n, 97n
New York Times (The), 9, 33, 46, 76, 243 y n, 266, 289n, 297
New Yorker (The), 26n, 109n, 112n
Newman, Paul, 25
Newsweek, 46
Newton, Isaac, 216
   leyes de, 129
Niágara, cataratas del, 111
Nicolás II Romanov, zar, 7
Nietzsche, Friedrich, 242, 313, 327
ninfa Egeria, 295
niños, compra y venta de, *véase free baby market*
Nirvana, 263
niveladores, 8
Nixon, Richard, 19, 21, 23, 88, 304

Nnoberavez, familia, 291
Nobel, 42
   historia de los, **41-42**, 46-47, 77
   premios de Economía, 237, 253, 259
Nobel, Alfred, 42
Nobel, Comité (noruego), 42
Norteamérica, 35
North, Douglass, **259**, <u>260-263</u>, <u>274</u>, 327
Nozick, Robert, <u>37</u>, 60, 99, <u>234</u>, <u>237</u>, 328
Nueva Jersey, 308
Nueva York, 308
   barrio puertorriqueño de, 66
   estado, 18, 67, 109
   Torres Gemelas, 72, 143, 205
   universidad, 67
Nueva Zelanda, 221n
nuevo laborismo, 121
nuevos demócratas, 121
Numa Pompilio, 295

Obama, Barack, 10, 34
   acusado de ser musulmán, 306
Occidente, 174, 225, 245, 283
Occupy Wall Street, 308
Ocean Reef Club, 83
océanos, elevación del nivel de los, 209
Odessa (Ucrania), 237

OCDE, 130n, 131, <u>139</u>, 188
Ohio, 102
Olasky, Marvin, 66
oligarcas rusos, 277
Olimpiadas, 289
Olin
   fundación, **18**, 27, 38, 47, 64, 66, **67-73**, **81**, **84**, 152, 268, 270
   industria, 202
   Institute for Strategic Studies, 71
Olin, John Merryl, **17**, 22, 88, 280
   contaminador, **111**
   Institute for Strategic Studies (Harvard), 71
Omaha (Nebraska), 193
ONG, exaltación de las, 63
opioides, muertes en los EE. UU., 112
optimismo de la razón, 269
Oracle, conde de, 168
ordoliberalismo alemán, 47, 307
Orwell, George, 230, 282 y n, 328
oso (Bear) en la bolsa, 312
Outer Space Treaty (1967), 212
Oxford, Press, 300
   Universidad, 112
OxyContin, opioide, 112
ozono, agujero de, 209

Pablo VI, pontífice, *véase* Montini

Pablo de Tarso, 77, 206, 263
PACS (comités de acción política), 152
Paine, Thomas, 133-134, 328
Países Bajos, 61n
  deuda familiar, 181
Pakistán, 234
  régimen fiscal en, 131
Palacio de Invierno (San Petersburgo), 204
Palme, Olof, 42
pan griego, *diktat* europeo sobre el, 189-190
Panóptico, 165
Panteras Negras, 88
Paolucci, Gabriella, 291
paraísos fiscales, 286
  necesidad de, 136
parent trigger laws, **93-103**
París, 7
  campamentos de los sintecho en, 234
  Club de, 186 y n
  Partido Comunista Italiano, 121, 206
Partido dos Trabalhadores (Brasil), 171
patrón, desaparición del término, 125
Pecquer, Gary, 215n
Penn, universidad, 72
Pensilvania, 23, 108
pentecostal, proselitismo, 58
Pepsi Cola, 230, 266
peregrinos, padres, 293

perversidad, argumento de la, **65**, 223-224
pesimismo de la razón, optimismo de la voluntad (lugar común), 269
Peterloo (Manchester), masacre de (1819), 205
Petraeus, general David H., 15, 16n, 281, 329
Pfizer, corporación, 31, 83
Philantropy, 28n, 68n
Philip Morris (marca de tabaco), 19, 31
Phillips-Fein, Kim, 27, 46n, 329
Piereson, James, **67**, 69, 73, 263, 329
Piketty, Thomas, 277, **280**, 329
Pinkerton, agencia de seguridad, 108
Pinochet, general Augusto, 43, 120, 223
  golpe de Estado de, **43**, 45, 47, 49, 97
Pittsburgh, 23, 108
Planck, Max, 216
planeta Tierra, 226n
  deuda con el, **209-219**
plástico, millones de toneladas producidas, 210
Platón, 74n, 329
plebe, 235
  romana, 290, 295
  secesión de (493 a. C.), 160
  tribunos de la, 280

Plehwe, Dieter, 46n
pluralismo, 283
pobres indignos, 275
pobreza
  absoluta, 96
  relativa, 96
  umbral de la, 96
poder
  de control y vigilancia, 166, **169-170**, 184, 204
  diferencia respecto a dominio, **276**
  disciplinario, 165-166, 184-185
  progreso en la tecnología del, 204
  soberano, 164
Poe, Edgar Allan, 264
poeta como empresario, 264
Polanyi, Karl, 154n
Polanyi, Michael, 154n
Polibio, 295 y n, 297, 329
política, mercado de la, 146
Political Psychology, 150n
Political Theory, 161n
Politico, 25n
político, mercado *(marketplace)*, **151**
Polonia, 206
pólvora, inventada en China, 174
Pongide, Cobol, 211, 329
Pontificia Universidad Católica de Chile, 44
Pope, Art, 28n

Popper, Karl, 46
pornografía sociológica, 242-243, 269
Portugal, 131
Posner, Richard, 81, 86, **87-92**, 101, 115, 237, 242, 249, 329
Powell, Lewis F. Jr., 19
  memorando, **19-22**, 71n, 152, 270, 329
primer mundo, 189
Prince, Erik, 100
privacidad, defensores de lo privado contra la, 224
privatización del cerebro, **161**
Procter & Gamble, 31
progreso
  desaparición de la idea de, 207
  fin de las promesas de, 208
prostitución, remedio al desempleo, 236
PS: Political Science & Politics, 149n
psicoanálisis, utilitarismo en el, 254
Public Choice Center, 28n
puente, cabezas de, en las universidades, 71-72, 76, 275
Purdue Pharma, 112

quantitative easing (flexibilización cuantitativa), 142-143
quarto potere, Il, véase *Ciudadano Kane*

357

Quartz, 190n
Qzone, red social, 245

Rabin, Yitzhak, 306
racial, factor, convertido en valor de mercado, 102
racional, decisor, 217, 315
racionalidad del mercado, mito de la, 130
racionalismo y utilidad comercial, 253
racista, subtexto
   de la desregulación de las adopciones, 88, 92
   de la reforma inmobiliaria rooseveltiana, 101
   de la Southern Strategy, 102
   de las *parent trigger laws*, 100
Radden Keefe, Patrick, 112n, 329
Ratzinger, Joseph, 88
Reader's Digest, 45
Reagan, Ronald, 25, 28n, 48, 62, 63, 304, 306
   comparación con Trump, **31-34**
   recortes fiscales, 62
   y los conservadores cristianos, 304
reaganismo, 47
Real Academia de las Ciencias de Suecia, 42
Reason Foundation, 28n
RECEP (Regional Comprehensive Economic Partnership), 221n
reconocimiento facial, 166
Redford, Robert, 305
reforma, significado invertido, **282-283**
Regent University, 305
Regulation, Journal on Government and Society, 39
Reich, Rob, 104n, 110n, 113n, 114n, 148 y n, 329
Reino Unido, *véase* Gran Bretaña
relato, **16**
religión
   economía de la, 310-311
   instrumento de gobierno, 295-297
religiosidad, cálculo de costo/beneficio, **57-58**
Reserva Federal, 61, 71n, 143
   consejo de administración, 32n
   Consumer Advisory Council, 28n
   de Nueva York, 181n
retroalimentación, 202, **220**
Reynolds, R. J., 31
Rice, Condoleezza, 38
Richardson, familia, 23
Richardson, Randolph, 25
Ridley, Frank, 226
Riera, Jaime, 291
Riker, William, <u>148</u>, <u>150</u>
Rivière, Pierre, 55

revolución
 de los dominadores contra los dominados, **7-10**
 de los dominados contra los dominantes, 7, 159
 en Alemania (1919), 159
 en China (1948), 159
 en Cuba (1959), 7, 159
 en Europa (1848), 159
 en Francia (1789), 7, 159, 287; (1830, 1870), 159
 en Haití (1791), 7, 159
 en Rusia, 7, 159, 226
 revolución, «Gloriosa» (1688), 159
riesgo, argumento de la puesta en, 65, 66
robber barons (barones ladrones), 106, 108
Roberts, John, 152
Roberts, Keith, 226
Robertson, Dennis H., 50
Robertson, Pat, telepredicador, **305**
Robespierre, Maximilien, 288
Robinson, Joan, 250, 330
Rockefeller, David, 71n
Rockefeller, familia, 67
 Foundation, 18, 105, **109**, 110
Rockefeller, John, 109, 301, 302n, 304
 masacre de obreros, **109**, 205
Rockwell, industrias, 24
Roe vs. Wade, sentencia (1973), 91

Roebuck, 31, 303
Rolland, Romain, 269
Roma
 antigua, 24, 160, 280, 284
 religión, 295 y n
Romano, Roberta, 82n, 330
Romans (Delfinato), carnaval de (1580), 159
Roncaglia, Alessandro, 47n, 330
Roosevelt, Franklin Delano, 63, 179, 302
Roosevelt, Theodor, 109
Röpke, Wilhelm, 154n, 225, 228, 307, 330
Rousseau, Jean-Jacques, 13, 68, 69, 98, 107, 121, 235, 330-331
Royal College of Art (Londres), 111
Royal Opera House (Londres), 111
Rueff, Jacques, 154n
Rushmore, monte (Dakota), 31
Rusia, 221n, 245, 277
Rüstow, Alexander, 154

Sackler, familia, **111**
sacrificio, naturaleza egoísta del, 149-150, 251
Sadat, Anwar-el, 298
Sade, Donatien-Alphonse-François, marqués de, 264
Sage, Fundación Russell, 106

Saint-Just, Louis Antoine de, 288
Salon, 148n
Salónica (Grecia), 193
Salt, negociaciones, 306
Saltville (Virginia), 111
San Luis (Misuri), 300
San Pedro, basílica (Roma), 205
San Petersburgo, Palacio de Invierno, 7
sans-culottes, 7
Sansone, Livio, 291
Sargent, Greg, 10n
Sassen, Saskia, 144, 331
Satanás comunista, 303
Saturday Globe, 109
Saulo de Tarso, *véase* Pablo
Savage, John, 25n, 331
Scaife
   Sarah Scaife Foundation, 24
   Scaife Family Foundation, 23
Scaife-Mellon
   familia, 23
   fundación, 23, 27, 37, 38, 47, 85, 105, 108, 268
   industrias, 23, 202
Scalia, Antonin, 39, 72, 134, 152, 331
Scandinavian Journal of Economics, 59n
Schor, Juliet B., 180n, 331
Schrödinger Erwin, ecuación de, 255
Schuld, véase culpa; deuda

Schultz, George, 38
Schultz, Theodore, 41, 51, 331
Schumpeter, Joseph A., 258, 331
Schweizerische Kreditanstalt, 46
Scofield, Cyrus Ingerson, **299-300**
   Biblia de, **300**
Searle, 31
Sears, 31, 303
secta, *start up* religiosa, 56-57
segregación racial en los EE. UU., 273
seguimiento individual y COVID-19, 167
segundo mundo, 189-190
semen, mercado del, 89
Senado de los Estados Unidos, 146 y n
Sermón de la Montaña, 300
Servicio Nacional de Salud (Italia), 138
servidumbre voluntaria, 158
Sharlet, Jeff, 298n, 331
Shell Corporation, 83
Shelley vs. Kraemer, sentencia (1948), 272
Shylock, 129
Sicilia, 277
Siddhartha, *véase* Buda
Sidney Morning Herald, 214
Sieyès, Emmanuel Joseph, abad, 288

Simon, William, 21, 47, 206, 263, 278
Singapur, 221n
Sjaastad, Larry A., 52, 331
Skype, 172
Slater, Alice, 284n
smart (inteligente)
 adjetivo poco de fiar, 170
 y teléfono, 171
 y trabajo a distancia, 173
Smith, Adam, 49, 116, 207, 212, 242, 270, 285, 332
Smith (Adam) Institute, 35
Smith-Kline Beckman, 31
Smith Richardson
 familia y Fundación, 25, 27, 30, 37, 38, 61, 64, 71
 industrias, 202
Smithsonian Institute, 111
Snowden, Edward, 167
Social Gospel, 302
Social Security, 37
sociedad, en contraposición a la multitud, 235, 285
sociobiología, política como, 150
Solo, Robert A., 94n
Sombart, Werner, 258, 332
South Fork Fishing and Hunting Club (Pensilvania), 108
Southern Baptist Convention, 306
Southern Strategy, **102**
Spicer, André, 264n
Stalin, Iósif, 206

Standard & Poor's, agencia de calificación, 190, 191n, 193
Standard Oil, 303
Stanford, Universidad de, 41, 112, 247
Stark, Rodney, 57, 310, 332
starve the beast, véase fiera, matar de hambre a la
State Farm, seguros, 83
Stein, Rob, 266
Steiner, Jürg, 148n, 332
Stigler, George, 41, 46, 59, 80, 88, 119, 217, 237, 239, 249n, 261, 332
Stoléru, Lionel, 95, 96, 332
Storr, Virgil Henry, 262, 332
Strauss, Leo, 72
Suecia, 61n, 131, 234
 gasto sanitario en, 130
Suharto, 298
Summers, Larry, **215**
Swedish Journal of Economics (The), 53n
Swift, Jonathan, 68, 90
Szilárd, Leo, 230

Taft, William Howard, 109
Tailandia, 221n
take away, 237
Tammany Hall (Nueva York), 155
tarjeta de crédito, innovación posterior a la Segunda Guerra Mundial, 180
Tate Gallery (Londres), 111

tautologías neoliberales, 251-252
Taylor, Leon, 215n
Tea Party, 27
Tel Aviv, Universidad de, 112
tele
   control, 172
   educación, 103
   predicadores, **305-306**
   trabajo, 172-173
Teles, Steven, 82 y n, 86, 88n, 291, 332
Temple University, 300
Tennessee, 299
tercer mundo, 175, 197, 207
   basurero de los países ricos, **215**
   creación del, 207
   deuda del, **185-186, 187-188**
termitas, 226-227, 229
Termitenstaat, 225
termodinámica estadística, 216
terroni, 102
Terror jacobino y termidoriano, 288
Texas, 102
Thatcher, Margaret, 11, 35, 45, 62, 132, 234n
«The White Man's Burden» *(La carga del hombre blanco)*, poema, 79n
«There Is No Alternative», 11, 132, 163
think tanks, **30-40**, 61, 163, 264, 315

historia de las, 35
Thomas, Clarence, 152
Tiempos modernos, película, 203
Tietmayer, Hans, 136-137
Time, 34n
«T.I.N.A.», *véase* «There Is No Alternative»
TLCAN, NAFTA en inglés (Tratado de Libre Comercio de América del Norte), 221n
toro (Bull) en la Bolsa, 312
Torres Gemelas, *véase* Nueva York, Torres Gemelas
Trasímaco, sofista, 171
Traub, James, 235n, 332
tribunal de menores, 88
Tribunal Supremo de los EE. UU., 19, 40, 83, 85, 91
   sentencias, 152, **272-273**
tributos al imperio, 284
Trichet, Jean-Claude, 71n
Trilateral, Comisión, 71
   y teoría de la conspiración, **71n**
Troika financiera (Unión Europea, BCE y FMI), 189
Trotski, León, 288
Truman, Harry, 70
Trump, administración, 111
Trump, Donald, 10, 100, 294
   comparación con Reagan, **31-34**
   nombramiento de jueces, 85 y n

recortes de impuestos, 62
y los conservadores cristianos, 294-295, 297, 309
TTIP, *véase* ATCI
tumultos
importancia de los, 281-282
para Maquiavelo, 290
two-step flow theory, 279n

Uber, conductores, 209, 237
Ucrania, 237
Ultra-High Net Worth Individuals (UHNWI), 126
underclass, 275
Union Carbide, 31
Union Pacific, 31
Unión Europea, 61n, 66, 123, 189, 221
Unión Soviética, 212, 306
derrumbe de la (1991), 188, 195
Unità sanitarie locali, Unidades sanitarias locales (USL), 138
United Citizens vs. Federal Election Commission, sentencia (2010), 40
United Nations Office on Drugs and Crime, 131n
universidad, 29
Urban Missionary Conferences, 304
URSS (Unión Soviética), 26, 232
Utica (Nueva York), 109
utilidad
concepto de, 245, 249

paralogismo de la, 253
y circularidad, 249-250

vacunación, campaña contra la, 103
Vague, Richard, 198n, 333
vale escolar, **93-100**, 103
Valencia (España), 193
Vandevelde, Mark, 197n
Vanguard Group, fondo de inversión, 193
Vanity Fair, 155
vapor, juguetes a, en la Antigüedad, 174
Vaticano, divisiones del, 206
Vegetti, Matteo, <u>135</u>, 212n, 291, 333
vehículos de motor, miles de millones de, en circulación, 209
Vevey (Suiza), 46n
viaje, transformación del, **231-232**
Vicks VapoRub, 25, 202
Vietnam, 221n
guerra de, 18, 186
independencia de, 187
vigilancia, capitalismo de la, 168
violencia simbólica, **124**
Virginia, 19, 111
Vitality, empresa de aire en bombona, 214
VKontakte, red social, 245
Vogel, Kenneth P., 297

363

Volcker, Fundación, 67, 76
Volcker, Paul, 71n
vuelos anuales, millones de, 209

Wall Street, 51, 311, 312
 ya no está en Wall Street, 308
Wall Street Journal, The, 23, 122
Walmart (cadena), 26, 99
Walsh, Frank, 110
Walton, familia, 23
 Fundación, 26, 37, 38
 y privatización de la escuela, 99
Wanniski, Jude, 61
Washington consensus, 202
Washington D. C., 72, 147, 197, 198, 298, 315
Washington Post, The, 9, 147n
Watanuki, Joji, 70-71
Webb, Stephen B., 45n
Weber, Max, 299, 310, 333
Weber, William, 264n
Weiss, Szilárd, 230n
Wells, H. G., 226
Wells, Orson, 192
Western Union, 67
WhatsApp, 172
Wilson, Edward Osborne, 150
Winchester, armas, 18, 66
Wisconsin, 23, 24, 304
Wojtyła, Karol, pontífice, 206
Woman's Own, 45n
Woolf, Virginia, 264
World Trade Center, 205

Yahvé, 127, 128
Yakarta, 221n
Yale University, 72, 84
Yuan, Yang, 167n

Zia-ul-Haq, Muhammad, 306
Zinn, Howard, 110n, 333
Zuboff, Shoshana, **169-170**, 173, 201, 203, 229, 333

ÍNDICE

Prólogo 7
1. CONTRAINTELIGENCIA 15
   Los marines estudian ideología 15
   Ese fatal memorando de 1971 19
   El Medio Oeste entra en liza 22
   Las tres etapas de la reconquista 27
   Fábricas de ideas de asalto 30
2. LAS IDEAS SON ARMAS 41
   La fobia al Estado 60
   El campus de batalla 67
3. EL MERCADO DE LA JUSTICIA 74
   El nivel óptimo de contaminación 77
   Free baby market 87
4. PADRES CON PISTOLAS (PARENT TRIGGER) 93
5. LA TIRANÍA DE LA BENEVOLENCIA 104
6. CAPITAL SIVE NATURA 118
   Ontología empresarial 132
7. EL LISTÍN DE LA POLÍTICA 146
   La privatización del cerebro 156

8. ARSÉNICO Y SORTILEGIOS I.
   LA SOCIEDAD DEL CONTROL REMOTO 163
9. ARSÉNICO Y SORTILEGIOS II.
   NO NOS PERDONES NUESTRAS DEUDAS,
   ASÍ COMO NOSOTROS NO PERDONAMOS
   A NUESTROS DEUDORES 176
   Corolario financiero 198
10. Y VIVIERON TODOS TERMITAS
    Y CONTENTOS 204
    La deuda con el planeta: o la catástrofe
       óptima 209
    El festival de las consecuencias no deseadas ... 219
11. «PORNOGRAFÍA SOCIAL» 233
12. EL PENSAMIENTO CIRCULAR DEL CIRCUITO
    ECONÓMICO 244
    El teorema del hijo desnaturalizado
       y otras tautologías 249
    El empresario ideológico y otros
       anacronismos 256
13. LA PARTIDA ESTÁ AMAÑADA, EN REALIDAD... .. 266
14. ES HORA DE APRENDER
    DE LOS ADVERSARIOS 278

Post scriptum. En nombre del padre, del hijo
y de la cuenta corriente 293
Bibliografía esencial 317
Índice analítico 335